Coleção Espírito Crítico

FIGURA

Coleção Espírito Crítico

Conselho editorial:
Alfredo Bosi
Antonio Candido
Augusto Massi
Davi Arrigucci Jr.
Flora Süssekind
Gilda de Mello e Souza
Roberto Schwarz

Erich Auerbach

# FIGURA

*Organização e prefácio*
Leopoldo Waizbort

*Traduções*
Leopoldo Waizbort, Erica Castro, Célia Euvaldo e Milton Ohata

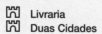

Livraria
Duas Cidades

editora 34

Editora 34 Ltda.

Rua Hungria, 592  Jardim Europa  CEP 01455-000

São Paulo - SP  Brasil  Tel/Fax (11) 3811-6777  www.editora34.com.br

Copyright © Editora 34 Ltda. (edição brasileira), 2024

Textos de Erich Auerbach © Clemens Auerbach, 2000

**A fotocópia de qualquer folha deste livro é ilegal** e configura uma apropriação indevida dos direitos intelectuais e patrimoniais do autor.

Imagem da capa:

*Beatriz e Dante em ilustração de Botticelli para a* Divina comédia, *"Paraíso", II, c. 1490 (detalhe), Kupferstichkabinett, Berlim*

Capa, projeto gráfico e editoração eletrônica:

*Franciosi & Malta Produção Gráfica*

Revisão:

*Milton Ohata, Beatriz de Freitas Moreira*

1ª Edição - 2024

CIP - Brasil. Catalogação-na-Fonte
(Sindicato Nacional dos Editores de Livros, RJ, Brasil)

Auerbach, Erich, 1892-1957

A241n     Figura / Erich Auerbach; organização
e prefácio de Leopoldo Waizbort; traduções de
Leopoldo Waizbort, Erica Castro, Célia Euvaldo
e Milton Ohata — São Paulo: Duas Cidades;
Editora 34, 2024 (1ª Edição).
312 p.   (Coleção Espírito Crítico)

ISBN 978-65-5525-190-6

Tradução de: Figura

1. Teoria literária.  2. Ensaio alemão.
I. Waizbort, Leopoldo.  II. Castro, Erica.
III. Euvaldo, Célia.  IV. Ohata, Milton.  V. Título.
VI. Série.

CDD - 801

# Índice

Nota do organizador................................................. 7

Prefácio, *Leopoldo Waizbort*............................................. 11

*Figura*.............................................................. 41
São Francisco de Assis na *Comédia* de Dante ................ 123
Passagens da *Comédia* de Dante
    ilustradas por textos figurais............................... 143
A soberbia de Saul ("Purgatório" XII, 40-42)................. 185
A oração à Virgem em Dante ("Paraíso" XXXIII)
    e antigas eulogias ........................................ 191
Simbolismo tipológico na literatura medieval............... 243
Motivos tipológicos na literatura medieval................... 255
Vico e Herder................................................. 281

*Índice de autores antigos*................................... 301
*Sobre os textos*............................................. 306
*Sobre o autor*.............................................. 308

# Nota do organizador

Este volume reúne, em torno do texto *"Figura"*, publicado por Erich Auerbach (1892-1957) em 1938-39, seis outros textos posteriores que desenvolvem a questão da interpretação figural ou tipológica, e um texto anterior, que a anuncia. Estes sete textos, portanto, estão direcionados para o texto central, *"Figura"*. Mas o ponto de fuga de toda a discussão, no que diz respeito a Auerbach, é Dante e sua *Divina comédia*. Em 1944, durante seu exílio em Istambul, Auerbach publicou um pequeno livro, intitulado *Neue Dantestudien* [*Novos estudos sobre Dante*], em que reuniu três textos: *"Figura"*, "São Francisco de Assis na *Comédia* de Dante" e *"Sacrae Scripturae Sermo Humilis"*. Portanto, a ideia de reunir textos que tinham Dante Alighieri como foco, incluindo *"Figura"*, é do próprio Auerbach. No prefácio a *Neue Dantestudien*, escrito em fevereiro de 1944, o autor afirma:

> Os trabalhos aqui reunidos estão conectados entre si, pois procuram desenvolver as ideias, relativas à história estilística, de uma investigação anterior (*Dante als Dichter der irdischen Welt* [*Dante como poeta do mundo terreno*]. Berlim/Leipzig, 1929) e, ao mesmo tempo, são trabalhos preparatórios para a seção dedicada à Idade Média de uma

## Nota do organizador

investigação sobre a estrutura da exposição literária da realidade, que se encontra em preparação.[1]

A investigação anterior, na qual não se fala de interpretação figural, é a tese de habilitação (ou livre-docência) de Auerbach em Marburg, sob o patrocínio direto de Leo Spitzer, o então catedrático de filologia românica naquela universidade, e indiretamente de Karl Vossler, romanista emérito e central no universo da filologia românica alemã da época. A investigação posterior, em 1944 ainda sem título, é o livro *Mimesis: Dargestellte Wirklichkeit in der abendländischen Literatur* [*Mimesis: a representação da realidade na literatura ocidental*], que seria concluído em abril de 1945 e publicado na Suíça em 1946.

O presente volume procura reunir o conjunto dos textos avulsos de Auerbach que tratam da interpretação figural ou tipológica. Além deles, são especialmente importantes as discussões sobre o assunto dispersas em *Mimesis*, mas concentradas nas últimas páginas do capítulo sobre Amiano Marcelino (capítulo 3) e naquele sobre Dante (capítulo 8), facilmente acessíveis aos leitores brasileiros. Não obstante, em *Mimesis* Auerbach remete mais de uma vez seus leitores a "*Figura*", que oferece a apresentação e a discussão mais sistemática e acabada do tema e do problema. Por fim, em sua última obra, *Literatursprache und Publikum in der lateinischen Spätantike und im Mittelalter* [*Língua literária e público na Antiguidade Tardia latina e na Idade Média*], publicada em 1958, ano seguinte à sua morte, Auerbach também tratou da interpretação figural em autores da Idade Média.

Esta edição procurou respeitar a dicção do autor. Tudo o que se encontra entre colchetes foi acrescido pelo organizador.

---

[1] Erich Auerbach, "Vorwort" in *Neue Dantestudien/Dante Hakkinda Yeni Arastirmalar. Istanbuler Schriften*, n⁰ 5. Istambul, 1944, p. V.

## Nota do organizador

Cabem aqui duas observações sobre a versão original do texto *"Figura"* (1938). Em primeiro lugar, sobre o uso da própria palavra *figura*. Auerbach usa ora o latim, ora o alemão — nesse último caso, optou-se por assinalar entre colchetes tanto a forma substantiva quanto a verbal adotadas pelo autor. Em segundo lugar, como o original é de leitura difícil e está carregado de referências no corpo do texto, optou-se por deslocá-las para o rodapé. Dentro do possível, procurou-se conferir as referências e, quando necessário, corrigi-las.

Para esta edição foram adotadas traduções de Dante feitas por Cristiano Martins, Italo Eugenio Mauro e José Pedro Xavier Pinheiro, conforme sua adequação aos argumentos do autor. As versões dos passos latinos foram realizadas por João Angelo Oliva e Marcelo Musa Cavallari. Federico Carotti traduziu versos do italiano antigo e Adriane Duarte colaborou na versão de termos e expressões gregas. Aos quatro agradeço não somente pela versão, mas também por esclarecimentos vários. A tradução de *"Figura"* do original alemão foi feita pelo organizador. Os ensaios "São Francisco de Assis na *Comédia* de Dante", "Motivos tipológicos na literatura medieval" e "Vico e Herder" foram traduzidos do alemão por Erica Castro. "Passagens da *Comédia* de Dante ilustradas por textos figurais" e "Simbolismo tipológico na literatura medieval", traduzidos do inglês por Célia Euvaldo. E do mesmo idioma, por Milton Ohata, "A soberbia de Saul" e "A oração à Virgem em Dante". O trabalho de preparação dos volumes de Auerbach contou, ao longo dos anos, com o fomento do CNPq, do DAAD (Deutscher Akademischer Austauschdienst) e da Humboldt Stiftung, aos quais empenho minha gratidão. A equipe da Editora 34 também recebe os agradecimentos do organizador, e em especial Milton Ohata, que cuidava da coleção Erich Auerbach na Cosac Naify — editora onde foi idealizada e se iniciou — e a trouxe ao porto seguro da nova casa.

Documento de imigração de Erich Auerbach
expedido na Turquia, datado de 1936.

# Prefácio

*Leopoldo Waizbort*

## 1. Como Erich Auerbach chegou à interpretação figural

No capítulo dedicado a Dante em *Mimesis*, Erich Auerbach revela a seus leitores o percurso intelectual que o levou a formular a questão da interpretação figural. Deflagrador da problematização é o seguinte trecho da *Estética*, de Hegel:

> Em vez de ter como objeto um acontecimento particular, o poema tem como objeto o agir eterno, a finalidade absoluta, o amor divino em seu acontecimento intransitório e em seu círculo imutável; como local ele tem o Inferno, o Purgatório, o Céu e mergulha nesta existência imutável o mundo vivo do agir humano e do sofrimento e, mais precisamente, dos feitos e dos destinos individuais. Aqui desaparece tudo o que é singular e particular nos interesses e fins humanos, diante da grandiosidade absoluta da finalidade última e do alvo de todas as coisas; ao mesmo tempo, porém, se apresenta completamente épico o que de resto é o mais transitório e fugaz do mundo vivo fundamentado objetivamente no seu mais interior, dirigido em seu valor e desvalor por meio do conceito supremo, por

meio de Deus. Pois assim como eram os indivíduos em seu agir e padecer, em seus propósitos e realizações, assim eles são caracterizados para sempre como imagens de bronze petrificadas. Deste modo, o poema abrange a totalidade da vida a mais objetiva: o eterno estado do Inferno, do Purgatório, do Paraíso; e sobre esta base indestrutível se movem as figuras do mundo efetivo, segundo seu caráter particular, ou antes elas se *moveram*, e com seu agir e ser ficaram paralisadas na eterna justiça e são elas mesmas eternas.[1]

Auerbach, que admirava profundamente essa interpretação ("uma das mais belas páginas jamais escritas sobre Dante"), cita-a integralmente em sua aula inaugural na cátedra de filologia românica de Marburg, em 1929, intitulada "A descoberta de Dante no Romantismo";[2] mais tarde, cita-a parcialmente e a parafraseia em *Mimesis*, após o que, afirma:

> Essas ideias encontram-se na página de Hegel que mencionei acima, e as tomei como fundamento de uma investigação sobre o realismo de Dante, que publiquei há quinze anos passados [*Dante como poeta do mundo terreno*,

---

[1] G. W. F. Hegel, *Cursos de estética*, tradução de Marco Aurélio Werle, São Paulo, Edusp, 2004, vol. 4, pp. 148-9. Tradução ligeiramente alterada de acordo com Hegel, *Vorlesungen über die Ästhetik*, Frankfurt, Suhrkamp, 1986, vol. 3, pp. 406-7.

[2] Erich Auerbach, "Entdeckung Dantes in der Romantik" in *Gesammelte Aufsätze zur romanischen Philologie*, Berna/Munique, Francke, 1967, p. 182 [ed. bras.: "A descoberta de Dante no Romantismo", in Erich Auerbach, *Ensaios de literatura ocidental*, Davi Arrigucci Jr. e Samuel Titan Jr. (orgs.), trad. Samuel Titan Jr. e José Marcos Mariani de Macedo, São Paulo, Editora 34/Duas Cidades, 2007, pp. 299-300.]

## Prefácio

1929]. Desde então me perguntei em que visão da estrutura daquilo que ocorre, portanto em que visão da história, está baseado esse realismo de Dante, um realismo projetado na eternidade imutável. Esperava com isso experienciar algo mais preciso sobre o fundamento do estilo elevado dantesco, pois seu estilo elevado consiste precisamente na introdução do que é caracteristicamente individual, e ocasionalmente terrível, horrível, grotesco e cotidiano, na dignidade do juízo divino, que transcende toda sublimidade terrena. É evidente que sua concepção do que ocorre não é idêntica àquela difusa por todo o mundo atual; pois ele decerto não vê o que ocorre como um desenvolvimento terreno, como um sistema de acontecimentos sobre a terra, mas sim em continuado nexo com um plano divino dos acontecimentos, para cujo fim os acontecimentos terrenos se dirigem continuamente. Isso não deve ser compreendido apenas como uma aproximação progressiva da sociedade humana como um todo em direção ao fim do mundo e à perfeição do reino de Deus, mas também no sentido de um vínculo omnitemporal, independente de todo movimento progressivo, de um evento terreno qualquer e de um fenômeno terreno qualquer com o plano divino. Portanto, cada fenômeno terreno está diretamente referido, através de uma multiplicidade de vínculos verticais, ao plano sagrado da Providência. [...] Em meu texto sobre *Figura*, já mencionado anteriormente, espero ter comprovado de modo convincente que a *Comédia* está baseada em geral sobre a visão figural [...].[3]

---

[3] Erich Auerbach, *Mimesis: Dargestellte Wirklichkeit in der abendländischen Literatur*, Berna, Francke, 1946, pp. 188-9, 190, cf. pp. 185 ss., grifos meus. Cf. nota anterior.

A problematização da interpretação figural surge, portanto, a partir da tentativa de compreensão da natureza, ou da modalidade, do realismo presente na *Comédia*. Pois Auerbach não tem dúvida de que se trata de realismo, na medida em que o individual e o cotidiano são expostos com tamanha intensidade. Mas de uma modalidade de realismo dentre outras possíveis, que cabe identificar e caracterizar. Lemos ainda que o realismo está baseado em uma visão da história;[4] uma, dentre outras possíveis. O realismo de Dante está baseado, ademais, em uma visão da história que não é a nossa;[5] convém, então, distinguir tanto as distintas visões da história, como os distintos realismos a elas vinculados.[6] Como se percebe, um programa amplo e complexo, em que uma questão pontual exige e pressupõe desenvolvimentos e investigações que ultrapassam em muito o marco estrito da pesquisa sobre Dante.

Em *Mimesis*, a análise e a compreensão do episódio em questão da *Divina comédia*, a aparição de Farinata e Cavalcante, no décimo canto do Inferno, é conduzida por Auerbach nos trilhos da interpretação figural, e está em continuidade com o que

---

[4] Tratei especificamente do modo como Erich Auerbach concebe o nexo entre uma determinada modalidade de realismo e uma determinada visão da história em Leopoldo Waizbort, "Erich Auerbach sociólogo", disponível em <www.scielo.br>.

[5] Ou, ao menos, a dele, Erich Auerbach: "*Mimesis* é, de um modo inteiramente consciente, um livro escrito por uma determinada pessoa, em uma situação muito específica, no início dos anos 1940". Erich Auerbach, "Epilegomena zu *Mimesis*" in *Romanische Forschungen*, vol. 65, nº 1-2, 1953, p. 18.

[6] Ver Leopoldo Waizbort, "Erich Auerbach e a condição humana", in Jorge de Almeida e Wolfgang Bader (orgs.), *Pensamento alemão no século XX*, São Paulo, Cosac Naify, 2012, vol. 2, pp. 125-53 (nova edição: São Paulo, Editora da Unesp, 2021); assim como "Erich Auerbach sociólogo", *op. cit.*

Prefácio

ele tentara compreender em *Dante como poeta do mundo terreno*, sua tese de 1929, e que esmiuçara no artigo *"Figura"*, de 1938. Outros textos aqui reunidos foram publicados posteriormente, de sorte que se pode dizer que o interesse de Auerbach pelo assunto vai dos anos 1920 — momento em que iniciou os seus estudos sobre Dante e que culminam na tese defendida em 1929 — aos anos 1950, quando morre.[7] Aliás, o fato de Auerbach, após a publicação de *Mimesis*, ter se dedicado continuamente ao tema, como revelam os artigos do presente volume, indica que o problema continuava a lhe parecer da maior relevância. Até mesmo seu último livro, concluído pouco antes de sua morte e publicado logo após, *Literatursprache und Publikum in der lateinischen Spätantike und im Mittelalter* [*Língua literária e público na Antiguidade Tardia latina e na Idade Média*], também tem em Dante o seu ponto focal; e nesse livro, ao analisar a literatura da Idade Média, discute-se também a interpretação figural.[8]

Em suma, pode-se dizer que Auerbach chega ao problema da interpretação figural através da tentativa de compreensão da especificidade do realismo presente na *Comédia*. Seguindo a pista dada por Hegel, Auerbach procura entender como se estabelece o nexo entre o acontecimento terreno, cotidiano e concreto

---

[7] Na introdução que escreveu para uma antologia dos escritos de Auerbach sobre Dante Alighieri, Dante Della Terza sugere que, não tivesse morrido, Auerbach prepararia um novo livro sobre Dante, coligindo ou reescrevendo o conjunto dos trabalhos que foi realizando ao longo das décadas de 1920 a 1950. Cf. Dante Della Terza, "Prefazione", in Erich Auerbach, *Studi su Dante*, Milão, Feltrinelli, 1974, 4ª ed.

[8] Erich Auerbach, *Literatursprache und Publikum in der lateinischen Spätantike und im Mittelalter*, Berna, Francke, 1958, pp. 66, 104, 132, 206, 209, 225, 258.

e a sua existência omnitemporal e perene no plano divino. Esse nexo é de natureza vertical; é *figura*.

No texto mais antigo aqui republicado, "Vico e Herder", de 1932 (portanto, imediatamente posterior à tese de 1929 e anterior ao exílio forçado de Auerbach, que se inicia em 1935-36),[9] já encontramos uma formulação do problema, embora sem a mobilização do conceito *figura* e correlatos. Logo no início do texto, em seu segundo parágrafo, Auerbach destaca a diferença nas concepções de história atual e naquela época, ainda pouco distante, em que o Cristianismo oferecia uma concepção própria e hegemônica dos acontecimentos históricos, "daquilo que ocorre". Enquanto para nós[10] predominam os nexos horizontais no estabelecimento do curso da história, para a "interpretação cristã da vida" importam somente os nexos verticais, "atribuição vertical de sentido". Temos anunciado, nessa distinção horizontal/vertical, o tema da interpretação figural, tal como será desenvolvido a seguir no texto *"Figura"*. Se retornarmos à citação acima extraída de *Mimesis*, podemos constatar que Auerbach afirma que vemos "o que ocorre como um desenvolvimento terreno, como um sistema de acontecimentos sobre a terra"; essa ideia, na qual a noção de desenvolvimento ocupa uma posição central, é em seu entender caracteristicamente moderna e de caráter eminentemente historista.[11] Não está presente no

---

[9] Auerbach é afastado em 1935 da Universidade de Marburg, onde ocupava a cátedra de filologia românica; em 1936, emigra para a Turquia.

[10] "Nós" "descristianizados", para utilizar o termo decisivo que Auerbach utilizou à época, ou secularizados, para lembrar um termo correlato. Voltarei ao assunto.

[11] Seu professor Ernst Troeltsch (1865-1923) enfatizou como a ideia de desenvolvimento é central para o historismo moderno, ou seja, para a compreensão social e histórica do que ocorre. Ver Ernst Troeltsch, *Der Historismus und seine*

Prefácio

mundo medieval, ao qual Dante pertence, e nem mesmo nos inícios da Época Moderna, quando começa a ganhar corpo, em um processo complexo e multifacetado.

## 2. Dante: 1929, 1939, 1945 etc.

O leitor desavisado da tese de 1929 sobre Dante pode surpreender-se com a afirmação retrospectiva de Auerbach, em *Mimesis*, de que procurava compreender o realismo de Dante, dado que "realismo" não é uma noção desenvolvida explicitamente naquele livro. Contudo, a ideia de que Dante seja um poeta do mundo terreno — o mundo histórico — vai exatamente nessa direção: esse mundo terreno, concreto, cotidiano é o que faz a conexão com a ideia de realismo tal como Auerbach a emprega. Eis como, em 1929, quase dez anos antes de "*Figura*", Auerbach formula a questão, claramente inspirado por Hegel, embora sem o mencionar:

> [...] as almas do Além dantesco não são absolutamente os mortos, mas antes os verdadeiramente vivos, que com efeito sorvem os dados concretos de sua história e de sua essência atmosférica da vida terrena anterior. Contudo, mostram esses dados em uma tal completude, sincronia, presença e atualidade, que jamais teriam alcançado em seu

---

*Probleme. Erstes Buch: Das logische Problem der Geschichtsphilosophie*, in *Gesammelte Schriften*, vol. 3, Tübingen, J. C. B. Mohr (Paul Siebeck), 1922. Para a relação de Auerbach com o historismo, ver Leopoldo Waizbort, "Erich Auerbach im Kontext der Historismusdebatte", in Karlheinz Barck & Martin Treml (orgs.), *Erich Auerbach: Geschichte und Aktualität eines europäischen Philologen*, Berlim, Kadmos, 2007, pp. 281-96.

tempo na Terra e que certamente nunca teriam revelado a um espectador. [...] os homens que aparecem na *Comédia* já foram subtraídos da época terrena e de seu destino transcorrido. Dante escolheu um cenário absolutamente particular para sua exposição [...], que lhe abriu possibilidades de expressão absolutamente novas [...]: todo o mundo histórico-terreno [...], de tal modo que ele não roubou das figuras singulares, em seu destino final escatológico, seu caráter terreno, nem mesmo o enfraqueceu, mas antes o contrário, na medida em que ele fixou a intensificação extrema de sua substância histórica e terrena e a identificou com o destino final.[12]

Isso é o que Auerbach entendia como o caráter realista da *Comédia*, que implica um enlace inabalável entre o "destino final escatológico" e o "mundo histórico-terreno"; por isso se falará, a seguir, de nexo vertical. Tal realismo está lastreado pelo histórico, concreto, real, cotidiano: "[...] o homem bem conhecido, que vive sua vida e está atrelado à história, o indivíduo dado em sua unidade e plenitude, em suma, a imitação de sua natureza histórica".[13] O problema do realismo, portanto, não é formulado por meio de um conceito ou de uma noção de rea-

---

[12] Erich Auerbach, *Dante als Dichter der irdischen Welt* (1929), Berlim/Nova York, W. de Gruyter, 2001, 2ª ed., pp. 168, 108 [ed. bras.: *Dante como poeta do mundo terreno*, trad. Lenin Bicudo Bárbara, São Paulo, Editora 34/Duas Cidades, 2022]. Outras formulações cumulativas da tese nas pp. 79, 83, 84, 110, 113-4, 143, 166, 174, 186, 211. O leitor familiarizado com *Mimesis* nota como a conclusão do capítulo sobre Dante naquele livro estabelece uma continuidade com essa discussão anterior.

[13] E. Auerbach, *Dante als Dichter der irdischen Welt, op. cit.*, p. 213 [ed. bras.: *Dante como poeta do mundo terreno, op. cit.*, p. 274].

## Prefácio

lismo, mas por meio da ideia de imitação da natureza — natureza, no caso, histórica. Para falar da "visão dantesca da realidade" (este o título do capítulo conclusivo de *Dante como poeta do mundo terreno*),[14] Auerbach mobiliza a antiga ideia de imitação da natureza — "mimese" — para pensar um fenômeno que exige a sua reformulação, seja como natureza histórica, seja como apresentada em um estilo elevado, uma linguagem própria e nova, ou renovada, dadas as suas raízes agostinianas: o *sermo humilis*.[15]

Com o *sermo humilis*, temos o segundo elemento que, emparelhado com *figura*, descortina a paisagem e o horizonte dantescos, na interpretação de Auerbach, ao mesmo tempo que os situa historicamente. Situá-los implica, ademais, a reconstituição desses dois "mecanismos", por assim dizer, e é isso que Auerbach realiza nos textos dedicados à interpretação figural ou tipológica (a começar pelo próprio "*Figura*") e ao *sermo humilis* (o já mencionado "*Sacrae Scripturae Sermo Humilis*", *Mimesis* e o primeiro capítulo de seu último livro, intitulado simplesmente "*Sermo Humilis*",[16] dentre outros).[17]

---

[14] O leitor pode ler com proveito as oito páginas finais do livro sobre Dante, em que toda a discussão culmina no problema da realidade ("Wirklichkeit"), sem que, entretanto, se fale em "realismo" ("Realismus" e derivações). Ver E. Auerbach, *Dante als Dichter der irdischen Welt, op. cit.*, pp. 210-8 [ed. bras.: *Dante como poeta do mundo terreno, op. cit.*, pp. 269-80].

[15] Por essa razão o artigo "*Sacrae Scripturae Sermo Humilis*" foi incluído no volume *Neue Dantestudien*, cf. a nota do organizador desta edição. Esse texto encontra-se, em português, em E. Auerbach, *Ensaios de literatura ocidental, op. cit.*

[16] Erich Auerbach, "*Sermo Humilis*", in *Literatursprache und Publikum in der lateinischen Spätantike und im Mittelalter, op. cit.*, pp. 25-63 (esse texto também se encontra na coletânea *Ensaios de literatura ocidental, op. cit.*).

[17] "La nuova direzione della critica dantesca dello Auerbach procede su due

O outro ponto que a citação de *Mimesis*, mais acima, esclarece é a posição histórica desse realismo, desse *sermo humilis* e dessa concepção de história. Ela é datada e de modo algum trans-histórica ou mesmo supra-histórica. Auerbach indaga: em que visão da história está baseado o realismo de Dante? E responde: em uma visão figural da história. Aquilo que ocorre é compreendido de modo figural, por meio de um nexo intrínseco entre a história terrena e a omnitemporalidade divina, por assim dizer agenciada pela Providência. E adianta que essa visão da história não é a visão da história compartilhada por nós, hoje (1944). Em suma, o realismo presente na *Comédia* está baseado em uma visão figural da história, na qual o concatenamento crucial do que ocorre é de caráter vertical, dado pela Providência Divina.

Essa compreensão da *Divina comédia* responde a uma preocupação mais ampla de Auerbach, que por sua vez remete à história das interpretações do poema.[18] Há uma (ou mais de uma) ideia ordenadora que estrutura o poema? Tal pergunta acompanha a história da *Comédia* e de sua recepção; muitas respostas já foram dadas. No entender de Auerbach, o realismo característico de Dante, por ele identificado na *Comédia*, é um elemento estruturante, e para tanto é necessária a compreensão

---

piani perfettamente complementari ed in ultima analisi convergenti: egli cerca da una parte di seguire la destinazione del sermo humilis cristiano, che autorevolmente rinnega la separazione degli stili postulata dagli scrittori classici, nei dialoghi o nelle descrizioni della *Commedia*, dall'altra cerca d'applicare il principio dell'intelligenza figurale, usata da Tertulliano e da Agostino per i testi sacri, alla *Commedia* servendosene come chiave interpretativa." Dante Della Terza, "Prefazione" in Erich Auerbach, *Studi su Dante*, Milão, Feltrinelli, 1974, 4ª ed., p. XIII.

[18] Ver Aldo Vallone, *Storia della critica dantesca dal XIV al XX seccolo*, 2 vols., Pádua, Vallardi, 1981, em especial vol. 2, parte III, caps. 3-7.

# Prefácio

de *figura*. No dizer de Della Terza: "Auerbach parece ter percebido que uma análise das relações entre estrutura e poesia na *Comédia* não pode levar a resultados exegéticos satisfatórios se o significado dessa própria estrutura não for definido inicialmente. Tal estrutura não é entendida apenas como a cosmogonia de origem aristotélico-tomista, que constitui o andaime dos cânticos do poema, mas como um princípio de construção válido para descobrir o mecanismo que desencadeia o destino poético das personagens de Dante".[19] *Figura*, entenda-se, é esse princípio de construção. A partir de sua formulação, no texto de 1938, Auerbach dedicou-se a desenvolver o enfoque em análises concretas, por vezes mais extensas (como no capítulo dedicado a Dante em *Mimesis*), por vezes em curtos textos (como alguns reunidos neste volume). Luciana Martinelli, inserindo o trabalho de Auerbach no contexto geral da literatura dantesca, destaca como a sua contribuição, baseada na interpretação figural, é absolutamente central para a compreensão do significado do poema e a superação de leituras "estético-idealistas", muita vez de matriz croceana, fornecendo as bases para a "metodologia exegética contemporânea".[20]

---

[19] D. D. Terza, "Prefazione", *op. cit.*, p. XII.

[20] Cf. Luciana Martinelli, *Dante* (*Storia della critica*, vol. 4), Palermo, Palumbo, 1966, pp. 236-8. Galvano della Volpe sintetizou assim o problema: "la struttura allegorico-morale e tecnica [e aqui ele se refere a Auerbach] è strettamente indispensabile e inseparabile della poesia della *Commedia*, conferendole essa quella unità (di giudizio) senza cui qualunque parte o episodio del poema perde la sua sostanza espressiva, artistica, col perdere appunto il suo puntuale significato universale, simbolico (allegorico)" (Galvano della Volpe, *Critica del gusto*, Milão, Feltrinelli, 1960, p. 44, *apud* L. Martinelli, *Dante, op. cit.*, p. 419. Cf. ainda A. Vallone, *Storia della critica dantesca dal XIV al XX seccolo, op. cit.*, vol. 2, pp. 1010-2.

## 3. Exílio

A tese de habilitação sobre Dante ofereceu um fundamento decisivo para a nomeação de Auerbach como catedrático de filologia românica na universidade de Marburg, em 1930, onde ele atuou até 1935, quando foi compulsoriamente aposentado pelo regime nacional-socialista. Nesse mesmo ano, já prevendo a expulsão da universidade, Auerbach passou vários meses na Itália, onde se encontrou com Leo Spitzer, que já havia sido expulso, em 1933, de sua cátedra em Colônia e emigrara para Istambul. Spitzer, em 1935, havia recebido o convite para assumir uma cátedra na universidade Johns Hopkins, em Baltimore, e ofereceu a Auerbach o lugar que deixaria vacante em Istambul no ano seguinte. Com isso estava selado o destino de Auerbach para os próximos anos.[21] Impossibilitado de atuar na Alemanha, a partida para Istambul foi a oportunidade que se lhe abriu naquele momento de crise. Em setembro de 1936, Auerbach migra para a Turquia e assume o posto na Universidade de Istambul. Em 1938-39, publica *"Figura"*, o primeiro a vir a público dentre seus trabalhos realizados às margens do Bósforo.[22]

---

[21] Ver as cartas de Auerbach a Vossler, *Und wirst erfahren wie das Brot der Fremde so salzig schmeckt: Erich Auerbachs Briefe an Karl Vossler (1926-1948)*, Martin Vialon (org.), Warmbronn, U. Keicher, 2007. Sobre o aspecto burocrático e institucional da nomeação de Auerbach em Istambul, ver Kader Kanuk, *East West Mimesis: Auerbach in Turkey*. Stanford, Stanford University Press, 2010.

[22] A data é um pouco incerta. O autor indica a publicação de *"Figura"* em 1939, mas o número da revista *Archivum Romanicum*, na qual o texto foi publicado, traz a data de 1938. Provável é que o número da revista corresponda ao ano de 1938, mas tenha sido de fato publicado só no ano seguinte. Na época, a revis-

Prefácio

Em seus últimos tempos em Marburg, Auerbach estava envolvido em uma pesquisa sobre "realismo", tal como se deixa antever em uma carta sua a Karl Vossler.[23] Resultado inicial dessa pesquisa é o importante artigo "Über die ernste Nachahmung des Alltäglichen" ["Sobre a imitação séria do cotidiano"],[24] que anuncia vários pontos que reaparecerão em *Mimesis*, quase dez anos depois. Esse artigo, embora publicado em Istambul, em uma publicação da universidade, é resultado de pesquisas que antecederam o exílio.

Provavelmente em função dos transtornos envolvidos com a expulsão de Marburg, a necessidade de abandonar a Alemanha e as novas condições de vida em Istambul, Auerbach relegou a um segundo plano a investigação em curso sobre "a imitação séria do cotidiano", em favor do estudo sobre o método figural de interpretação, que vinha perseguindo, como indiquei, já desde

---

ta já se encontrava em situação difícil, tendo sido descontinuada a seguir. O número que traz estampado "*Figura*" é o último. O leitor deve ter em mente que nenhuma revista alemã publicaria, em 1938-39, um texto de autor judeu; mesmo em revistas italianas, como era o caso do *Archivum Romanicum*, a situação não era simples.

[23] Carta de Erich Auerbach a Karl Vossler de 26/2/1935, in M. Vialon (org.), *op. cit.*, pp. 18-9.

[24] Erich Auerbach, "Über die ernste Nachahmung des Alltäglichen", in *Romanoloji Semineri Dergisi, Istanbul Üniversitesi*, nº 1, 1937, pp. 262-93. Apesar de datado de 1937, é pouco provável que, tendo seu autor chegado a Istambul em setembro, o trabalho fosse publicado nesse mesmo ano. O texto "Sobre a imitação séria do cotidiano" já estava pronto em janeiro de 1936, portanto vários meses antes da emigração se concretizar. Ver a carta de Auerbach a Fritz Schalk de 19/1/1936, in Isolde Burr e Hans Rothe, "Erich Auerbach: Briefe an Paul Binswanger und Fritz Schalk. Teil I (1930-1937)" in *Romanistisches Jahrbuch*, nº 60, 2009, pp. 173-4, assim como as cartas de 19/5/1936, 9/11/1936 e 16/6/1937, respectivamente pp. 177, 181 e 186.

antes. Isso foi facilitado pelo acesso que teve a uma coleção da *Patrologia latina* — que oferece o material fundamental da discussão de "*Figura*".[25] O acesso à coleção dos textos cristãos foi certamente um facilitador para a confecção do texto, dado que as condições de pesquisa bibliográfica em Istambul, aos olhos de um erudito catedrático alemão, deveriam parecer sofríveis.[26] Na *Patrologia*, ele encontrava um *corpus* organizado e praticamente completo, que lhe permitia desenvolver uma investigação sem renunciar aos critérios de excelência e rigor que caracterizavam o seu campo de investigação e a sua autoexigência intelectual. Esses são, me parecem, os fatores que explicam a confecção do texto "*Figura*", entre 1937 e 38, publicado em 1938 ou 39.

Talvez também tenha desempenhado um papel importante o fato de, procurando responder a uma questão que ficara em aberto desde a tese de 1929, a realização do texto, no exílio, per-

---

[25] Em "Epilegomena zu *Mimesis*", Auerbach anotou: "Só pude escrever os trabalhos sobre *figura* e *passio* porque havia uma coleção completa da *Patrologia* de Migne em uma sala na mansarda do mosteiro dominicano de São Pedro de Gálata [em Istambul]. Embora a biblioteca do mosteiro não fosse pública, o delegado apostólico, Monsenhor Roncalli (agora núncio em Paris e cardeal), teve a bondade de me franquear o uso". E. Auerbach, "Epilegomena zu *Mimesis*", *op. cit.*, p. 10. "Monsenhor Roncalli" era Angelo Roncalli (1881-1963), futuro papa João XXIII.

[26] Auerbach menciona, em *Mimesis* e em "Epilegomena zu *Mimesis*", a precariedade de acesso à bibliografia em Istambul. Há quem conteste tal afirmação (Kader Konuk). Entretanto, importa menos a realidade do acesso ou não aos materiais julgados pertinentes pelo pesquisador, e sim o modo como essa (in)disponibilidade foi vivenciada por ele. Além do mais, é preciso ter em mente que Auerbach trabalhou por vários anos, na década de 1920, como bibliotecário na Biblioteca Estatal Prussiana, em Berlim, e portanto o conhecimento e o acesso aos materiais bibliográficos era algo, para ele, muito natural e fácil. O mesmo ocorria quando ensinava e pesquisava em Marburg.

mitia estabelecer um laço de continuidade entre o passado e o presente, como se sabe muitas vezes crucial na situação de emigrantes e exilados. Ao mesmo tempo, o nexo que a interpretação figural estabelece entre o Antigo e o Novo Testamentos tinha, naquela quadra histórica, um sentido político forte, ao sugerir o quanto o Cristianismo e a civilização cristã deviam aos judeus e aos seus textos fundamentais.[27]

Portanto, podemos afirmar que *"Figura"* é um texto — o primeiro — do exílio. Nele, o professor forçado ao exílio continua a conversar com seus colegas alemães — a começar pelo fato do texto ter sido escrito em alemão, o que já delimita o público leitor visado pelo autor. Mas não só. Assim como a tese *Dante como poeta do mundo terreno* só pode ser adequadamente aquilatada tendo em vista o contexto da pesquisa sobre Dante na Alemanha — embora não só lá —,[28] *"Figura"* também está inserido no mesmo contexto de discussão, embora ampliado,

---

[27] Ver, por exemplo: "the preference for 'figura' and the disapproval of allegory are *recto* and *verso* of a single attitude, an inclination to conserve the specific contribution of the Hebrews to the New Testament and to the contour of history that exfoliated from it in the Western Middle Ages". Jesse M. Gellrich, *"Figura, Allegory, and the Question of History"* in Seth Lerer (org.), *Literary History and the Challenge of Philology: The Legacy of Erich Auerbach*, Stanford, Stanford University Press, 1996, p. 110; e James I. Porter, "Introduction" in Erich Auerbach, *Time, History, and Literature*, Princeton, Princeton University Press, 2013, p. XLIII: "Figural reading grounds the Old Testament again in historical reality. And so, Auerbach's favoring of figural reading over allegorical interpretation has to be understood in this same light: as an insistence on the historical relevance of the Old Testament, wich was being erased at the very moment that he was writing his essay".

[28] Além dos textos já mencionados, ver Mirjam Mansen, *"Dann auch Dante ist unser!" Die deutsche Danterezeption, 1900-1950*, Tübingen, M. Niemeyer, 2003.

porque, para pensar Dante, Auerbach precisa reconstruir — é disso que se trata — um "método de interpretação do que ocorre", que não é nem criação, nem prerrogativa de Dante, mas que, segundo Auerbach, é o enquadramento que explica o problema formulado naquela página memorável de Hegel. Nesse sentido, *figura* também é aquilo que explica o que foi enunciado por Hegel na passagem inicialmente citada.

## 4. Figura

Não é o caso de tentar explicar novamente o conceito de *figura* e o método de interpretação figural ou tipológico, dado que Auerbach explicou-os detalhadamente nos textos reunidos neste volume e dificilmente algo poderia ser acrescentado às suas palavras.[29] Ademais, ele ofereceu uma ampla série de exemplos, que permitem clarificar, "dar carne e osso" e por à prova o método e seus resultados. O leitor que sentir necessidade de ler mais a respeito, pode retomar os capítulos 3 e 8 de *Mimesis*, indicados mais acima, em que Auerbach, uma vez mais, explica o que entende por *figura*. Pode, ainda, espraiar-se por outros capítulos do mesmo livro, nos quais o termo aparece (capítulos 1, 2, 5, 7, 10, 13, assim como no posfácio).

---

[29] A quem preferir a consulta a uma enciclopédia, recomenda-se o verbete "Figuralism" em Richard Lansing (org.), *The Dante Encyclopedia*, Nova York/Londres, Garland, 2000, pp. 375-9, elaborado por William Franke. Para uma exposição por outro autor central na discussão do problema, ver Friedrich Ohly, "Typology as a Form of Historical Thought" in *Sensus Spiritualis: Studies in Medieval Significs and The Philology of Culture*, Chicago/Londres, University of Chicago Press, 2005, pp. 31-67 (título original: "Typology als Denkform der Geschichtsbetrachtung").

Por outro lado, vale a pena tentar identificar com mais precisão os procedimentos adotados por Auerbach. Disso um pesquisador contemporâneo oferece um resumo didático, que vale reproduzir. Segundo ele, Auerbach

[...] utiliza um procedimento que hoje seria considerado como pertencente à semântica histórica. Ele parte inicialmente de um enfoque semasiológico (a designação *figura*) e sucessivamente passa para um enfoque onomasiológico (outras designações aparentadas: *allegoria, typus, effigies, imago* etc.), a seguir por um enfoque de história das ideias ou dos problemas (origem da interpretação figural em Paulo), para finalmente chegar a um enfoque de história da recepção (desdobramento da interpretação figural na Idade Média). Essa sequência tem um traço teleológico que dificilmente se deixa ignorar. Ela não começa, digamos, com Paulo, que revelou a figuralidade do Antigo Testamento, mas sim com a gramática e a retórica helênica e romana, que possibilitaram inicialmente uma ampliação do espectro semântico de *figura* (no sentido do grego *schema*) àquilo que aparece sensivelmente, e a seguir também uma transposição à retórica. Auerbach contrapõe a esse processo o modo radicalmente novo como a patrística trata a questão, quando então *figura* é inserida no campo de tensão de figura e realização, como uma profecia real, como "algo real, histórico, que expõe e anuncia alguma outra coisa igualmente real e histórica". O sentido dessa contraposição revela-se no passo subsequente, quando fica claro que Auerbach compreende o produtivo conceito de *figura* da Idade Média como um ponto de cruzamento de componentes helenísticos e cristãos, em que as conotações de *typus* e *schema* se encontram; um ponto de cruzamento em que a ideia de uma formação, de uma configuração ou de uma figura é amalgamada àquela ideia de uma reconfiguração imagético-retórica, acobertamento ou transformação, em uma genuína constelação histórica, temporal. O oscilar entre realização e incompletude, entre verdade e sombra da verdade, entre um indicar previamente e um indicar posteriormente, revela-se então como o caráter específico de figura, sendo que ambos os momentos podem ser empregados seja historicamente, seja para a interpretação de processos históricos.[30]

Uma vez identificada e explicada, a interpretação figural passa a ser utilizada por Auerbach em seus estudos subsequentes, a partir de *Mimesis*, cuja redação começou em 1942, até o seu último livro, concluído em 1957. Tal uso, evidentemente, é bastante circunscrito, pois *figura* possui um arco histórico de validade, que Auerbach teve o cuidado de delimitar:

> Os efeitos da tipologia para a estrutura da expressão medieval são com toda certeza um fenômeno tão importante e permanente quanto a permanência dos *topoi* de forma e de conteúdo da retórica antiga. Sempre estive convencido, e conversas com especialistas fortaleceram essa convicção, de que a tipologia é o verdadeiro elemento vital da poesia bíblica e dos hinos e, mais ainda, de quase toda a literatura cristã da Antiguidade Tardia e da Idade Média. Isso também vale para a arte cristã, dos sarcófagos até o final da Idade Média, e ocasionalmente para além disso.

---

[30] Christian Kiening, "Einleitung" in Christian Kiening e Katharina M. Fleury (orgs.), *Figura: Dynamiken der Zeiten und Zeichen im Mittelalter*, Würzburg, Königshausen & Neumann, 2013, pp. 11-2.

Prefácio

Ela também desempenhou um papel importante no registro político, na fundamentação ou recusa de pretensões de poder.[31]

Auerbach entende, assim, que *figura* e a interpretação tipológica estão circunscritos historicamente. Esse ponto pede maior esclarecimento.

## 5. Limites da validade de *figura*

Em seu último escrito publicado na Alemanha antes do exílio, o opúsculo *Das französische Publikum des 17. Jahrhunderts* [*O público francês do século XVII*], Auerbach concluiu sua investigação com uma discussão acerca do processo de "descristianização" (*Entchristlichung*).[32] A especificação e a caracterização do público da tragédia clássica francesa levou Auerbach a identificar um traço novo e próprio, "que determinou de modo decisivo a estrutura interna do público"; esse traço, ele o denominou "descristianização". Trata-se do processo no qual o ambiente em que as pessoas vivem torna-se mais e mais desvinculado da visão de mundo e da prática da religião cristã, um processo também denominado usualmente "secularização". O processo de descristianização, segundo Auerbach, transcorreu, ao menos na França, de modo lento e gradual, sem nada de revolucionário, mas de

---

[31] E. Auerbach, "Epilegomena zu *Mimesis*", *op. cit.*, p. 12.

[32] Erich Auerbach, *Das französische Publikum des 17. Jahrhunderts*, Munique, M. Hueber, 1933 [ed. bras., com o título "La cour et la ville", em *Ensaios de literatura ocidental, op. cit.*]. Porter chega a afirmar que a descristianização é "arguably the most prevalent theme in Auerbach's writings". J. I. Porter, "Introduction", in E. Auerbach, *Time, History, and Literature, op. cit.*, p. XLIV.

modo continuado e consistente, lastreado pela autonomização crescente da vida prática e cotidiana, pela imagem de mundo científica, pelas transformações políticas e sociais, e mesmo pela "estrutura da sociedade".[33] Esse processo multifacetado resultou em uma nova forma de consciência, em uma "esfera da liberdade humana" e de autorreconhecimento e autoafirmação. Com efeito, Auerbach parece reproduzir, em chave própria, a argumentação que Max Weber desenvolvera em sua célebre "*Zwischenbetrachtung*" [Consideração intermediária], ao afirmar que "o Cristianismo deixa de ser o espírito da vida, para se tornar um domínio específico, o mais das vezes em contradição com os outros domínios".[34] Portanto — e este é o ponto central para o presente argumento — uma visão figural do que ocorre torna-se cada vez mais impossível e imprópria, pois o que ocorre escapou da ordenação pela Providência Divina, que antes reinava por todos os "domínios". Agora é a "autonomia da pessoa", e não mais a Providência, que estabelece os nexos entre o que ocorre; o destino e o caráter passam a ser obra humana, e não mais inscritos no plano divino, eterno, imutável e imperscrutável.[35] A tragédia francesa do século XVII exprime esse processo histórico do modo o mais intenso, na constituição de seu protagonista como "pessoa moral".

---

[33] E. Auerbach, *Das französische Publikum des 17. Jahrhunderts, op. cit.*, p. 44.

[34] *Idem, ibidem*, p. 45. Cf. Max Weber, "Zwischenbetrachtung", in *Gesamtausgabe*, Tübingen, Mohr Siebeck, 1989, vol. I/19.

[35] Na formulação pungente e precisa de Friedrich Ohly: "O pensamento tipológico é cristocêntrico". F. Ohly, "Typology as a Form of Historical Thought", in *Sensus Spiritualis: Studies in Medieval Significs and The Philology of Culture, op. cit.*, p. 37. O ocaso do cristocentrismo traz consigo o fim, por obsolescência, do pensamento figural ou tipológico.

Prefácio

Tal processo, que na tragédia francesa atinge uma intensidade extraordinária, deixa-se contudo perceber já desde bem antes. Em *Mimesis*, encontramos variados momentos em que Auerbach aponta para o fenômeno, como por exemplo ao discutir Montaigne:

> Mas certamente o seu [de Montaigne] realismo criatural abandonou o enquadramento cristão no qual ele se originou. A vida terrena não é mais figura do além, e ele não pode mais permitir que o aqui seja negligenciado e desprezado em virtude de um além. A vida terrena é a única coisa que ele possui e ele a quer desfrutar; "car enfin c'est notre ester, c'est notre tout".[36]

Ou então no contexto da discussão de Shakespeare:

> No curso do século XVI a classificação dos destinos humanos nas categorias do trágico e do cômico adentraram na consciência. [...] trata-se do fato de que o modo de observação cristão-figural da vida humana estava em oposição a uma formação da dimensão trágica. [...] Então, no curso do século XVI, a concepção ordenadora cristã-figural enfraqueceu-se por quase toda parte na Europa [...].[37]

Ou, para dar um último exemplo, quando Auerbach, já no capítulo inicial de *Mimesis*, assinala o "despertar da consciência crítica" (mais uma vez ecoando, nas entrelinhas, o processo analisado por Max Weber):

---

[36] E. Auerbach, *Mimesis, op. cit.*, p. 295.

[37] *Idem, ibidem*, pp. 303-4.

Se, então, a narrativa do texto bíblico é carente de interpretação já pelo seu próprio conteúdo, sua pretensão de dominação a impulsiona ainda mais nessa direção. O texto bíblico não quer, como Homero, nos fazer esquecer por algumas horas da nossa própria realidade, mas antes pretende submeter essa realidade. Nós devemos introduzir nossa própria vida no seu mundo, nos sentir parte de sua estrutura histórico-universal. Isso se torna cada vez mais difícil, quanto mais o nosso mundo da vida se distancia dos escritos bíblicos. Se estes, apesar disso, ainda mantêm sua pretensão de dominação, é inevitável que eles precisem se adaptar por meio de uma reconfiguração interpretativa; desde há muito isso foi comparativamente simples, ainda na Idade Média europeia era possível representar o acontecimento bíblico como uma ocorrência cotidiana daquele presente, para o que o método de interpretação oferecia os fundamentos. Mas se isso se torna impossível em virtude de uma transformação muito acentuada do mundo da vida e pelo despertar da consciência crítica, então aquela pretensão de dominação fica em risco [...][38]

Em contraposição a essa visão religiosa do que ocorre, com o "despertar da consciência crítica" — também denominada por Auerbach como "o fim da dominação única da imagem de mundo católica" e, mais enfaticamente ainda, como o "desmorona-

---

[38] *Idem, ibidem*, pp. 20-1. Note o leitor como esta passagem de *Mimesis*, assim como as outras que a antecedem, e ainda aquela inserida no início deste posfácio, formam sistema, se articulam, reiteram e complementam, indicando a delicada e sofisticada trama narrativa e argumentativa do livro. Esse tópico está alinhavado em variados outros momentos da trama narrativa de *Mimesis*; aqui só pude indicar alguns deles.

# Prefácio

mento da validade ecumênica da ideologia católica"[39] — encontramos a descristianização, uma cotidianidade terrena e secular, na qual deita raízes não somente o historismo professado por Auerbach,[40] mas a visão moderna de história em geral, daquilo que ocorre, tal como indicado na passagem ao início deste prefácio. Pode-se então afirmar que a interpretação figural possui, no entender de Auerbach, limites históricos bem claros, que a situam na Antiguidade Tardia e na Idade Média; a passagem à Época Moderna corresponde, em linhas gerais, ao seu esvaziamento e à sua obsolescência progressivos.

Ao final de *Mimesis*, Auerbach registra esse mesmo problema, ao modulá-lo na chave das modalidades de realismo, um dos fios argumentativos do livro, quando assinala a natureza completamente distinta das modalidades de realismo da Antiguidade Tardia e da Idade Média, por um lado, e da Época Moderna, enquanto quebra da regra da separação dos estilos, por outro: "A visão da realidade que emana das obras cristãs da Antiguidade Tardia e da Idade Média é completamente distinta daquela do realismo moderno". Para caracterizar a primeira, Auerbach afirma que ela é figural, deixando evidente, com isso, que a segunda não o é.[41] Por essas razões todas, seria descabido, no

---

[39] E. Auerbach, "Entdeckung Dantes in der Romantik", *op. cit.*, pp. 179 e 182 [ed. bras.: "A descoberta de Dante no Romantismo", *op. cit.*, pp. 295, 299].

[40] Ver E. Auerbach, *Literatursprache und Publikum in der lateinischen Spätantike und im Mittelalter, op. cit.*; e L. Waizbort, "Erich Auerbach im Kontext der Historismusdebatte", *op. cit.*

[41] E. Auerbach, *Mimesis, op. cit.*, p. 495. Já em Dante como poeta do mundo terreno essa questão havia sido indicada, antes mesmo, portanto, da formulação da interpretação figural: "[...] foi só depois que a ideologia imperial e a imagem de mundo do cristianismo medieval, minada por lutas internas, foram destruídas pela razão sistemática dos séculos XVII e XVIII que começou a se formar

## Leopoldo Waizbort

entender de Auerbach, lançar mão da interpretação figural para estabelecer nexos históricos em um mundo descristianizado, ou seja, um mundo cuja ordem não está dada pela Providência Divina. E é justamente no lugar desse modo de compreensão daquilo que ocorre que está o "relativismo historista" de Auerbach, constituído sob inspiração de Vico.[42]

No próprio texto *"Figura"* a questão dos limites da interpretação figural já é plenamente formulada e caracterizada, no parágrafo inicial de sua quarta seção, "Sobre a representação figural na Idade Média". Para maior clareza, recomponho a seguir o passo, ajuntando a nota de rodapé que o completa:

> Para a maioria dos povos europeus, os efeitos da interpretação figural chegaram até o século XVIII; encontramos seus traços não somente em Bossuet, o que é óbvio, mas mesmo décadas depois nos autores religiosos que Groethuysen cita em seu livro sobre a origem do espírito burguês na França. Decerto o fundamento da interpretação figural já estava então destruído; mesmo os clérigos muitas vezes já não a entendiam. Como Mâle relata, Montfaucon interpretava as figuras da Antiga Aliança nas laterais de alguns portais de igrejas como se fossem reis merovíngios. Em uma carta de Leibnitz a Burnett, encontramos a seguinte passagem: "M. Mercurius van Helmont croyat que l'âme de Jésus Christ était celle d'Adam, et que l'Adam

---

uma nova concepção prática da unidade da sociedade humana". E. Auerbach, *Dante als Dichter der irdischen Welt, op. cit.*, p. 214, tb. p. 215 [ed. bras.: *Dante como poeta do mundo terreno, op. cit.*, p. 274].

[42] Cf. E. Auerbach, "Einleitung: Über Absicht und Methode", in *Literatursprache und Publikum in der lateinischen Spätantike und im Mittelalter, op. cit.*

Prefácio

nouveau réparant ce que le premier avait gasté c'était le même personnage qui satisfait à son ancienne dette. Je crois qu'on fait bien de s'épargner la peine de réfuter de telles pensées". [O sr. Mercurius van Helmont acreditava que a alma de Jesus Cristo era a de Adão, e que esse novo Adão, reparando o que o primeiro havia danificado, era a mesma personagem resgatando sua antiga dívida. Creio que devemos nos poupar do trabalho de refutar tais pensamentos.]

Por outras palavras, o processo anunciado na discussão de Shakespeare, Montaigne e do classicismo francês já se encontra consolidado no século XVIII. Essa avaliação de Auerbach, ademais, coincide com a de outro importante pesquisador da interpretação tipológica, Friedrich Ohly. A partir de então, uma nova visão "daquilo que ocorre", uma nova concepção de história (do "sistema de acontecimentos sobre a terra"), emerge e torna-se cada vez mais presente. Em seu interesse prolongado por Vico, Auerbach procurou entender os seus fundamentos e, com isso, formular a sua própria "visão da história", de que *Mimesis* é realização e testemunho.

## 6. Atualidade de *Figura*?

Circunscritos os limites dentro dos quais Auerbach compreendeu o sentido e a validade do conceito de *figura*, cabe indagar se tudo isso ainda faz sentido, passados três quartos de século desde a publicação de seu artigo seminal. Para tanto, gostaria de pontuar quatro possíveis abordagens.

a) Evidentemente, a primeira delas diz respeito à própria investigação empreendida por Auerbach, esmiuçando o processo histórico, semântico e intelectual do conceito de *figura* e indicando seus desdobramentos imediatos. Pode-se supor que, com a atual disponibilização de materiais digitalizados (e as "*digital humanities*" em geral), pesquisas com palavras, campos semânticos (teóricos e práticos), usos, variações, abusos e desusos tornaram-se extremamente potencializadas, permitindo um enriquecimento poderoso de investigações que tomem como ponto de partida o material já trabalhado e elaborado por Auerbach (nos sentidos já apontados anteriormente: semântica histórica, semasiologia, onomasiologia, história e circulação das ideias, história da recepção).

b) Estudos que desdobram o sentido visado por Auerbach, indicando novos objetos de interpretação tipológica e/ou ampliando objetos já investigados. Nesse aspecto, os estudos medievais ocupam posição central, por razões evidentes; uma boa amostra do estado atual desse ramo de investigação pode ser observado no livro de Kiening e Fleury e nos estudos de Ohly, citados anteriormente; pode-se lembrar, também, o estudo de Georges Didi-Huberman sobre Fra Angelico, como um exemplo no domínio da história da arte.[43] Também aqui estamos, por assim dizer, dentro do universo de Auerbach, que enfatizou com clareza a centralidade da interpretação figural para a Idade Média em imagem e texto.

Ademais, apresenta-se aqui um campo específico, os estudos religiosos ou sobre religião (teologia, ciência e/ou história da

---

[43] Cf. C. Kiening e K. M. Fleury (orgs.), *Figura: Dynamiken der Zeiten und Zeichen im Mittelalter, op. cit.*; Georges Didi-Huberman, *Fra Angelico: dissemblance et figuration*, Paris, Flammarion, 1990. O texto de Ohly citado indica levantamentos bibliográficos.

Prefácio

religião etc.), que vão procurar desdobrar, mais ou menos criticamente, o legado do artigo de Auerbach.[44]

c) Uma abertura da perspectiva desenvolvida por Auerbach, embora ainda tomando como base o seu estudo. Essa possibilidade contempla um aspecto que decerto foi notado pelos leitores atentos de *"Figura"*: com o advento do Cristianismo e, sobretudo, da patrística, as dimensões e usos pré-cristãos de *figura* foram relegados em favor dos desenvolvimentos no âmbito do Cristianismo — que, ademais, veio a tornar-se religião oficial e portanto a ocupar lugar central. As investigações de Auerbach levaram-no por essa trilha.

Não obstante, a parte inicial de seu artigo trata de *figura* antes do advento do Cristianismo e antes de sua incorporação, por assim dizer, pelo Cristianismo. Essas dimensões, que são constituintes de *figura* e que foram (re)conformadas no âmbito do Cristianismo de uma determinada maneira — privilegiando certos aspectos e enfraquecendo e mesmo negando outros — podem ser reativadas, liberando novos potenciais para *figura*, ainda mais em função do processo, indicado por Auerbach, de descristianização.

Essa possibilidade foi reconhecida, formulada e desenvolvida por Gabriele Brandstetter e Sybille Peters, assim como outros, no sentido de "liberar o potencial teórico do conceito de *figura*",[45] potencial esse por assim dizer "aprisionado" na sua

---

[44] Dois trabalhos emblemáticos, um mais antigo e outro contemporâneo: Rudolf Bultmann, "Ursprung und Sinn der Typologie als hermeneutischer Methode", *Theologische Literaturzeitung*, 75, 4/5, 1950, pp. 205-12; e John D. Dawson, *Christian Figural Reading and the Fashioning of Identity*, Berkeley, University of California Press, 2002.

[45] Gabriele Brandstetter e Sybille Peters, "Einleitung" in G. Brandstetter e

concepção cristã dominante desde a Antiguidade Tardia até, como vimos, os inícios da Época Moderna.

Temos aqui a abertura para uma ampliação radical dos estudos sobre *figura*, que se abrem então em duas (ou três) grandes frentes, em tudo distintas: a cristã e a pré- e pós-cristã. Auerbach enfatizou o interregno cristão de *figura*, mas seria possível recuperar as dimensões pré-cristãs do conceito e notar como elas se repõem, sobretudo no período pós-cristão, da descristianização, para utilizar a formulação de Auerbach. Brandstetter e Peters argumentam que a concepção cristã continua exercendo um papel importante na época pós-cristã, mas justamente como uma concepção "invertida, paradoxal, desfigurada, fragmentada, como torso de uma interpretação figural consciente de que não é mais capaz de integrar os seus polos de profecia e realização".[46]

Essa possibilidade, com efeito, parece buscar assentar-se em uma espécie de ponto virtual de encontro entre a concepção cristã e as tendências pré-cristãs de *figura*. As mesmas autoras lembram uma passagem de Kafka que exprime com a maior precisão, como somente esse autor seria capaz, o problema, embora ele o faça retomando formulações anteriores do problema: "Não se fazem promessas como essa para realizações aparentemente impossíveis. Mas se as realizações são cumpridas, também as promessas aparecem em seguida, exatamente no ponto em que tinham sido inutilmente buscadas".[47]

---

S. Peters (orgs.), *De Figura: Rethorik — Bewegung — Gestalt*, Munique, Fink, 2002, p. 9.

[46] *Idem, ibidem*, p. 12.

[47] Franz Kafka, "Um relatório para uma academia", in *Um médico rural. Pequenas narrativas*, trad. Modesto Carone, São Paulo, Companhia das Letras, 1999, p. 67. O texto em alemão, "Ein Bericht für eine Akademie", segue ritual-

Mesmo assim, temos que notar que essa forma assinala a questão de um modo simplificado, pensando em *figura* somente como profecia, anunciação e realização; o estudo de Auerbach demonstra, entretanto, a sutileza da figuralidade no pensamento cristão da Antiguidade Tardia e da Idade Média. Em uma palavra: o que Auerbach nos mostra em Dante não é simplesmente aquilo que está enunciado pelo avesso na afirmação de Kafka.

Como quer que seja, a reabsorção das dimensões semânticas pré-cristãs de *figura*, ou sua subversão, inversão etc., oferecem um novo horizonte de investigações, que ficara interdito sob a hegemonia da concepção cristã e de suas consequências. Basta pensar, por exemplo, em noções como "figurativo", ou "desfiguração", para percebermos o quanto a noção de "figura" pode render para além dos marcos cristãos, recuperando suas bases pré-cristãs e/ou transpondo ou rompendo os limites da escatologia cristã.

d) Outra possibilidade, que foi relativamente explorada desde a década de 1970, é a transposição da interpretação figural cristã de seu contexto e sentido originais, extra-histórico, transcendente, escatológico e divino, para um pensamento "descristianizado", secular e intra-histórico. Com isso, teríamos um "princípio de ordenação narrativa de evento e história",[48] o

---

mente a terminologia discutida por Auerbach: "Solche Versprechungen für scheinbar unmögliche Erfüllungen werden nicht gegeben. Löst man aber die Erfüllungen ein, erscheinen nachträglich auch die Versprechungen genau dort, wo man sie früher vergeblich gesucht hat".

[48] G. Brandstetter e S. Peters, "Einleitung", in G. Brandstetter e S. Peters (orgs.), *De Figura: Rethorik — Bewegung — Gestalt, op. cit.*, p. 29; G. Brandstetter, "*De Figura*: Überlegungen zu einem Darstellungsprinzip des Realismus — Gottfried Keller 'Tanzlegendchen'" in *idem, ibidem*, pp. 223-4.

que Hayden White procurou justificar com a ideia de *"figural causation"*.[49]

Uma tal transposição exige reflexão acurada; seria preciso garantir que, rompido o círculo cristão, a validade da lógica de articulação possa se sustentar, mesmo que sob forma alterada — ou seja, contrariando diretamente o entendimento e a argumentação de Auerbach. Descristianização, secularização e correlatos são somente uma transposição da escatologia cristã para o domínio intra-histórico, imanente, ou representam uma nova forma de pensar a história, para além, ou aquém, do modelo escatológico cristão? As respostas são variadas e disso dependem a validade e as condições de possibilidade de pensar *figura* nesse registro transposto. O célebre debate entre Karl Löwith e Hans Blumenberg exemplifica de ótima maneira a dimensão do problema, exigindo dos defensores dessa possibilidade um esforço intelectual e de pesquisa considerável, para poder justificar a validade da empresa.[50]

---

[49] Hayden White, "Auerbach's Literary History. Figural Causation and Modernist Historicism", publicado inicialmente em S. Lerer (org.), *Literary History and the Challenge of Philology: The Legacy of Erich Auerbach, op. cit.*, pp. 124-39, e republicado em Hayden White, *Figural Realism: Studies in the Mimesis Effect*, Baltimore, Johns Hopkins University Press, 1999, pp. 87-100 e 190-4. White é aqui indicado como representante ilustre de uma linha de interpretação.

[50] Cf., por exemplo, Karl Löwith, *Meaning in History: The Theological Implications of the Philosophy of History*, Chicago, Chicago University Press, 1949 [ed. alemã: *Weltgeschichte und Heilsgeschehen: Die theologischen Voraussetzungen der Geschichtsphilosophie*, Stuttgart, Kohlhammer, 1953]; Hans Blumenberg, *Die Legitimität der Neuzeit*, Frankfurt, Suhrkamp, 1966, ed. ampliada, 1976 [ed. norte-americana: *The Legitimacy of the Modern Age*, Cambridge, MIT Press, 1983].

# Figura

## I. De Terêncio a Quintiliano

*Figura*, da mesma raiz que *fingere* [moldar], *figulus* [ceramista], *fictor* [escultor] e *effigies* [estátua, efígie], significa, de acordo com sua origem, "forma plástica" e aparece inicialmente em Terêncio, que no *Eunuchus* diz de uma moça: "*nova figura oris*" [um formato incomum de rosto].[1] O fragmento de Pacúvio[2] deve provir aproximadamente da mesma época: "*Barbaricam pestem subinis nostris optulit/ Nova figura factam* [...]" [Apresentou contra nossas lanças uma peste/ tendo aspecto desconhecido].[3]

É provável que Plauto não conhecesse o termo; ele emprega duas vezes *fictura* [moldagem],[4] nos dois casos sem dúvida

---

[1] Terêncio, *Eunnuchus*, 317.

[2] Fragmento 270/1 in Otto Ribbeck, *Scaenicae Romanorum Poesis Fragmenta*, Leipzig, Teubner, 1871, vol. I, p. 110.

[3] Como me esclarece P. Friedlander, "*barbarica pestis*" refere-se provavelmente a um ferrão de arraia, com o qual Ulisses foi ferido mortalmente; não é certo o sentido de "*subinis*".

[4] Plauto, *Trinummus*, 365; *Miles Gloriosus*, 1189.

em um sentido que exprime antes a atividade do formar do que o seu resultado; posteriormente, *fictura* ocorre muito raramente.[5] Com a menção da palavra *fictura* somos de imediato alertados para uma peculiaridade de *figura*: ela é derivada imediatamente da raiz, e não, como *natura* [natureza] e outros de mesma terminação, do supino.[6] Pretendeu-se explicar isso com uma aproximação a *effigies*:[7] contudo, nessa formação específica da palavra exprime-se algo de vivo e movente, incompleto e lúdico; de todo modo, há nela uma elegância altiva da manifestação fonética, que encantou muitos poetas. O fato de que os dois testemunhos mais antigos utilizem *nova figura* não pode ser um acaso; mesmo que seja, é significativo, pois essa nova manifestação, transformante, marcou de modo continuado toda a história da palavra.

Para nós, essa história começa com a helenização da cultura romana no último século antes de Cristo; em seus inícios, três escritores tiveram uma participação decisiva: Varrão, Lucrécio e Cícero. Certamente, não podemos mais determinar com precisão o que eles tomaram dos mundos e fundos mais antigos e que se perderam. Só as contribuições de Lucrécio e Cícero já são tão peculiares e tão independentes entre si, que lhes é preciso atribuir uma grande parcela na criação do seu significado.

---

[5] Na Antiguidade Tardia (Chalcidius, Isidoro) e na Idade Média ele reaparece, em um jogo de palavras com *"pictura"*. Cf. Ernst R. Curtius, "Zur Literaturästhetik des Mittelalters I", *Zeitschrift für Romanische Philologie*, nº 58, 1938, p. 45.

[6] Alfred Ernout e Antoine Meillet, *Dictionnaire Étymologique de la Langue Latine*, Paris, Klincksieck, 1932, p. 346.

[7] Friedrich Stolz e Joseph H. Schmalz, *Lateinische Grammatik* [1900], Munique, C. H. Beck, 5ª ed., p. 219.

*Figura*

Dentre eles, Varrão é o que menos possui essa independência. O fato de que, nele, *figura* signifique ocasionalmente "manifestação exterior" e mesmo "contorno"[8] — e que portanto comece a se desligar de sua origem, o conceito mais estrito de forma plástica — parece ser um processo geral, de cujas origens ainda trataremos. Em Varrão esse desenvolvimento nem sequer é muito marcante. Ele é um etimólogo, consciente da origem da palavra (*"fictor cum dicit fingo figuram imponit"* [O artífice de imagens, quando diz *"fingo"* {eu modelo}, põe uma figura em algo]),[9] e desse modo a palavra contém, quando referida a seres vivos e objetos, em geral uma ideia plástica. É por vezes difícil dizer o quanto essa ideia ainda foi atuante, como por exemplo quando ele diz que, na compra de escravos, deve-se levar em conta não somente a *figura* [aparência], mas também as características, como nos cavalos a idade, nos galos o valor de criação, nas maçãs o aroma;[10] ou quando diz de uma estrela que ela mudou de *colorem, magnitudinem, figuram, cursum* [cor, tamanho, aparência, curso].[11] Ou, ainda, quando ele compara as estacas em forma de forquilha das paliçadas com a *figura* da letra V.[12] Assim que se passa a falar de formas vocabulares, a dimensão plástica se esvai. Tomamos, diz ele,[13] novas formas de vasos dos gregos; por que se defender de novas formas vocabulares, *formae vocabulorum*, como se fossem venenosas? *"Et tantum inter duos*

---

[8] Várias definições posteriores movem-se nesse sentido, cf. *Thesaurus Linguae Latinae*, 722, 54.

[9] Varrão, *De Origine Linguae Latinae*, 6, 78.

[10] *Idem*, 9, 23.

[11] Citado em Agostinho, *De Civitate Dei*, 21, 8.

[12] Varrão, *De Origine Linguae Latinae*, 5, 17.

[13] *Idem*, 9, 21.

*sensus interesse volunt, ut oculis semper aliquas figuras supellectilis novas conquirant, contra auris expertes velint esse?"* [Será que os arcaístas pensam que há tanta diferença entre o sentido de uma palavra antiga e o de uma nova sinônima, que eles, sempre a procurar novos modelos de móveis para seus olhos, creem porém que seus ouvidos estejam livres de semelhantes novidades?]. Aqui estamos bem próximos da ideia de que também haveria figuras para o senso auditivo. Ademais, é preciso saber que, em Varrão — como em todos os autores latinos que não possuíam, como especialistas filósofos, uma terminologia exata —, *figura* e *forma* eram empregadas indistintamente no sentido geral de "forma". Na verdade, *forma* significa "molde", em francês *moule*, e está para *figura* assim como o molde está para a forma plástica feita a partir dele. Contudo, em Varrão muito raramente notamos isso, quando muito talvez em um fragmento transmitido por Gélio: *"semen genitale fit ad capiendam figuram idoneum"* [a semente geradora torna-se apta a adquirir uma forma].[14]

A verdadeira inovação e o embaçamento do sentido original, que se encontram inicialmente em Varrão, situam-se no terreno gramatical; já os indicamos acima. Em Varrão encontramos inicialmente *figura* como formação gramatical, derivação e forma flexionada. *Figura multitudinis* significa, para ele, "a forma do plural"; *"alia nomina quinque habent figuras"* significa: "outros substantivos declinam-se em cinco casos".[15] Esse uso teve um efeito significativo;[16] igualmente, *forma* também foi muito empregada com o mesmo sentido, já desde Varrão — contudo, *figura* parece ter sido preferida e mais frequente entre os gramá-

---

[14] Gélio, *Noctes Atticae*, III, 10, 7.

[15] Varrão, *De Origine Linguae Latinae*, 9, 52.

[16] Cf. *Thesaurus Linguae Latinae*, figura III A, 2a, col. 730 e 2e, col. 734.

*Figura*

ticos latinos. Como foi possível que as duas palavras — sobretudo *figura*, que lembra em sua forma vocabular ainda mais claramente a sua origem — tenham alcançado tão rapidamente um significado puramente abstrato? Isso ocorreu por meio da helenização da cultura romana. A língua grega, cujo vocabulário científico e retórico era incomparavelmente mais rico, possuía um grande número de palavras para o conceito de forma: *morphé, éidos, schêma, typos, plásis,* para nomear apenas os mais importantes. A formação filosófica e retórica do uso platônico-aristotélico da língua atribuiu um domínio a cada uma dessas palavras, e estabeleceu limites claros especialmente entre, de um lado, *morphé* e *éidos* e, de outro, *schêma.* Os primeiros são a forma ou a ideia que informam a matéria; enquanto o último é a configuração puramente sensível dessa forma. A passagem clássica que confirma isso está na *Metafísica* de Aristóteles, onde, no âmbito da exposição da *ousía,* a *morphé* é designada como "*schêma tês idéas*".[17] Assim, encontramos em Aristóteles também *schêma* de modo puramente sensível, como uma das categorias de qualidade, e a conjunção de *schêma* com *mégethos, kínesis* e *chrôma,* que já encontramos em Varrão. Era evidente que, em latim, *forma* verteria *morphé* e *éidos,* pois continha desde sempre a ideia de modelo; ocasionalmente encontramos também *exemplar.* Por sua vez, para *schêma* definiu-se em geral *figura.* Mas como na terminologia científica grega *schêma,* enquanto "forma exterior", expandiu-se amplamente — na gramática, na retórica, na lógica, na matemática, na astronomia —, nesse caso por toda parte, em latim, utilizou-se *figura.* E assim surgiu, ao lado e defronte ao antigo significado de dimensão plástica, um conceito muito mais geral da manifestação sensível e da forma gramatical, retórica, lógica e matemática, a que mais tarde se juntaram

---

[17] Aristóteles, *Metafísica,* 1029a 4.

Erich Auerbach

a musical e a coreográfica. É certo que o antigo significado de dimensão plástica não se perdeu por completo, pois também *typos* ("marca distintiva", "impressão") e *plásis, plasma* ("forma plástica") foram frequentemente vertidos por *figura* — em função da raiz *fig*. A partir do significado de *typos, figura* desenvolveu-se como "impressão de um selo", que possui uma nobre história como metáfora, de Aristóteles ("*hè kínesis ensemáinetai hoîon typon tinà tôu aisthématos*" [movimento implica certa impressão da coisa sentida]),[18] passando por Agostinho[19] e Isidoro,[20] até Dante ("*come figura in cera si suggella*"[21]).[22] Para além da dimensão plástica, o *typos*, em virtude de sua tendência ao

---

[18] Aristóteles, *De Memoria et Reminiscentia* (*Parva Naturalia*), 450a 31.

[19] *Epistulae*, CLXII, 4, in *Patrologia latina*, XXXIII, col. 706.

[20] *Differentiarum Libri Duo*, I, 528, in *Patrologia latina*, LXXXIII, col. 63.

[21] "Purgatório" X, 45 ("como na cera a marca se chancela") ou "Paraíso" XXVII, 62. [Esta última referência não está correta; pode-se ver, com o sentido discutido por Auerbach, "Purgatório" XXXIII, 79-80 ("Como o selo verdadeiro,/ que não se altera mais quando chancela", trad. Cristiano Martins). (N. do O.)]

[22] Em Aristóteles (como também já em Platão), *typoi* significa "em geral", "em grandes linhas", "em regra". Sua expressão "*pachulôs kai typôi*" ([*Ética a Nicômaco*] 1094b 20) ou "*kath' hólou léchthen kài typoi*" espraia-se, passando por Irineu (2, 76) e Boécio (*Topicorum Aristoteles Interpretatio*, I, 1, *Patrologia latina*, LXIV, col. 911 B), até o francês e o italiano. Cf. Frédéric Godefroy, *Dictionnaire de l'Ancienne Langue Française*, Paris, F. Vieweg, 1881-1902, s. v. "figural": "Il convient que la maniere de proceder en ceste oeuvre soit grosse et figurele", ou s. v. "figuralement": "car la maniere de produyre/ Ne se peust monstrer ne deduyre/ Par effect, si non seulement/ Grossement et figuraulment" (Greban). No italiano, o sentido da ligação "sommariamente e figuralmente" parece logo não ter sido mais compreensível; ver os exemplos em Nicolò Tommaseo e Bernardo Bellini, *Dizionario della Lingua Italiana*, Turim, Società Unione Tipografica, 1865-1879, s. v. figura 18.

*Figura*

universal, legal e exemplar,[23] foi significativo para *figura*, e isso por sua vez contribuiu para borrar os limites, já por si mesmos sutis, com *forma*. A ligação com palavras como *plásis* intensificou a tendência — provavelmente já existente desde o início, mas que só avançou lentamente — à expansão de *figura* na direção de "estátua", "imagem", "retrato"; o termo avança no terreno de *statua*, e mesmo de *imago, effigies, species* e *simulacrum*. Portanto, se em termos gerais se pode afirmar que *figura*, em seu uso latino, verte *schêma*, com isso não se esgota o poder da palavra, *potestas verbi: figura* ainda é não só ocasionalmente mais plástico, mas também irradia de modo mais movente e intenso do que *schêma*. Certamente ela é mais dinâmica do que a palavra alemã *Schema; schémata* são como se denominam os gestos mímicos dos seres humanos, em especial dos atores, em Aristóteles; o significado de forma móvel não é absolutamente estranho a *schêma*; mas *figura* desenvolveu de modo muito mais amplo esse elemento de movimento e metamorfose.[24]

Lucrécio utiliza *figura* em sentido grego e filosófico de um modo muitíssimo peculiar, livre e significativo. O ponto de partida é o conceito geral de "forma", que se encontra em todas as gradações que vão de uma dimensão plástica enérgica ("*manibus tractata figura*" [a forma de um objeto percebida pelas mãos, pelo tato])[25] até o contorno puramente geométrico.[26] Ele transpõe também o conceito das dimensões plástica e óptica para a acús-

---

[23] Cf. a conjugação com *nomikós*, Aristóteles, *Política*, 1341b 31.

[24] Há significados de *schêma* que não encontramos em *figura*, isto é, que não se impuseram como, por exemplo, "constituição".

[25] Lucrécio, *De Rerum Natura*, 4, 230.

[26] *Idem*, 2, 778; 4, 503.

tica, quando fala de "*figura verborum*" [a forma das palavras].[27] A importante passagem da forma para sua imitação, da imagem original para a cópia, pode ser mais bem apreendida no passo que trata da semelhança das crianças com seus pais, da mistura de sementes e da hereditariedade: das crianças, que são "*utriusque figurae*" [que têm a aparência de um e outro] do pai e da mãe, que frequentemente reproduzem "*proavorum figuras*" [a fisionomia dos ancestrais], e assim por diante — "*inde Venus varias producit sorte figuras*" [então Vênus dá à luz fisionomias de variado tipo].[28] Aqui se mostra como o jogo entre imagem original e cópia só pode realmente se concretizar com *figura*; *forma* e *imago* estão por demais ligados a um ou outro sentido. *Figura* é mais sensível e movente do que *forma* e preserva o que é próprio do original de modo mais puro do que *imago*. Por certo, deve-se levar em consideração, tanto aqui como por toda parte — como mais adiante, quando for tratar de poetas —, que *figura* oferece, com suas três sílabas (em todas as formas flexionadas), um fecho primoroso para um hexâmetro.[29] Na doutrina das formas de Lucrécio encontramos uma variante singular do

---

[27] *Idem*, 4, 556. Cf. também as formas de sons: *idem*, 2, 412/3: "*per chordas organici quae/ mobilibus digitis expergefacta figurant*" [os tocadores de lira, que com os dedos ligeiros tocam e modulam as cordas].

[28] *Idem*, 4, 1223.

[29] Desse modo, *forma* ocorre o mais das vezes quando são empregadas duas sílabas, de sorte que também em Lucrécio a relação das duas palavras é bastante lábil e oscilante. Não obstante, justamente nele encontramos passagens em que os conceitos se definem com clareza; por exemplo, quando fala dos elementos originários: "*quare* [...] *necessest/ natura quoniam constant neque facta manu sunt/ unius ad certam formam primordia rerum/ dissimili inter se quadam volitare figura*" [assim, quanto à origem dos elementos, uma vez que eles existem por natureza e não porque são feitos pela mão do homem segundo um modelo único e determinado —

*Figura*

significado de "cópia": como uma película (*membranae*), elas descolam-se das coisas e vagam pelo ar, aquela doutrina democritiana da "película imagética" (Diels), compreendida materialisticamente como éidola, que ele denomina *simulacra, imagines, effigia* e de quando em vez mesmo *figuras*. Assim, encontramos nele pela primeira vez *figura* com o significado de "imagem onírica", "forma da fantasia", "sombra do morto".

São variantes cheias de vitalidade e tiveram um futuro significativo. Imagem original, cópia, imagem aparente e imagem onírica[30] são significados que permanecem sempre vinculados a *figura*. O emprego mais engenhoso da palavra, em Lucrécio, encontra-se contudo em outra direção. Sabemos que ele defendia a cosmogonia de Demócrito e Epicuro, segundo a qual o mundo é constituído de átomos. Ele denomina os átomos *primordia, principia, corpuscula, elementa, semina* [primórdios, princípios, corpúsculos, sementes], e de modo geral também *corpora, quorum*: "*concursus motus ordo positura figura*" [corpos cuja reunião, movimento, ordem, posição, forma][31] que produzem as coisas.

---

é forçoso que assumam formas diferentes umas das outras ao volitar pelo espaço.] Lucrécio, *De Rerum Natura*, 2, 377-380.

Aqui, assim como quando escreve "*formai servare figuram*" [conservar o aspecto da forma] (*idem*, 4, 69), trata-se da conhecida relação *morphé-schêma*, que A. Ernout e A. Meillet, *Dictionnaire Étymologique de la Langue Latine, op. cit.*, verteram, exprimindo com clareza, como "la configuration du moule". Cf. Cícero, *De Natura Deorum*, I, 90.

[30] Respectivamente: *Urbild, Abbild, Scheinbild, Traumbild*. (N. do O.)

[31] Lucrécio, *De Rerum Natura*, 1, 685 e 2, 1021. Nas três últimas palavras, como se sabe (Munro), repete-se a fórmula de Demócrito e Leucipo: *rysmés, tropé, diathigé* (cf. Hermann Diels, *Fragmente der Vorsokratiker*, Berlim, Weidmann, 1922, vol. 2, 4ª ed., p. 22). Aristóteles transcreve *schêma* por *rysmós* (*Metafísica*, 985b 16 e 1042b 11; *Física*, 188a 22). Lucrécio o verte como *figura*.

Com efeito, os átomos são muito pequenos, mas têm forma e matéria; eles possuem formas infinitamente variadas, e ocorre que Lucrécio os denomine, muito frequentemente, formas, *figurae*. Como também ocorre, inversamente, que *figurae* seja frequentemente traduzida, tal como o faz ocasionalmente Diels, por "átomo".[32] Os inúmeros átomos estão em movimento ininterrupto, eles erram no vácuo, unificam-se e chocam-se entre si: é uma dança de figuras [*Figuren*]. Esse emprego do termo não parece ir além de Lucrécio; o *Thesaurus* arrola apenas uma única passagem, em Claudiano,[33] ou seja, do final do século IV. Portanto, neste domínio restrito sua criação mais original permaneceu sem efeito; se, sem dúvida alguma, dentre todos os autores que trabalhei com relação a *figura*, Lucrécio não foi o historicamente mais importante, foi contudo aquele que ofereceu a mais genial contribuição pessoal.

No uso frequente e sempre flexível do termo por Cícero estão representadas todas as variações do conceito de forma, que lhe aproximam da atividade pública e retórica, jurídica e filosófica, e revela até mesmo sua humanidade gentil, suscetível e calma. Frequentemente ele o usa com relação ao ser humano, por vezem em tom patético: "*portentum atque monstrum certissimum est, esse aliquem humana specie et figura, qui tantum immanitate bestias vicerit, ut* [...]" [com toda certeza é aberrante e monstruoso que exista alguém com aspecto e aparência de homem que tenha a tal ponto superado as feras em atrocidades, que (...)], como se lê em *Pro Roscio*;[34] e "*tacita corporis figura*" [a muda apa-

---

[32] Algumas passagens: Lucrécio, *De Rerum Natura*, 2, 385, 514, 678, 682; 3, 190, 246; 6, 770.

[33] Claudiano, *In Rufinum*, I, 17.

[34] Cícero, *Pro Sextus Roscio Amerino*, 63.

*Figura*

rência do corpo de um homem] é a forma muda cuja aparência já trai a pessoa vil.[35] Também os membros e órgãos internos, os animais, os aparelhos, estrelas, em suma, tudo o que é sensível tem *figura*, até mesmo os deuses e o universo como um todo. Aquilo que aparece sensivelmente, o "aparecer" do grego *schema*, vem bem à luz quando ele diz que os tiranos têm apenas a *figura hominis* [a aparência de homem], e que as representações insensíveis de Deus não têm nem *figura*, nem *sensus*. Delimitações claras face a *forma* são raras,[36] e o uso dos dois termos não se limita às dimensões óptica e plástica. Ele fala da *figura vocis* [qualidade da voz], e mesmo de uma *figura negotii* [o aspecto de uma ação], e muito frequentemente de *figura dicendi* [figuras do discurso]. Naturalmente, também as formas geométricas e estereométricas possuem uma *figura*. Por outro lado, em Cícero não se desenvolveu o sentido de *figura* como cópia. Em *De Natura Deorum* diz-se que Cota, um dos interlocutores, poderia compreender a expressão "*quasi corpus*" [como se fossem um corpo] dos deuses, "*si in cereis fingeretur aut fictilibus figuris*" [se fosse moldado em figuras de cera ou de barro],[37] e em *De Divinatione* trata-se da *figura* de um rochedo que seria similar a um pequeno Pã.[38] Mas isso não basta, pois se está falando justamente da *figura* do barro e da pedra, e não daquilo que é representado.[39]

---

[35] Cícero, *Pro Quintus Roscio Comoedo*, 20.

[36] Cf. Cícero, *De Natura Deorum*, I, 90, cf. nota acima.

[37] Cícero, *De Natura Deorum*, I, 71.

[38] Cícero, *De Divinatione*, I, 23.

[39] A transição de "*figura* do material" para "*figura* do objeto representado" só se realizou muito gradualmente, inicialmente dentre os poetas. Cf. (além de Lucrécio), Catulo, 64, 50 e 64, 265; Propércio, 2, 6, 133. Em Veleio Patérculo, I, 11, 4, "*expressa similitudine figurarum*" significa "parecido como um retrato".

Os esquemas de Demócrito, que se desprendem do corpo, de que se falou com relação a Lucrécio, são denominados por Cícero *imagines* ("*a corporibus enim solidis et a certis figuris vult fluere imagines Democritus*" [Demócrito crê que as imagens fluem de corpos sólidos e de figuras precisas])[40] e as imagens divinas são denominadas o mais das vezes *signa*, jamais *figurae*. Como exemplo disso podemos citar a piada maldosa contra Verres: Verres queria roubar uma valiosa imagem de divindade em uma cidade siciliana, mas enamorou-se da mulher de seu hospedeiro — "*contemnere etiam signum illud Himerae jam videbatur quod eum multo magis figura et lineamenta hospitae delectabant*" [já parecia até desprezar aquela estátua de Himera porque a aparência e os traços da hospedeira o deleitavam muito mais].[41] Inovações tão ousadas como os elementos fundamentais de Lucrécio não se encontram em Cícero; assim, sua contribuição consistiu acima de tudo na introdução, adaptação e aplicação da forma sensível do conceito de *figura* na linguagem dos homens cultos. Ele a empregou sobretudo nos escritos filosóficos e retóricos, e do modo mais frequente no escrito sobre a natureza dos deuses, tendo se esforçado por definir o que hoje denominaríamos como um conceito totalizante de forma. Não é só devido à sua conhecida tendência à plenitude oratória o fato de ele não se satisfazer, exceto raramente, com o termo *figura* isolado, mas o ajuntar a outros similares, com vistas à expressão de um todo: *forma et figura, conformatio quaedam et figura totius oris et corporis* [cer-

---

[40] Cícero, *De Divinatione*, 2, 137. Cf. também Cícero, *Epistulae ad Familiares*, 15, 16. Em contraposição, Quintiliano, 10, 2, 15: "*illas Epicuri figuras* [...]" [aquelas imagens de Epicuro (...)].

[41] Cícero, *In Verrem Actio Secunda*, 3, 89. Posteriormente, *figura* como "imagem divina" e, nos escritores cristãos, como "ídolo" tornou-se extremamente frequente — inclusive como imagem em moedas.

*Figura*

ta conformação e aspecto do rosto e do corpo inteiro], *habitus et figura, humana species et figura, vis et figura,* e vários outros desse tipo. Seu empenho por uma interpretação total dos fenômenos é inegável e é possível que também tenha transmitido algo disso ao leitor romano. Nem seu talento, nem sua postura eclética o capacitavam para uma fundamentação e formulação enérgicas de um tal conceito de forma, e por isso seu esforço permaneceu impreciso; é preciso se satisfazer com o prazer da plenitude e do equilíbrio dos termos. Para o desenvolvimento posterior de *figura* há outro aspecto mais importante: em Cícero e no autor de *Ad Herennium* encontra-se pela primeira vez *figura* como expressão técnica da retórica, e na verdade para os *schemata* ou *charakteres lexeos,* os três níveis de estilo que são designados, em *Ad Herennium,* como *figura gravis, mediocris* e *attenuata* [grave, mediano, tênue],[42] e em *De oratore* como *plena, mediocris* e *tenuis.*[43] Entretanto, Cícero não utiliza o termo como expressão técnica para o estilo verdadeiramente "figurativo", circunloquial, ornamentado (como nota expressamente Emil Vetter, o autor do artigo *"Figura"* no *Thesaurus Linguae Latinae*).[44] Cícero conhece e descreve detalhadamente esse estilo, mas não o denomina, como será feito pelos posteriores, *figurae,* mas sim o mais das vezes *formae et lumina orationis* [belezas e ornamentos do discurso], ou seja, também aqui de modo pleonástico. De resto, ele utiliza a expressão *figura dicendi* — o mais das vezes *forma et figura dicendi* —, e o faz frequentemente sem uma fixação técnica precisa, simplesmente como um modo da

---

[42] Anônimo, *Rethorica ad Herennium,* 4, 8, 11.

[43] Cícero, *De Oratore,* 3, 199 e 212.

[44] *Thesaurus Linguae Latinae,* 731, 80 ss.

eloquência.[45] Isso ocorre tanto em termos gerais, quando quer exprimir a existência de incontáveis tipos de eloquência, como também em termos individuais, como quando diz de Curião: *"suam quandam expressit formam figuramque dicendi"* [expressou um modelo e um tipo de discurso próprios].[46] Como resultado, os estudantes das escolas de retórica, para os quais os escritos de Cícero sobre a eloquência logo se tornaram canônicos, habituaram-se a essa combinação.

Portanto, *figura*, ao final da época republicana, havia se estabelecido firmemente na linguagem culta e filosófica, e o primeiro século do Império exauriu ainda mais as possibilidades de significação e emprego do termo. Como era de se esperar, foram especialmente os poetas que exploraram o jogo entre imagem original e cópia, a mudança de forma, a imagem onírica que imita iludindo. Já em Catulo encontramos o passo característico: *"quod enim genus figurae est ego quod non obierim?"* [que aparência já não tive?].[47] Propércio, por sua vez, afirma: *"mixtam te varia laudavi saepe figura"* [muito te louvei, porque acumulas belezas variadas][48] ou *"opportuna meast cunctis natura figuris"* [por natureza posso assumir qualquer aparência].[49] Na bela conclusão do *Panegyricus ad Messalam*[50] encontramos *"mutata figura"* [tendo sido mudada a minha aparência], quando se fala da

---

[45] Cícero, *De Oratore*, 3, 34.

[46] *Idem*, 2, 98.

[47] Catulo, poema 63, v. 62.

[48] Em Propércio e também em Ovídio, o significado de *figurae* transforma-se por vezes de "formas" em "espécie", em oposição a "gênero": é o mesmo desenvolvimento que vemos em *species-espèce*.

[49] Propércio, respectivamente, 3, 24, 5 e 4, 2, 21.

[50] *Panegyricus Messallae*. (N. do O.)

*Figura*

força transformadora das formas que a morte possui. E Virgílio, na *Eneida*, descreve a ilusão que a figura de Eneias pregou em Turno, "*morte obita qualis fama est volitare figuras*" [tal como depois da morte, segundo dizem, essas figuras volitam].[51] Mas a fonte mais produtiva para *figura* como mudança de forma é, naturalmente, Ovídio. Na verdade, ele também não hesita em utilizar, quando o verso exige um dissílabo, *forma*; mas o mais das vezes utiliza *figura*, e tem ao seu dispor uma riqueza de combinações que causa admiração: ele diz *figuram mutare, variare, vertere, retinere, inducere, sumere, deponere, perdere* [mudar, variar, trocar, manter, tomar, assumir, largar, perder a forma de]; e a pequena coleção a seguir dá uma ideia de sua multiplicidade: "[...] *tellus* [...] *partimque figuras/ rettulit antiquas*" [(...) a terra (...) em parte retomou suas antigas formas]; "[...] *se mentitis superos celasse figuris*" [os deuses se ocultaram sob formas enganadoras]; "*sunt quibus in plures ius est transire figuras*" [há aqueles que têm o privilégio de assumir muitas formas]; "[...] *artificem simulatoremque figurae/ Morphea*" [Morfeu, o artífice e imitador da forma humana]; "*ex aliis alias reparat natura figuras*" [a natureza recria as formas umas a partir das outras]; "*animam* [...] *in varias doceo migrare figuras*" [eu ensino que a alma migra para diferentes formas]; "*lympha figuras/ datque capitque novas*" [a água dá e recebe novas formas].[52]

E a imagem do selo também aparece maravilhosamente: "*Utque novis facilis signatur cera figuris/ Nec manet ut fuerat nec formas servat easdem,/ Sed tamen ipsa eadem est* [...]" [E assim como a cera dúctil é marcada com novas figuras/ e não permanece

---

[51] Virgílio, *Eneida*, X, 641.

[52] Ovídio, *Metamorfoses*, respectivamente, 1, 436; 5, 326; 8, 730; 11, 634; 15, 253; 15, 172; 15, 308.

como tinha sido nem conserva as mesmas formas/ embora ela seja a mesma].[53]

Ademais, em Ovídio já aparece com grande nitidez *figura* como "cópia", por exemplo "*globus immensi parva figura poli*" [um globo, pequena cópia do céu imenso];[54] como "letra", que aliás já ocorre em Varrão, "*ducere consuescat multas manus una figura*" [que uma única mão se acostume a produzir muitas grafias];[55] finalmente, como posição no jogo amoroso: "*Venerem iungunt per mille figuras*" [fazem amor em mil posições].[56] Por toda parte, *figura* aparece, nele, como móvel, mutante, múltiplo e tendendo a iludir. O poeta da *Astronomica*, Manílio, também emprega a palavra de modo muito engenhoso: além dos significados já mencionados, *figura* aparece como "imagem estelar" e como "constelação" (ao lado de *signum* e *forma*). Como "imagem onírica" a encontramos em Lucano e Estácio.

Muito distinto disto tudo, e também do que os retóricos vão nos mostrar, é a ideia em Vitrúvio, o arquiteto, em que *figura* é a forma arquitetônica e plástica, quando muito a cópia disso ou a planta; nele nada resta de ilusão e transformação e *figurata similitudine* não significa, em sua linguagem, "por ilusão", mas sim "pelo estabelecimento formativo de uma similitude".[57] Frequentemente *figura* significa "planta", "plano" ("*modice picta operis futuri figura*" [plano brevemente traçado da obra a cons-

---

[53] *Idem*, 15, 169 ss.

[54] Ovídio, *Fasti*, 9, 278. Ou ainda: *Heroides*, 14, 97 e *Epistulae ex Ponto*, 2, 8, 64.

[55] Ovídio, *Ars Amatoria*, 3, 493.

[56] *Idem*, 2, 679.

[57] Vitrúvio, *De Architectura*, 7, 5, 1.

*Figura*

truir]),[58] e *universae figurae species* ou mesmo *summa figuratio* é a forma total de uma edificação ou de um ser humano (ele gosta de comparar ambas, do ponto de vista da simetria). Apesar do uso matemático ocasional, *figura* (e também *fingere*), em Vitrúvio e em outros escritores especialistas contemporâneos, possui um significado bem fixado e de caráter plástico e sensível. É o que vemos em Festo (*"crustulum cymbi figura"* [um pequeno bolo em forma de barco]),[59] em Celso (*"vendter reddit mollia, figurata"* [o ventre expele formações moles])[60] e em Columela (*"ficos comprimunt in figuram stellarum floscularumque"* [espremem figos até que tomem a forma de estrelas e pequenas flores]).[61] Neste pormenor, encontramos um uso mais liberal em Plínio, o Velho, que pertencia a outra camada social e cultural; todas as gradações do conceito de forma e tipo estão representadas. Nele podemos observar de modo excepcional, no notável início do 35º livro,[62] em que lamenta o declínio da pintura retratística, a transição de forma para retrato: *"Imaginum quidem pictura, qua maxime similes in aevum propagantur figurae [...]"*

---

[58] *Idem*, 1, 2, 2.

[59] Festo, *De Verborum*, 98. Para os produtos de confeitaria, cf. também Marcial, *Epigrammaton*, 14, 222, 1. Além disso, Festo, *op. cit.*, 129 (*"ficta quaedam ex farina in hominum figuras"* [iguarias feitas com farinha dotadas de formas humanas]) e Petrônio, *Satyricon*, 33, 6 (*"ova ex farina figurata"* [ovos modelados com massa de farinha]). O confeiteiro é amiúde considerado artista plástico e decorador; isso retornou em épocas posteriores, especialmente no Renascimento, no Barroco e no Rococó; cf. Johann W. Goethe, *Wilhelm Meisters Lehrjahre* [*Os anos de aprendizado de Wilhelm Meister*], livro 3, cap. 7, e as notas de Creizenach sobre o assunto na *Jubiläumsausgabe*, vol. 17, p. 344.

[60] Celso, *De Medicina*, 2, 5, 5.

[61] Columella, *De Re Rustica*, 12, 5, 5.

[62] Plínio, o Velho, *Naturalis Historia*. (N. do O.)

[A pintura de quadros com a qual se propagam no tempo imagens muitíssimo fiéis]; um pouco depois, quando fala dos livros ilustrados com retratos, cuja técnica de confecção fora inventada por Varrão, afirma:

> *imaginum amorem flagrasse quondam testes sunt* [...] *et Marcus Varro* [...] *insertis* [...] *septingentorum illustrium* [...] *imaginibus: non passus intercidere figuras, aut vetustatem aevi contra homines valere, inventor muneris etiam diis invidiosi, quando immortalitatem non solum dedit, verum etiam in omnes terras misist, ut praesentes esse ubique credi possent*[63]

Da literatura jurídica do primeiro século há algumas poucas passagens que demonstram *figura* como "forma exterior vazia", e mesmo como "aparência": "*non solum figuras sed vim quoque condicionis continere*" [conter não só a forma mas também a força do acordo] (Próculo)[64] e "*Mihi Labeo videtur verborum figuram sequi, Proculus mentem*" [Labeão parece-me seguir a forma das palavras e Próculo, a intenção] (Javoleno).[65]

Contudo, o que ocorreu de mais significativo e de mais rico em consequências para o desenvolvimento do termo no século I foi a formação do conceito retórico de figura [*Figur*], de que encontramos expressão do nono livro de Quintiliano. A

---

[63] Que outrora se nutrisse paixão por imagens é atestado também por Marco Varrão, que inseriu [em seus livros] imagens de setecentas pessoas ilustres: não admitindo que a imagem deles desaparecesse ou que a passagem do tempo prevalecesse sobre os homens, foi inventor de um recurso invejado até pelos deuses, uma vez que não só deu imortalidade aos homens, mas também os espalhou por todos os lugares, de modo que se podia crer que estavam presentes em toda parte.

[64] *Digesta*, 28, 5, 70.

[65] *Digesta*, 50, 16, 116.

*Figura*

questão é antiga, é grega, e já fora, como constatamos acima, latinizada por Cícero. Entretanto, Cícero ainda não utilizou o termo *figura* e, além disso, parece que a discussão continuada sobre questões retóricas entre a época de um e de outro refinou bastante a técnica figural. Não é possível determinar exatamente quando a palavra foi utilizada pela primeira vez, provavelmente logo depois de Cícero, como deixam supor o título de um livro de Aneu Cornuto (*De Figuris Sententiarum*) mencionado por Gélio[66] e as observações e alusões dos dois Sênecas[67] e de Plínio, o Moço. O que faz sentido, pois a expressão grega era *schema*. Em geral é preciso supor que o uso técnico e científico do termo já havia se desenvolvido antes mesmo, e de modo mais rico, do que os escritos que chegaram até nós o comprova — por exemplo, que as figuras [*Figuren*] do silogismo (as *schemata syllogismou* provêm do próprio Aristóteles) em língua latina já eram utilizadas muito antes de Boécio ou do livro das *Categorias* de pseudo-Agostinho.

Na última seção do livro 8 e no livro 9 das *Institutio Oratoria*, Quintiliano oferece uma exposição pormenorizada da doutrina dos tropos e figuras [*Figuren*], que por um lado, ao que

---

[66] Gélio, *op. cit.*, IX, 10, 5.

[67] Sêneca, o Moço, tem, em outro contexto, uma outra passagem significativa (em *Epistulae*, 65, 7), em que *figura* significa imagem original, ideia, forma, mas no sentido neoplatônico de modelo interno, da *forma* no espírito do artista, com o que também se chega à comparação, tão utilizada posteriormente, com Deus como criador: o escultor, diz ele, poderia possuir o modelo (*exemplar*) de sua obra em si mesmo ou fora de si; os olhos ou o próprio espírito podem oferecê-lo; e Deus possuiria todos os *exemplaria* das coisas em si: "*plenus his figuris est quas Plato ideas appellat immortales*" [ele está cheio daquelas figuras que Platão chama ideias imortais]. Sobre isso, Dürer: "Pois um bom pintor está interiormente pleno de figuras [...]"; cf. Erwin Panofsky, *Idea*, Leipzig, Teubner, 1924, p. 70.

parece, representa uma discussão resumida com as opiniões e trabalhos anteriores, e, por outro lado, tornou-se o fundamento para os esforços subsequentes sobre o assunto. Ele distingue os tropos das figuras [*Figuren*]; tropo é o conceito mais restrito e refere-se apenas ao significado literal das palavras e locuções; por sua vez, figura [*Figur*] é aquela formação do discurso que diverge do uso habitual e comum. Com relação a figura [*Figur*], não se trata da substituição de uma palavra por outra, como em todos os tropos; é possível formar figuras [*Figuren*] a partir de palavras em seu significado literal e sua ordenação normal. No fundo, todo discurso é uma formação, uma figura [*Figur*], mas utiliza-se a palavra apenas para formações especialmente elaboradas em sentido poético ou retórico, com o que se distinguem as locuções simples (*carens figuris, aschematistos* [desprovidas de figuras retóricas]) e figuradas (*figuratus, eschematismenos*). A distinção entre tropo e figura [*Figur*] sucedeu com dificuldades. O próprio Quintiliano hesita frequentemente em atribuir um discurso a um ou outro caso; o uso linguístico posterior decidiu muitas vezes considerar *figura* o conceito superior, que contém em si o tropo e que portanto designa como figurativa toda expressão não literal e indireta. Ele denomina e descreve como tropos a metáfora, a sinédoque ("*mucronem pro gladio, puppim pro navi*" [lâmina por espada, popa por navio]), a metonímia (Marte por guerra; Virgílio pela obra de Virgílio), a antonomásia (Pelida por Aquiles), e muitas similares. As figuras [*Figuren*], ele as divide entre aquelas que dizem respeito ao conteúdo e as que dizem respeito às palavras (*figurae sententiarum* e *verborum*). Como *figurae sententiarum* ele enumera: a pergunta retórica, com a resposta dada conjuntamente; os diversos modos de antecipar objeções (*prolepsis*); fingir confiar um segredo ao juiz ou ao ouvinte, ou mesmo ao inimigo; a prosopopeia, em que se põe a falar o próprio adversário, ou personificações como a nação; o

*Figura*

apóstrofe solene; dar colorido a um procedimento, dando-lhe mais concretude, *evidentia* ou *illustratio*; as variadas formas de ironia; a aposiopese ou *obticentia* ou *interruptio*, em que algo fica "entalado"; o remorso simulado com relação a algo que se disse; e muitas outras coisas do mesmo jaez. E, sobretudo, aquela figura [*Figur*] que, então, era vista como a mais importante e que parecia merecer acima de tudo o nome de figura [*Figur*]: a alusão velada, em suas variadas formas. Desenvolveu-se uma técnica refinada para exprimir ou insinuar algo, sem contudo dizê-lo, e naturalmente se tratava de algo que, por razões políticas ou táticas, ou simplesmente em virtude de um efeito maior, devia permanecer oculto ou ao menos silenciado. Quintiliano descreve a grande importância que o exercício nessa técnica possuía nas escolas de retórica e que se construíam casos especificamente para se aperfeiçoar e nela se distinguir — as *controversiae figuratae* [controvérsias simuladas]. Como figuras [*Figuren*] vocabulares ele, por fim, denomina os solecismos intencionais, as repetições retóricas, as antíteses, as assonâncias, as omissões de uma palavra, o assíndeto, o clímax e ainda algumas formas aparentadas.

Sua exposição dos tropos e figuras [*Figuren*], de que resumi aqui somente o mais essencial, é acompanhada de uma multiplicidade de exemplos e de investigações precisas sobre o tipo e a especificidade de cada forma singular, que ocupam grande parte dos livros 8 e 9. Trata-se de um sistema elaborado, uma doutrina a que foi dado grande valor, ao mesmo tempo que se deve presumir que Quintiliano dispunha, dentre os retóricos, de uma situação comparativamente mais livre e, tanto quanto a tendência da época permitia, tinha uma queda excessiva pelas sutilezas. Na eloquência da Antiguidade Tardia, a arte do discurso não literal, circunloquial, alusivo, insinuante e oculto, por meio da qual o objeto deveria ser trabalhado — seja adornando-o, seja tornando-o mais efetivo ou pérfido —, chegou a um tal ponto de perfeição e elasticidade, que nos parece estranha e quase incompreensível, e frequentemente até mesmo ridícula. Esse estilo era denominado *figurae*. Como se sabe, a doutrina das figuras [*Figuren*] do discurso ainda teve grande importância na Idade Média e no Renascimento; para os teóricos do estilo dos séculos XII e XIII, a principal fonte foi o escrito *Ad Herennium*.[68]

Com isso conclui-se a história do significado de *figura* na Antiguidade pagã; alguns desdobramentos gramaticais, retóricos e lógicos resultam do que já foi dito e em parte já foram mencionados.[69, 70] Historicamente significativo foi o sentido que os

---

[68] Sobre isso, Edmond Faral, *Les Arts poétiques du 12e et du 13e siècle*, Paris, Champion, 1924, pp. 48 ss., 99 ss.

[69] Amiano Marcelino oferece uma variante digna de menção, pois ele emprega o termo para a topografia dos campos de batalha, para agrupamentos estratégicos e para a disposição dos acampamentos. Cf. *Thesaurus Linguae Latinae*, 726, 37 ss.

[70] Em Sedúlio (*Carmen Paschale*, 5, 101/2) encontra-se um passo em que figura nada mais pode significar do que "rosto", portanto como no francês moderno: "*Namque per hos colaphos caput est sanabile nostrum,/ Haec sputa per Dominum nostram lavere figuram*". [Pois nossa cabeça pode ser curada por estes golpes;/ Esta cuspida lavou nosso rosto na pessoa do Senhor.]

Como anteriormente se falava de "*spuere in faciem*" [cuspir no rosto] e "*colaphis pulsare*" [golpear a cabeça], não há como duvidar do significado de "rosto". Contudo, deve-se levar em consideração a necessidade de uma conclusão trissílaba para o verso, com a sílaba intermediária longa, o que poderia ter levado Sedúlio a escolher uma palavra mais geral, que se adaptasse ao metro. De todo modo, este é o único exemplo seguro que possuímos, na Antiguidade, para o termo latim *figura* significando "rosto". A suposição de Maurice Jeanneret (*La Langue des tablettes d'exécration latines*, Neuchâtel, Attinger, 1918, p. 109), de que na tábua de maldição [*defixio*] de Minturno *figura* signifique "rosto", é completamente impos-

*Figura*

Padres da Igreja pretenderam atribuir ao termo, com base no desenvolvimento descrito nas páginas anteriores.

## II. *"Figura"* como profecia real nos Padres da Igreja

O significado peculiarmente novo do termo no mundo cristão encontra-se inicialmente em Tertuliano, que o utiliza com muita frequência. Para desenvolver o seu conteúdo é necessário comentar algumas passagens.

No escrito *Adversus Marcionem*,[71] Tertuliano fala de Oseias, filho de Num, denominado Josué por Moisés:[72]

> [...] *et incipit vocari Jesus* [...] *Hanc prius dicimus figuram futurorum fuisse. Nam quia Jesus Christus secundum populum, quod sumus nos, nati in saeculi desertis, introducturus erat in terram promissionis, melle et lacte manantem, id est*

---

sível em virtude da conjunção com *membra* e *colorem*, que é muito frequente. Como *"forma"*, ele faz parte das características corporais gerais, vale dizer, das partes do corpo com as quais a maldição se inicia; depois vêm as características singulares. A opinião de Jeanneret também foi rejeitada por Walther von Wartburg (*Französisches etymologisches Wörterbuch*, Bonn/Leipzig, K. Schöder, 1922-23, ad v. figura 9). Permanece inexplicada a questão relativa a um fragmento de Labério, *"figura humana inimico (nimio) ardore ignescitur"* [o rosto humano se inflama de hostil (excessivo) ardor] (O. Ribbeck, *Scaenicae Romanorum Poesis Fragmenta*, *op. cit.*, vol. 2, *Comicorum Romanorum Praeter Plautum et Terentium Fragmenta*, p. 343).

[71] Tertuliano, *Adversus Marcionem*, 3, 16.

[72] *Números* 13, 16.

# Erich Auerbach

*vitae aeternae possessionem, qua nihil dulcius; idque non per Moysen, id est, non per legis disciplinam, ser per Jesum, id est per evangelii gratiam provenire habebat* [forma no latim vulgar para "deveria ocorrer"], *circuncisis nobis petrina acie, id est Christi praeceptis; Petra enim Christus; ideo is vir, qui in huius sacramenti imagines parabatur, etiam nominis dominici inauguratus est figura, Jesus cognominatus.*[73]

Trata-se neste caso da denominação Josué-Jesus como acontecimento profético, que anuncia o subsequente.[74] Assim como Josué, e não Moisés, conduziu o povo de Israel à terra prometida, assim a graça de Jesus, e não a lei judaica, conduz o "segun-

---

[73] "[...] e pela primeira vez ele é chamado Jesus [...] esta, observamos em primeiro lugar, foi a figura das coisas que viriam a acontecer, pois Jesus Cristo ia introduzir um segundo povo, que somos nós, nascidos nos desertos deste mundo, na terra prometida, da qual emanam o mel e o leite, isto é, na posse da vida eterna, da qual nada existe de mais doce; e isto tinha de acontecer não por meio da lei de Moisés, isto é, por meio da disciplina, mas por meio de Jesus, isto é, por meio da graça do Evangelho, sendo nossa circuncisão realizada por uma faca de pedra, isto é, depois de termos sido circuncidados por uma pedra de cortar, ou seja, segundo os preceitos de Cristo, pois Cristo é a pedra. Por isso, aquele homem, que era preparado como imagem deste sacramento, foi consagrado em figura com o nome do Senhor e, assim, chamado Jesus."

[74] Já na *Septuaginta* Josué chama-se Jesus; este é uma contração daquele. Cf. as caracterizações do *Rolo de Josué* do Vaticano, considerado uma cópia do século VI de um original do século IV. Tive acesso a apenas uma página em Kurt Pfister (*Mittelalterlicher Buchmalerei*, Munique, Holbein, 1922), na qual é retratada a elevação das doze pedras (*Josué* 4, 20-21); Josué é denominado no texto e na inscrição "*Iesouûs hò tôu Naue*" [Jesus (o filho) de Naun], traz uma auréola e representaria, pelo visto, Cristo. São frequentes apresentações posteriores de Josué; cf. por exemplo Hildeberto de Tours, *Sermones de Diversis*, XXIII, in *Patrologia latina*, CLXXI, col. 842 ss.

*Figura*

do povo" à terra prometida da glória eterna. O homem que surgiu como anunciação profética desse mistério ainda oculto, "*qui in huius sacramenti imagines parabatur*", foi introduzido como *figura* do nome de Deus. A denominação Josué-Jesus, portanto, é uma profecia real ou forma que prenuncia o futuro. *Figura* é algo real, histórico, que expõe e anuncia alguma outra coisa igualmente real e histórica. A relação mútua entre os dois eventos é reconhecível em virtude de uma concordância ou similitude; assim, Tertuliano afirma: "*Quare Pascha Christus, si non Pascha figura Christi per similitudinem sanguinis salutaris et pecoris Christi?*" [Como Cristo é páscoa, a não ser se a páscoa for a imagem de Cristo pela semelhança do sangue salvador e do rebanho de Cristo?].[75] Frequentemente, bastam similitudes vagas na estrutura dos acontecimentos ou nas situações que os acompanham para tornar a *figura* reconhecível; para a encontrar era sempre necessária uma determinada vontade interpretativa. Por exemplo,[76] quando os dois bodes sacrificiais[77] são interpretados como a primeira e a segunda chegada de Cristo; ou quando de Adão como *figura Christi* se deriva Eva como *figura Ecclesiae*:[78] "*Si enim Adam de Christo figuram dabat, sommus Adae mors erat Christi dormituri in mortem, ut de iniuria* [ferida] *perinde lateris eius vera mater viventium figuraretur ecclesia*" [Pois se Adão fornecia uma figura de Cristo, o sono de Adão era a morte de Cristo que havia de dormir na morte, para que pela ferida nos flancos se figurasse a Igreja, a verdadeira mãe de todos

---

[75] Tertuliano, *Adversus Marcionem*, 5, 7.

[76] *Idem*, 3, 17 ou, do mesmo, *Adversus Iudaeos*, 14.

[77] *Levítico* 16, 7.

[78] Tertuliano, *De Anima*, 43; cf. também, do mesmo, *De Monogamia*, 5.

os vivos].[79] Sobre a origem dessa vontade interpretativa ainda voltaremos a falar. O tipo da interpretação tendia a significar as personagens e os eventos que aparecem no Antigo Testamento como figuras [*Figuren*] ou profecias reais da história sagrada do Novo Testamento. Deve-se notar que Tertuliano rejeita expressamente que a validade literal e histórica do Antigo Testamento seja enfraquecida pela interpretação figural. Ao contrário, encontramos nele uma tendência decidida contra as eventuais usurpações do espiritualismo; ele não pretende, de modo algum, compreender o Antigo Testamento como mera alegoria; por toda parte há um sentido de realidade, mesmo ali onde se trata de uma profecia figural, quando tanto a figura [*Figur*] como aquilo que ela profetiza são igualmente realidade histórica. A figura [*Figur*] profética é um fato histórico e sensível, e é realizada por fatos históricos e sensíveis: Tertuliano emprega para tanto a expressão *figuram implere* ou *confirmare*[80] e pretendemos designar os dois eventos a partir da agora como figura [*Figur*] e realização.[81]

O realismo enérgico de Tertuliano é bem conhecido. Para ele, *figura*, no sentido simples de "forma", é uma parte da subs-

---

[79] *Figuraretur* significa aqui ao mesmo tempo "formado" e "foi figurado" — no último caso, por meio de sangue e água, comunhão e batismo. A contraposição das duas chagas laterais permaneceu por longo tempo um motivo importante; cf. Konrad Burdach, "Vorspiel", in *Gesammelte Schriften zur Geschichte des deutschen Geistes*, vol. I, "Mittelalter", Halle/Saale, Niemeyer, 1925, pp. 162 e 212; Dante, "Paraíso" XIII, 37 ss.

[80] Respectivamente: *Adversus Marcionem*, 4, 440: "*figuram sanguinis sui salutaris implere*" [realizar a figura de seu sangue salvador], e *De Fuga in Persecutione*, II: "*Cristo confirmante figuras suas*" [Cristo confirmando suas figuras].

[81] *Erfüllung*, no sentido de que realiza, consuma. (N. do O.)

tância, e é equiparada à carne.[82] Pouco antes, ele fala do pão na Eucaristia:[83]

> *Corpus illum suum fecit 'hoc est corpus meum' dicendo, "id est figura corpus mei". Figura autem non fuisset, nisi veritatis esset corpus. Ceterum vacua res, quod est phantasma, figuram capere non posset. Aut si propterea panem corpus sibi finxit, quia corporis carebat veritate, ergo panem debuit tradere pro nobis. Faciebat ad vanitatem Marcionis, ut panis crucifegeretur. Cur autem panem corpus suum appellat, et non magis peponem, quem Marcio cordis loco habuit? Non intelligens veterem fuisse istam figuram corporis Christi, dicentis per Ieremiam (11, 19): Adversus me cogitaverunt cogitatum discentes, Venite, coniiciamus lignum in panem eius, scilicet cruscem in corpus eius.*[84]

Essas frases cheias de vida — na sequência, e de modo não menos enérgico,[85] o vinho, *figura sanguinis* [figura do sangue],

---

[82] Tertuliano, *Adversus Marcionem*, 5, 20.

[83] *Idem*, 4, 40.

[84] "Ele transformou-o em seu corpo, dizendo: 'Este é o meu corpo, isto é, a figura de meu corpo'. Pois não teria havido figura se não houvesse um corpo de verdade. De resto, uma coisa vazia, ou seja, um fantasma, não pode assumir uma figura. E, por causa disso, se figurou que seu corpo era pão porque carecia da verdade do corpo, então nos deveria ter oferecido o pão. Satisfaria a futilidade de Marcião de que o pão deveria ser crucificado. Mas por que chamar 'pão' seu corpo e não 'melão', que é o que Marcião tinha no lugar do coração? Marcião não percebeu que era antiga esta figura do corpo de Cristo, que disse por meio de Jeremias (11, 19): 'Tramas contra mim, dizendo: — Vinde, lancemos madeira em seu pão. Ou seja, a cruz em seu corpo'."

[85] De acordo com *Gênesis* 49, 11 e *Isaías* 63, 1.

é compreendido como *probatio carnis* [provação da carne][86] —
dão a mais clara ideia da dimensão sensível dos dois polos da
interpretação figural de Tertuliano; somente o entendimento,
que reconhece a figura [*Figur*] na realização, é espiritual: *intellectus espiritualis*. Os profetas, diz ele,[87] não falaram apenas através de imagens, caso contrário não se as poderia de modo algum
reconhecer; muitas coisas devem ser compreendidas literalmente, como também no Novo Testamento: *"nec omnia umbrae, sed
et corpora; ut in ipsum quoque Dominum insigniora quaeque luce
clarius praedicantur; nam et virgo concepit in utero, non figurate;
et peperit Emanuelem nobiscum Jesum Christum, non oblique"*
[nem tudo são sombras, mas também corpos, de modo que mesmo sobre o próprio Senhor se fazem certas predições mais claras do que o dia, pois também a Virgem concebeu no útero não
de forma figurada, e gerou, não de forma oblíqua, Emanuel,
"Deus conosco", Jesus Cristo]. E ele dirige-se, zeloso, contra
aqueles que *"in imaginariam significationem distorquent"* [distorcem, em um sentido imaginário] a clara anunciação da ressurreição dos mortos. Há muitas passagens desse tipo, em que ele
combate as tendências espiritualistas de grupos contemporâneos. Seu realismo deixa-se ainda comprovar de modo mais preciso na relação de figura e realização, em que por vezes uma, por
vezes outra parece possuir um grau mais elevado de concreção
histórica. Quando, por exemplo, na frase *"an ipse erat, qui tamquam ovis coram tendente sic os non aperturus figuram sanguinis
sui salutaris implere concupiscebat?"* [acaso não era ele mesmo
que, sem abrir a boca — tal como a ovelha diante do tosquiador

---

[86] *"Ita et nunc sanguinem suum in vino consecravit qui tunc vinum in sanguine figuravit"* [Assim ele, que então consagrou o vinho no sangue, agora também consagra seu sangue no vinho].

[87] Tertuliano, *De Ressurectione Carnis*, 19 ss.

*Figura*

—, desejava ardentemente realizar a figura de seu sangue salvador?][88] a figura [*Figur*] parece ser um mero símile — o servo de Deus como Cordeiro, ou quando, em outra situação, a lei como um todo é contraposta ao Cristo como realização[89] — pode talvez parecer que o símile no primeiro caso e o abstrato no segundo atribuam à figura [*Figur*] menor força de realidade. Entretanto, não faltam exemplos em que a figura [*Figur*] aparece como sendo, em termos sensíveis, a mais forte. Em *De Baptismo*, onde o tanque de Betesda aparece como figura [*Figur*] do batismo, encontramos a frase: "*figura ista medicinae corporalis spiritalem medicinam canebat, ea forma qua semper carnalia in figuram spiritalium antecedunt*" [esta figura da medicina corporal decantava a medicina espiritual, segundo aquela regra pela qual as coisas carnais aparecem sempre antes na figura de coisas espirituais].[90] Pois tanto um como outro, o tanque de Betesda e o batismo, são um objeto ou um acontecimento reais e sensíveis, e o que há de espiritual nisso tudo é apenas a interpretação ou o efeito, pois mesmo o batismo, como Tertuliano imediatamente acrescenta, é um ato carnal: "*sic et in nobis carnaliter crurit unctio, sed spiritaliter proficit; quomodo et ipsius baptismi carnalis actus, quod in aqua mergimur, spiritalis effectus, quod delictis liberamur*" [assim também em nós a unção age carnalmente, mas é útil espiritualmente; do mesmo modo, o ato do próprio batismo é carnal, uma vez que somos mergulhados em água, mas espiritual é o efeito, uma vez que somos libertados dos delitos].[91] De

---

[88] Tertuliano, *Adversus Marcionem*, 4, 40.

[89] *Idem*, 5, 19: "*de umbra transfertur ad corpus, id est de figuris ad veritatem*" [transfere-se da sombra para o corpo, isto é, das figuras para a verdade].

[90] Tertuliano, *De Baptismo*, 5.

[91] *Idem*, 7.

todos esses exemplos se percebe como Tertuliano, mesmo no primeiro caso mencionado, tinha em vista o Cordeiro não somente como um símile, mas como algo real, e a lei não como um abstrato, mas como uma situação histórica. Por vezes ocorre também que dois ditos estejam entre si em uma relação de figura [*Figur*] e realização: "*certe quidem bonus pastor animam pro pecoribus ponit; ut Moyses, non domino adhuc Christo revelato, etiam in se figurato, ait: Si perdis hunc populum, inquit, et me pariter cum eo disperde Ceterum, Christus confirmante figuras suas, malus pastor est, etc.*" [é certo que um bom pastor dá a vida pelo rebanho, assim como Moisés — quando Cristo Senhor não tinha sido ainda revelado, ainda que nele prefigurado — disse: "Se destruíres teu povo", disse ele, "com ele destróis-me igualmente por inteiro" (*Êxodo* 32, 32). E Cristo, confirmando essas figuras, disse: "É mau pastor..." (*João* 10, 12)].[92] E, contudo, os dois ditos são acontecimentos históricos e, além disso, pelo menos estão entre si, tal como Moisés e o próprio Cristo, em uma relação de figura [*Figur*] e realização.[93] A realização, como se viu em um exemplo acima, é frequentemente designada como *veritas*, e a figura [*Figur*], de modo correspondente, como *umbra* ou *imago*. Todavia, ambas, sombra e figura [*Warheit*], são abstratas apenas em relação ao significado inicialmente encoberto e a seguir revelado, e não obstante concretas em relação às coisas ou formas que aparecem como suportes do significado. Moisés não é menos enraizado na história e real por ser *umbra* ou *figura Christi*, e Cristo, a realização, não é uma ideia abstrata, mas também enraizado na história e concreto. As figuras [*Figuren*] his-

---

[92] Tertuliano, *De Fuga in Persecutione*, 11.

[93] Moisés é figura [*Figur*] de Cristo, por exemplo na travessia do Mar Vermelho ou na metamorfose da água salgada em doce para o batismo — o que não impede que ele, no primeiro exemplo dado acima, em oposição a isso, figure a lei.

*Figura*

tórico-reais devem ser interpretadas espiritualmente (*spiritaliter interpretari*), mas a interpretação remete a uma realização carnal, e portanto histórica (*carnaliter adimpleri* [completar-se carnalmente])[94] — pois, justamente, a verdade torna-se história ou carne.

A partir do século IV, o termo *figura* e o modo de interpretação a ele relacionado aparecem plenamente desenvolvidos em quase todos os escritores eclesiásticos latinos.[95] Ocasionalmente, e mais tarde de modo bastante generalizado, também a alegoria habitual passa a ser designada como *figura*; Lactâncio[96] interpreta o norte e o sul como *figurae vitae et mortis* [figuras da vida e da morte], dia e noite como a fé verdadeira e falsa; mas logo a seguir a referência cristã ao presságio e à realização se embaralham: "*etiam in hoc praescius futurorum Deus fecit, ut ex iis verae religionis et falsarum superstitionum imago quaedam ostenderetur*" [e também quanto a isto, presciente das coisas futuras, Deus fez que delas se exibisse uma imagem tanto da verdadeira religião como das falsas superstições]. E assim *figura* aparece variadas vezes com o sentido de "significação mais profunda com relação ao futuro": as coisas que Jesus tolerou, "*non fuerunt inania, sed habuerunt figuram et significationem magnam*" [não foram vãs, mas tiveram forma e significação], e ele fala nesse contexto das obras divinas em geral, "*quorum vis et potentia valebat quidem in praesens, sed declarabat aliquid in futurum*" [cuja força e poder vigoravam no presente, mas anunciavam algo para o fu-

---

[94] Tertuliano, *De Ressurectione Carnis*, 20.

[95] Cf. Hilário de Poitiers, *Tractatus Mysteriorum*, § 1 (*Corpus Vind*. LXV, p. 3), citado por Pierre de Labriolle, *Histoire de la Littérature Latine Chrétienne*, Paris, Les Belles Lettres, 1924, 2ª ed., p. 324.

[96] Lactâncio, *Divinae Institutiones*, 2, 10.

turo].[97] Sua escatologia também é dominada por essa mentalidade, que, segundo uma especulação amplamente difusa à época, interpretava os seis dias da Criação como seis milênios, que então estariam quase por findar; estava-se às portas do reino dos mil anos:[98] *"saepe diximus minora et exigua magnorum figuras et praemonstrationes esse; ut hunc diem nostrum, qui ortu solis occasuque finitur, diei magni speciem gerere, quem circuitus annorum mille determinat. Eodem modo figuratio terreni hominis caelestis populi praeferebat in posterum fictionem"* [com frequência dissemos que coisas menores e pequenas são figuras e indicações prévias das coisas grandes. Assim como este dia de hoje, que é limitado pelo nascer e pôr do sol, tem semelhança com o grande dia, que o ciclo de mil anos determina, assim também a figuração do homem terreno antecipava a parábola do povo celeste no futuro].[99]

Encontramos a interpretação figural, com seus exemplos mais famosos, na maioria dos autores da mesma época, como se fosse o pão de cada dia,[100] e o mesmo vale para a contraposição de *figura* e *veritas*. Não obstante, encontramos também ocasionalmente um tipo de interpretação fortemente espiritualista, alegórico e moral — como por exemplo nos comentários bíbli-

---

[97] *Idem*, 4, 26.

[98] *Idem*, 7, 14.

[99] Cf. Hilariano, *De Cursu Temporum*, in *Patrologia latina*, XIII, col. 172-3: *"sabbati aeterni imaginem et figuram tenet sabbatus temporalis"* [o sabá temporal é uma imagem e uma figura do sabá eterno]. [Auerbach se equivocou na referência; a correta é: Hilariano, *Cronologia Sive Libellus de Mundo Duratione* (também intitulado *De Cursu Temporum*) in *Patrologia latina*, XIII, col. 1106. (N. do O.)]

[100] Para se ter uma ideia de quanto o hábito da interpretação estava presente naquele mundo, ver a interpretação, meio zombeteira, dos dons na correspondência de São Jerônimo (*Epistulae*, in *Patrologia latina*, XXII, col. 480).

*Figura*

cos de Orígenes. Em uma passagem que trata do sacrifício de Isaac — ademais, um dos exemplos mais famosos da interpretação figural realista —, seu tradutor latino, Rufino, escreve: *"Sicut in Domino corporeum nihil est, etiam tu in his omnibus corporeum nihil sentias: sed in spiritu generes tu fillium Isaac, cum habere coeperis fructum spiritus, gaudium, pacem"* [Assim como no Senhor não há nada corpóreo, tu também em todas as coisas nada corpóreo sintas; mas que, em espírito, tu mesmo geres teu filho Isaac, quando começares a possuir o fruto do espírito, a alegria, a paz].[101] Na verdade, mesmo Orígenes não é de modo algum tão abstrato e alegórico como Filo; os eventos do Velho Testamento aparecem vivos e imediatos ao leitor de carne e osso, dizendo respeito à sua vida real; só quando se lê, por exemplo, a sua bela explicação do caminho de três dias de marcha do Êxodo[102] é que se pode sentir com clareza como a dimensão mística e moral predomina face ao verdadeiramente histórico.[103] Um conflito ademais conhecido, existente no interior do Cristianis-

---

[101] Orígenes, in *Patrologia graeca*, XII, col. 209 B; o original grego se perdeu.

[102] *Idem*, p. 313 ss. Cf. *Êxodo* 3, 18.

[103] São Jerônimo afirma polemicamente com relação a Orígenes que ele seria *"allegoricus semper interpres et historiae fugiens veritatem* [...] *nos simplicem et veram sequamur historiam, ne quibusdam nubibus atque praestigiis involvamur"* [sempre um exegeta alegórico, afastando-se da verdade histórica [...] mas quanto a nós preferimos simplesmente seguir a história verdadeira e não nos envolvermos com fantasmas e charlatanismo] (em *Jeremias* 27, 3-4; *Patrologia latina*, XXIV, col. 849 C). Sobre a relação dos alexandrinos, em especial Orígenes, com a interpretação figural, cf. Arthur von Ungern-Sternberg, *Der traditionelle Alttestamentlicher Schriftbeweis "De Christo" und "De Evangelio" in der alten Kirche bis zur Zeit Eusebs von Caesarea*, Halle, Niemeyer, 1913, pp. 154 ss. Ele afirma de Orígenes: "Ele não viveu no realismo bíblico da evidência das Escrituras" (p. 160).

mo antigo, evidencia-se na distinção entre o modo de interpretar mais realista e situado na história de Tertuliano e o modo mais alegórico e moral de Orígenes: uns tendem a direcionar o conteúdo da nova doutrina, e em especial o conteúdo do Antigo Testamento, para a dimensão puramente espiritual e como que anatematizar o seu caráter histórico — enquanto outros gostariam de o preservar em sua plena historicidade, profundamente carregada de significação. No Ocidente esta última tendência permaneceu indiscutivelmente vitoriosa, embora os outros jamais tenham perdido a sua influência, o que já se deixa perceber pela penetração, na doutrina, dos variados sentidos das Escrituras. Pois aquela primeira tendência não anula o sentido literal ou histórico, mas rompe o seu nexo com a prefiguração igualmente real, na medida em que insere uma interpretação puramente abstrata no lugar e ao lado da interpretação prefigural. Agostinho, cuja espiritualidade era por demais viva e histórica para se satisfazer com um alegorismo meramente abstrato, participou de modo decisivo no compromisso entre as duas mentalidades, que no geral favoreceu a viva interpretação figural.

Simplesmente por seu uso do termo *figura* já se reconhece como a tradição antiga em sua totalidade vivia em Agostinho. *Figura* aparece como um conceito de forma geral, em toda a sua variedade legada, estático e em movimento, como contorno e plástico, para o mundo e a natureza como um todo e para o objeto singular; como a dimensão exterior e sensível, ao lado de *forma, color* e outros termos,[104] mas com isso também como aquilo que se altera face ao ser omnitemporal, e nesse sentido ele interpreta em *1 Coríntios* 7, 31: "*Peracto quippe iudicio tunc esse desinet hoc coelum et haec terra, quando incipiet esse coelum novum et terra nova. Mutatione namque rerum non omni modo interitu*

---

[104] Agostinho, *Epistulae*, 120, 10 ou 146, 3.

# Figura

*transibit hic mundus. Unde et apostolus dicit: praeterit enim figura huius mundi, volo vos sine sollicitudine esse. Figura enim praeterit, non natura"* [Terminado o julgamento, então este céu e esta terra deixarão de existir e começarão a existir um novo céu e uma nova terra. Mas este mundo sofrerá apenas transformação, não destruição total. Por isso, o apóstolo disse: pois a forma deste mundo passa, e quero que não vos preocupeis. Passa a forma, não a natureza].[105] *Figura* aparece ainda como ídolo, como forma onírica ou visão, como forma matemática; não falta nenhuma das variações conhecidas. Mas o modo como aparece mais frequentemente, sem dúvida, é como profecia real. Agostinho adota expressamente a interpretação figural do Antigo Testamento, recomenda-a com ênfase para o sermão e a missão e a reconfigura, ampliando-a. A Arca de Noé é *praefiguratio ecclesiae* [a prefiguração da Igreja];[106] Moisés é de variados modos *figura Christi*;[107] o sacerdócio de Aarão é *"umbra et figura aeterni sacerdotii"* [sombra e prefiguração do eterno sacerdote];[108] Hagar, a escrava, é *figura* do Velho Testamento, a *terrena Jerusalem*, Sara, por sua vez, *figura* do Novo, *"supernae Jerusalem, civitatis Dei"* [a celestial Jerusalém, cidade de Deus];[109] Jacó e Esaú *"figuram praebuerunt duorum populorum in Christianis et Iudeis"* [prefiguraram dois povos, os judeus e os cristãos];[110] os reis ungidos de Judá *"(Christi) figuram prophetica unctione gestabant"* [por meio

---

[105] Agostinho, *De Civitate Dei*, 20, 14.

[106] *Idem*, 15, 27.

[107] Por exemplo, *idem*, 10, 6 ou 18, 11.

[108] *Idem*, 17, 6.

[109] *Idem*, 16, 31 e 17, 3; *Expositionis ad Galatas*, 40.

[110] *De Civitate Dei*, 16, 42.

da unção profética eram a prefiguração do Cristo].[111] Estes são alguns poucos exemplos; o Antigo Testamento como um todo, ao menos suas figuras [*Gestalten*] e eventos decisivos, são interpretados figuralmente de modo unificado. Mesmo nas situações em que termos e profecias vocabulares são explicados em seu sentido oculto, como por exemplo na prece de agradecimento de Ana,[112] a interpretação o mais das vezes não é apenas alegórica, mas figural. O cântico de Ana sobre o nascimento de seu filho Samuel é explicado como figura [*Figur*] da transformação dos antigos reino e sacerdócio terrenos em um reino e um sacerdócio novos e celestiais, com o que ela mesma torna-se *figura Ecclesiae*.

Agostinho defende-se persistentemente contra a concepção puramente alegórica da Escritura Sagrada e contra a opinião de que o Antigo Testamento seria uma espécie de escrito hermético, que só poderia ser compreendido com uma interpretação que excluísse o sentido literal e histórico, assim como a compreensão comum; todo crente poderia avançar passo a passo em seu conteúdo sublime: "[...] *sancta scriptura parvulis congruens nullius generis rerum verba vitavit, ex quibus quasi gradatim ad divina atque sublimia noster intellectus velut nutritus assurgeret*" [a Santa Escritura, adaptando-se a crianças, não evitou nenhum tipo de palavras, a partir das quais nosso intelecto, como que gradativamente alimentado, se ergueu até as coisas divinas e sublimes], afirma em *De Trinitate*,[113] e, referido de modo ainda mais claro ao problema figural: "*Ante omnia, frates, hoc in nomine Domini admonemus et praecipimus, ut quando auditis exponi*

---

[111] *Idem*, 17, 4.

[112] *1 Samuel* 2, 1-10; cf. Agostinho, *De Civitate Dei*, 17, 4.

[113] Agostinho, *De Trinitate*, 1, 2.

*Figura*

*sacramentum scripturae quae gesta sunt, prius illud quod lectum est credatis sic gestum quomodo lectum est; ne substrato fundamento rei gestae quasi in aere quaeratis aedificare*" [Antes de tudo, irmãos, em nome do Senhor advertimos e recomendamos que, quando ouvirdes expor o sacramento da Escritura a narrar as ações que foram realizadas, creiais que foi realizado aquilo que se lê, para que, subvertido o fundamento da ação realizada, não venhais a erguer um edifício como que no ar].[114] Em seu entendimento — que a seu tempo já era, há muito, tradição —, o Antigo Testamento é puramente uma profecia real, e com uma ênfase maior ainda do que outros ele se referia a algumas passagens das cartas paulinas, que ainda abordaremos. As observações da lei, *"quas tamquam umbras futuri saeculi nunc respuunt Christiani, id tenentes, quod per illas umbras figurae promittebatur"* [que os cristãos agora descartam como sombras do século futuro: eles possuíam aquilo que, por meio daquelas sombras, era figuradamente prometido], e os sacramentos, *"quae habuerunt promissivas figuras"* [que serviam como figuras de promessa], são letra, e no preciso sentido de que sua realidade carnal e histórica indiscutível é significada espiritualmente, e revelada, pela realização cristã, que não é menos histórica. E, como logo veremos, é substituída por uma nova promessa, mais plena e mais clara. Por isso o cristão deve se comportar *"non ad legem operum, ex qua nemo iustificatur, sed ad legen fidei, ex qua iustus vivit"* [não segundo a lei das obras, pela qual ninguém é absolvido, mas a lei da fé, pela qual o justo vive].[115] Os antigos judeus, *"quando adhuc sacrificium verum, quod fideles norunt, in figuris praenun-*

---

[114] Agostinho, *Sermones*, 2, 6 ss.; cf. também *De Civitate Dei*, 15, 27 e 20, 21 (acerca de *Isaías* 65, 17 ss.)

[115] Agostinho, *De Spiritu et Littera*, 4, 23.

*tiabatur, celebrant figuram futurae rei; multi scientes, plures igno-rantes*" [quando ainda pronunciavam o verdadeiro sacrifício que os fiéis conhecem, celebravam a prefiguração da realidade futu-ra. Sabiam muito; mas ignoravam mais];[116] já os judeus do pre-sente — e aqui soa um tema que sempre reaparecerá em toda a polêmica posterior acerca dos judeus[117] — opunham-se, em uma cegueira tola, a reconhecê-lo: "*Non enim frustra Dominus ait Judaeis: si crederetis Moysi, crederetis et mihi; de me enim ille spripsit (Joannis 5, 46): carnaliter quippe accipiendo legem, et eius promissa terrena rerum coelestium figuras esse nescientes*" [Pois não foi à toa que o Senhor disse aos judeus: "Se acreditásseis em Moisés, acreditaríeis também em mim; foi de mim que ele es-creveu" (*João* 5, 46): pois eles aceitavam esta lei carnalmente, ig-norando que as promessas terrenas eram figuras das coisas celes-tes].[118] Entretanto, a realização pelo "Celestial" ainda não se consumou; e com isso se mostra que a contraposição de dois polos, figura [*Figur*] e realização, ocasionalmente foi substituída por uma execução em três etapas (o que já ocorrera em alguns autores anteriores, mas que em Agostinho ganha uma forma mais definida): a lei ou a história dos judeus como *figura* profé-tica do aparecimento de Cristo; a encarnação como realização dessa *figura* e ao mesmo tempo como nova promessa do fim do

---

[116] Agostinho, *Enarrationes in Psalmos*, 39, 12.

[117] A. Rüstow chamou-me a atenção para os versos seguintes, de uma peça religiosa de carnaval, de autoria de Hans Folz (*c.* 1500): "*Hör Jud, so merk dir und verstee/ Dass alle Geschicht der alten Ee/ Und aller Propheten Red gemein/ Ein Figur der neuen Ee ist allein*" [Ouça, Judeu, atente e compreenda/ Que toda a história da Velha Aliança/ E os ditos de todos os profetas/ São apenas uma figura da Nova Aliança].

[118] Agostinho, *De Civitate Dei*, 20, 28.

*Figura*

mundo e do Juízo Final; e, finalmente, a ocorrência futura desses eventos como a realização derradeira. *"Vetus enim Testamentum est promissio figurata, novum Testamentum est promissio spiritualiter intellecta"* [O Antigo Testamento é uma promessa figurada, o Novo é uma promessa espiritualmente compreendida], diz-se nos *Sermões*,[119] e de modo ainda mais claro em *Contra Faustinum*:

> *Temporalium quidem rerum promissiones Testamento Veteri contineri, et ideo Vetus Testamentum appellari nemo nostrum ambigit; et quod aeternae vitae promissio regnumque coelorum ad Novum pertinent Testamentum: sed in illis temporalibus figuras fuisse futurorum quae implerentur in nobis, in quos finis saeculorum obvenit, non suspicio mea, sed apostollicus intellectus est, dicente Paulo, cum de talibus loqueretur: Haec autem* [...] (segue-se, *1 Coríntios* 10, 6 e 11)[120]

Embora aqui a realização derradeira também seja vista como iminente, é contudo claro que se trata de duas promessas, uma aparente, temporal e oculta, no Velho Testamento, e uma claramente formulada e supratemporal, no Evangelho. Com isso, a doutrina de um sentido quádruplo da Escritura[121] ganha

---

[119] Agostinho, *Sermones*, 4, 9.

[120] "Pois nenhum de nós duvida que o Antigo Testamento contém promessas de coisas temporais e que, por isso, é chamado Antigo Testamento, e que a promessa de vida eterna e do reino dos céus pertence ao Novo Testamento; mas que naquelas coisas temporais houve prefigurações de coisas futuras que seriam realizadas em nós, a quem o fim dos séculos se aproxima, não é suspeita minha, mas interpretação apostólica, como em Paulo, que diz, ao falar de tal assunto: tudo isso [...]." Agostinho, *Contra Faustum Manichaeum*, 4, 2.

[121] A saber: o literal, o alegórico, o moral e o anagógico. Um verso medie-

ao mesmo tempo um caráter muito mais fortemente realista e historicamente concreto, na medida em que três das quatro significações obtêm um sentido concreto e referido a eventos, todos eles relacionados entre si, e apenas uma das significações permanece puramente moral e alegórica, tal como Agostinho debate o assunto em *De Genesi ad Litteram*: "*In libris autem omnibus sanctis intueri oportet, quae ibi aeterna intimentur*" [Em todos os livros santos é preciso olhar que coisas se revelam relacionadas à eternidade] (fim do mundo e vida eterna, sentido analógico), "*quae facta narrentur*" [que coisas são feitas para ficarem registradas] (sentido literal e histórico), "*quae futura praenuntientur*" [que coisas prenunciam fatos futuros] (sentido figural em compreensão mais restrita; no Antigo Testamento a profecia real do surgimento de Cristo), "*quae agenda praecipiantur vel moneantur*" [que coisas ordenam ou aconselham o que se deve fazer] (sentido moral).[122]

Mesmo quando Agostinho repele para longe de si o espiritualismo alegórico e abstrato e desenvolve toda a sua interpretação do Antigo Testamento a partir do enraizamento histórico concreto, ele mantém contudo uma idealidade, que situa o evento concreto (por mais pleno que ele se mantenha), enquanto *figura*, fora do tempo e na perspectiva da omnitemporalidade e da eternidade. Tais ideias estavam ligadas à questão da encarnação da palavra, já sugerida pela interpretação figural, e elas se manifestaram rapidamente. Quando, por exemplo, Tertuliano afirma que, em *Isaías* 50, 6, "*dorsum meum posui in flagela*"

---

val os formula sinteticamente: "*Littera gesta docet, quid credas allegoria, moralis quid agas, quo tendas anagogia*" [A letra ensina o que aconteceu; a alegoria, aquilo em que deves crer; a moral, o que deves fazer; a anagogia, para onde deves caminhar]. (N. do O.)

[122] Agostinho, *De Genesi ad Litteram*, I, 1.

# Figura

[ofereci as costas às chicotadas] (na *Vulgata*: "*corpus meum dedi percutientibus*" [dei meu corpo aos flageladores]),[123] o futuro é apresentado figuralmente como já ocorrido, como passado, ele acrescenta que em Deus não haveria *differentia temporis* [diferença de tempo]. Mas parece que, dentre os predecessores e contemporâneos, ninguém desenvolveu de modo tão profundo e completo essas ideias como Agostinho. Ele sempre e recorrentemente destacou a oposição, que Tertuliano sente apenas por conta da afirmação ser formulada no tempo perfeito; como por exemplo "*Scriptura sancta etiam de rebus gestis prophetans quodammodo in eo figuram delineat futurorum*" [A Santa Escritura, profetizando também sobre as ações realizadas, de certo modo delineia lá uma prefiguração das coisas futuras].[124] Ou, na ocasião da discrepância entre o salmo 113, *In Exitu*, e a narrativa respectiva no *Êxodo*: "*ne arbitremini nobis narrari praeterita, sed potius futura praedici... ut id, quod in fine saeculorum manifestandum reservabatur, figuris rerum atque verborum praecurrentibus nuntiaretur*" [não julgueis que sejam fatos passados o que está sendo narrado, mas, ao contrário, que sejam fatos futuros o que está sendo predito... de modo que aquilo que estava reservado para ser manifesto no fim dos tempos já era anunciado, por meio de figuras de objetos e palavras, aos que nos precederam].[125] E a mentalidade em que a omnitemporalidade das figuras [*Figuren*] é concebida deixa-se descrever da melhor maneira em uma passagem em que a interpretação figural não é referida expressamente: "*Quid enim est praescientia nisi scientia futurorum? Quid autem futurum est Deo qui omnia supergreditur tempora? Si enim*

---

[123] Tertuliano, *Adversus Marcionem*, 3, 5.

[124] Agostinho, *De Civitate Dei*, 17, 8.

[125] Agostinho, *Enarrationes in Psalmos*, 113, 1.

*scientia Dei res ipsas habet, non sunt ei futurae sed praesentes; et per hoc non praescientia, sed tantum scientia dici potest"* [O que é a previsão, senão o conhecimento do futuro? O que é o futuro para Deus, que atravessa todos os tempos? Se, pois, o conhecimento de Deus contém essas coisas, para ele elas não são futuras, mas presentes; por isso, já não pode nomeá-la previsão, mas apenas conhecimento].[126]

Para a missão do século IV e seguintes a interpretação figural foi de grande utilidade prática; foi empregada continuamente no sermão e no ensinamento, sem dúvida frequentemente misturada com interpretações puramente alegóricas e morais. As *Formulae Spiritualis Intelligentiae*, de Euquério, bispo de Lião (início do século V),[127] educado em Lérins, são um manual escolar de explicação figural e moral; do século VI são as *Instituta Regularia Divinae Legi*, de Junílio, questor do Palácio Sagrado,[128] tradução de um escrito grego influenciado pela escola de Antioquia; em seu primeiro capítulo encontramos o seguinte princípio: *"Veteris Testamenti intentio est Novum figuris praenuntiationibusque monstrare; Novi autem ad aeternae beatitudinis gloriam humanas mentes accendere"* [a intenção do Antigo Testamento é demonstrar o Novo por meio de figuras e profecias; e a intenção do Novo é despertar as mentes dos homens para a glória da felicidade eterna]. Um exemplo prático de como a doutrina figural foi empregada com os recém-convertidos pode ser visto na explicação do sacrifício do *Pessach* no segundo

---

[126] Agostinho, *De Diversis Quaestionibus ad Simplicianum*, II, qu. 2, n. 2.

[127] *Corpus Vind.* 31, cf. P. de Labriolle, *Histoire de la Littérature Latine Chrétienne, op. cit.*, p. 567.

[128] *Patrologia latina*, LXVIII.

*Figura*

sermão do bispo Gaudêncio de Brescia,[129] no qual o perspectivismo temporal de *figura* encontra expressão, talvez inconsciente, na medida cm que se diz que *figura* não seria *veritas*, mas sim *imitatio veritatis*. Frequentemente encontramos interpretações figurais estranhas e rebuscadas, e a alegoria puramente abstrata e moral sempre se introduz; entretanto, a visão básica de que o Antigo Testamento seria uma prefiguração historicamente concreta do Evangelho, tanto no todo como em seus exemplos específicos mais importantes, fixou-se como uma tradição estabelecida.

Retornemos então à investigação semântica e indaguemos como *figura* alcançou seu novo significado nos Padres da Igreja. Os escritos mais antigos da literatura do Cristianismo antigo foram escritos em grego, e a palavra que foi o mais das vezes utilizada para "profecia real" (por exemplo, na epístola de Barnabé) é *typus*. Isso leva à suposição — a que o leitor talvez já tenha chegado, em função de algumas citações que fizemos, por exemplo de Lactâncio — de que *figura* alcançou seu novo conteúdo imediatamente a partir de seu significado geral de "formação", "forma"; e, de fato, o uso linguístico sugere isso justamente entre os escritores eclesiais latinos mais antigos. Por exemplo, quando se diz frequentemente de personagens ou eventos do Antigo Testamento, que eles *figuram Christi* (*ecclesiae*, *baptismi* etc.) *gerunt* ou *gestant* [trazem uma prefiguração de Cristo (igreja, batismo etc.)], que o povo judeu em tudo *figuram nostram portat* [traz a prefiguração de nós], que a Sagrada Escritura *figuram delineat futurorum* [delineia a figura das coisas por vir] — em todos esses casos *figura* deixa-se verter sem mais por "forma". Mas ao mesmo tempo se imiscui a ideia de *schema* da circunlocução retórica e imagética, do ocultamento e da transformação,

---

[129] *Patrologia latina*, XX, col. 855 A.

e mesmo da ilusão, tal como formadas na poesia e na eloquência pré-cristãs. A oposição *figura* e *veritas*, o interpretrar (*exponere*) e revelar (*aperire, revelare*)[130] das figuras [*Figuren*], a equiparação de *figura* com *umbra*, de *sub figura* com *sub umbra* (por exemplo, *ciborum* [do alimento] ou, mais geral, *legis* [da lei], quando sob *figura* se encontraria encoberta outra coisa, algo futuro, algo verdadeiro) — todos esses casos, em que na nova forma do conceito de *figura* há uma *prefiguratio* presente, indicam a persistência do uso retórico e imagético; só que ele se desloca do mundo puramente nominalista das escolas de oratória e do mito meio lúdico de Ovídio para o domínio do real e ao mesmo tempo espiritual, portanto para o domínio do verdadeiro, significativo, existencial. Mesmo a oposição entre figuras [*Figuren*] de palavras e figuras [*Figuren*] de conteúdo, que encontramos em Quintiliano, é retomada na distinção de *figurae verborum*, palavras proféticas, analogias etc. e *figurae rerum*, de fato profecias reais. Ao mesmo tempo, o movimento pendular de *potestas verbi* a partir desse novo fundamento tornou-se bem amplo. Encontramos *figura* como "significado mais profundo" por exemplo em Sedúlio ("*ista res habet egregiam figuram*" [este fato tem um significado notável])[131] e em Lactâncio;[132] como "ilusão" ou "forma ilusória" (em Filástrio:[133] "*sub figura confessionis christianae*" [sob a figura da fé cristã], ou seja, "na medida em que eles afirmam ser

---

[130] Além disso, naturalmente, também *claudere* [fechar, trancar], em lembrança de *Isaías* 22, 22 e *Apocalipse* 3, 7. Mais tarde, Pedro Lombardo (*Psalterium*, in *Patrologia latina*, CXCI, col. 1276.): *clausa Dei*, "aquilo que Deus escondeu pela obscuridade da expressão", e o provençal *clus*.

[131] Sedúlio, *Carmen Paschale*, 5, 348 s.

[132] Cf. acima, p. 71, nota 96.

[133] Filástrio, *Liber de Haeresibus*, in *Patrologia latina*, XII, col. 1176.

*Figura*

cristãos"; ou em Sulpício Severo:[134] o diabo *"sive se in diversas figuras spiritalis nequitiae transtulisset"* [transformou-se em diversas formas de perversidade espiritual]; ou Leão Magno:[135] *"lupum pastorali pelle nudantes qua prius quoque figura tantummodo convincebatur obtectus"* [despindo o lobo de sua pele de cordeiro, com a qual pouco antes ele se mostrava disfarçado]); como "vazio" ou "discurso ilusório", "subterfúgio" (Prudêncio:[136] *"per tot figuras ludimur"* [por meio de tantas figuras sofremos zombarias]; Rufino:[137] *"qualibus [Ambrosium] figuris laceret"* [com quais figuras atormentou Ambrósio]); também como pura e simplesmente "discurso" ou "palavra" (Paulino de Nola:[138] *"te* [...] *incauta violare figura"* [magoar-te com uma expressão descuidada]); e, finalmente, também em variações do novo significado, que praticamente não permitem uma tradução adequada: no poema *De actibus apostolorum* do subdiácono Arator, do século VI, encontram-se os versos *"tamen illa figura, qua sine nulla vetus (i.e. Veteris Testamenti) subsisti littera, hac melius novitate manet"* [porém aquela figura, sem a qual nenhuma letra do Antigo Testamento subsiste, precisamente no Novo permanece para algo melhor],[139] e aproximadamente da mesma época há uma passagem nos poemas do bispo Ávito, de Vienne,[140] em que se

---

[134] Sulpício Severo, *De Vita Beati Martini*, 21, 1, in *Patrologia latina*, XX, col. 172.

[135] Leão Magno, *Epistulae*, 98, 3, in *Patrologia latina*, LIV, col. 955 A.

[136] Prudêncio, *Peristephanon*, 2, 315.

[137] Rufino, *Apologiae Adversus Hieronymus*, 2, 22.

[138] Paulino de Nola, *Carmina*, 11, 12.

[139] Arator, *op. cit.*, *Patrologia latina*, LXVIII, col. 194, vv. 161-3.

[140] Ávito, *Carmine* 5, 254, *MG Auct. ant.* VI, 2., citado segundo a *Patrologia latina*, LIX, col. 360 D.

fala do Juízo Final: assim como Deus, no Massacre dos Inocentes no Egito, poupou as casas marcadas com sangue, possa ele também reconhecer e poupar os crentes sob o signo da Eucaristia: "*Tu cognosce tuam servanda in plebe figuram*" [Tu, conhece tua própria figura no povo que há de ser salvo]. Por fim, é preciso ainda mencionar que — em paralelo à oposição de figura [*Figur*], por um lado, e realização e verdade, por outro — surge outra oposição, entre *figura* e *historia*. *Historia*, ou também *littera*, é o sentido literal, ou seja, o evento narrado por ele, sendo *figura* o mesmo sentido literal ou o evento referido contudo à realização futura que nele se oculta; e esta é *veritas*, de modo que figura aparece aqui como termo médio entre *littera-historia* e *veritas*. Nesse caso, *figura* significa aproximadamente o mesmo que *spiritus* ou *intellectus spiritalis*, e *figuralitas* também foi utilizado ocasionalmente nesse sentido, como na passagem a seguir, da *Continentia Vergiliana* de Fulgêncio: "*sub figuralitate historiae plenum hominis monstravimus statum*" [sob a figura da história mostramos a situação completa do homem].[141] Naturalmente, *figura* e *historia* podem frequentemente ser permutados ("*ab historia in mysterium sugere*" [da história nascer para o mistério], diz Gregório Magno),[142] e posteriormente tanto *historiae* como *figurare* significam "expor imageticamente", "ilustrar", o primeiro contudo apenas em sentido literal, já o segundo também no sentido de "interpretar alegoricamente".[143]

---

[141] Fulgêncio, *op. cit.*, 90, 1.

[142] Gregório Magno, *Ezechielem*, 1, 6, 3.

[143] Cf. Du Cange, *Glossarium Mediae et Infimae Latinitatis*, e Dante, "Purgatório" X, 73 e XII, 22; Alain de Lille, *De Planctu Naturae*, in *Patrologia latina*, CCX, col. 438 D; podem ser encontradas muitas passagens de tipo similar. Jacques Amyot afirma (*Thémistocle*, 52): "*La parole de l'homme ressemble proprement à une tapisserie historiée et figurée*".

*Figura*

*Figura* não é a única palavra latina que foi utilizada para exprimir a profecia real. Muito frequentemente encontramos as expressões, advindas do grego, *alegoria* e, especialmente, *typos*. *Allegoria* significa, em geral, toda significação mais profunda, não somente a profecia real, e seu limite é fluido, pois também *figura* e *figuraliter* frequentemente ultrapassam o domínio da profecia real. Tertuliano emprega *alegoria* quase que com o mesmo significado de *figura*, embora muito mais raramente, e em Arnóbio[144] encontra-se a oposição de *historia* e *alegoria*; esta também se apoia em *Gálatas* 4, 24. Apesar disso, nem sempre *alegoria* deve ser utilizada com o mesmo significado que *figura*, pois ela não abrange o conteúdo "forma"; não se pode escrever "*Adam est allegoria Christi*". Em comparação, *typus* é menos utilizada do que *figura* por ser uma palavra estrangeira, o que certamente é de importância, pois para aqueles cuja língua era o latim (ou, posteriormente, as línguas românicas), *figura* despertava mais ou menos conscientemente todas aquelas ideias contidas na história de seus significados, enquanto *typos* permaneceu um signo importado e sem vida. No que diz respeito às palavras latinas que foram empregadas em paralelo ou no lugar de *figura* para exprimir "profecia real", ou que ao menos podiam sê-lo, estão as seguintes: *ambages, effigies, exemplum, similitudo, species* e *umbra*. Eliminemos *ambages* [rodeios, circunlóquios], por ser muito pejorativa; *effigies* é muito restrita como "cópia" e ao que parece desenvolveu muito pouco sua capacidade de expansão, mesmo em comparação com *imago*. Os outros termos recortam de modos variados o significado de "profecia real", mas não o realizam. Todos foram empregados ocasionalmente, de modo mais frequente *imago* e *umbra*. *Imagines*, isolada, sem complemento no genitivo, eram, nas casas romanas, as imagens dos an-

---

[144] Arnóbio, *Adversus Nationes*, 5, 32, in *Patrologia latina*, LIII, col. 1147.

tepassados e no uso cristão tornaram-se as imagens de santos, de modo que a história do significado de *imago* tomou outro rumo. Mesmo assim, segundo a *Vulgata*, o ser humano foi criado *ad imaginem Dei*, o que manteve por longo tempo a concorrência de *imago* com *figura*, mas somente naquelas passagens onde, de acordo com o contexto, o significado "imagem" era idêntico ao de "profecia real". *Umbra* apoiou-se sobretudo em algumas passagens das epístolas dos apóstolos;[145] aparece com bastante frequência, mas se trata antes de uma versão metafórica do conceito de profecia real do que da própria. De todo modo, nenhuma dessas palavras reúne tão completamente os elementos do conceito: a dimensão criadora e imagética, a mudança no ser que perdura, o jogo entre cópia e imagem original; com isso, não causa surpresa que *figura* tenha sido a mais empregada, a mais geral e a mais característica.

### III. Origem e análise da interpretação figural

Na última seção, afastamo-nos recorrente e intencionalmente de uma consideração puramente semântica porque o conteúdo que o termo exprime nos escritores patrísticos é, ele mesmo, carente de explicação. Esse conteúdo ainda pede uma investigação mais precisa acerca de sua origem e de como ele distingue-se de conteúdos aparentados, assim como o exame da questão de seu significado e de seu efeito históricos.

Para justificar a interpretação figural, os Padres da Igreja remetem frequentemente a algumas passagens da tradição dos inícios do Cristianismo, que na maior parte das vezes provêm

---

[145] *Colonenses* 2, 17; *Hebreus* 8, 5 e 10, 1.

# Figura

das epístolas dos apóstolos.[146] A mais importante está em *1 Coríntios* 10, especialmente os versículos 6 e 11, em que os judeus no deserto são designados como *typoi hemon* [figuras de nós mesmos] e onde se diz de seu destino: "*tauta de typicos synebainem ekeinois*" [estas coisas lhe aconteciam como figuras]. Além disso, encontramos com frequência *Gálatas* 4, 21-31, em que Paulo expõe aos gálatas recém-batizados — os quais, ainda sob influência judaica, querem ser circuncidados — a diferença entre a lei e a graça, a Antiga e a Nova Aliança, a servidão e a liberdade, a partir da oposição Hagar-Ismael e Sara-Isaac, e para tanto interpreta a narrativa do *Gênesis* em ligação com *Isaías* 54, 1 como profecia real. Ou ainda *Colossenses* 2, 16 ss., onde se trata das leis de alimentação e festas judaicas, das quais se afirma serem apenas sombras do que está por vir, mas o corpo é Cristo. Em *Romanos* 5, 12 ss. e *1 Coríntios* 15, 21, em que Adão aparece como *typos* do Cristo futuro, e nos dois casos em conexão com a oposição de lei e graça; em *2 Coríntios* 3, 14, onde se fala do véu, *kalymma*, que recobre a Escritura, quando os judeus a leem; e por fim ainda *Hebreus* 9, 11 ss., onde o sacrifício do sangue de Cristo é apresentado como realização do antigo sacrifício dos altos sacerdotes.

Como se vê, são quase sempre passagens de Paulo. O fato de que a interpretação figural tenha desde o início desempenhado um papel importante na missão pode ser conjecturado a partir de muitas passagens dos *Atos dos apóstolos*.[147] Seria um processo natural, e que não necessita de maiores explicações, se os

---

[146] Mesmo nos sinópticos não faltam por completo alusões com o caráter de profecia real, como quando Jesus é comparado a Jonas (*Mateus* 12, 39 ss.; *Lucas* 11, 29 ss.). No *Evangelho de João* seria o caso de lembrar 5, 46. Contudo, em comparação com as cartas dos apóstolos, são apenas ecos tênues.

[147] Por exemplo, *Atos dos apóstolos* 8, 32.

Erich Auerbach

novos cristãos judeus procurassem por prenunciações de Jesus nas Escrituras Sagradas dos judeus, assim como confirmações de sua atuação, e legassem à tradição as interpretações assim encontradas. Ainda mais quando era comum a visão de que o Messias seria um segundo Moisés e de que a sua salvação seria uma segunda fuga do Egito, em que se repetiriam os prodígios da primeira.[148] Não obstante, o exame das passagens citadas acima, sobretudo em conexão com a totalidade da atuação de Paulo, revela que, nele, aquelas ideias judaicas estavam ligadas a uma mentalidade que se encontrava em oposição aguda ao Cristianismo judaico, e é a partir dessa mentalidade que elas adquiriram a sua significação peculiar. As passagens dos *Atos dos apóstolos* que contêm interpretações figurais foram quase todas escritas na luta cerrada da missão entre os gentios, muitas vezes de modo defensivo e polêmico contra os ataques e perseguições dos cristãos judeus; quase todas elas têm a intenção de despojar o Antigo Testamento de seu caráter normativo e compreendê-lo como mera sombra do que está por vir. A interpretação figural como um todo está baseada no tema paulino fundamental da oposição entre lei e graça, justeza da obra e fé. A antiga lei é suspensa e dissolvida, ela é sombra e *typos*; a fidelidade à lei torna-se inútil e vã, desde que Cristo trouxe, com seu sacrifício, a realização e a salvação. O que justifica o cristão não é um obrar fiel à lei, mas a fé. O Antigo Testamento, em seu sentido judeu e judaísta de lei, é a letra que mata, pois os cristãos verdadeiros servem à Nova Aliança, ao espírito, que os faz viver. Esta é a doutrina de Paulo, e com uma urgência inquiridora o antigo fariseu e aluno de Gamaliel procura no Antigo Testamento pontos

---

[148] Agradeço a R. Bultmann a indicação; no momento a literatura específica não me é acessível. Cf., dentre outros, *Deuteronômio* 18, 15; *João* 1, 45; 6, 14; 6, 26 ss.; *Atos dos apóstolos* 3, 22 ss.

*Figura*

de apoio para sua consciência. Ele transforma o Antigo Testamento de um livro de leis e de uma história de Israel em uma única grande promessa e pré-história de Cristo, em que nada possui um significado definitivo, mas sim tudo é pré-significação, que agora se realizou. Nele tudo é "escrito para nós"[149] e seus acontecimentos, sacramentos e leis mais significativos e mais sagrados são pré-formas provisórias e figurações de Cristo e dos Evangelhos: "*et enim Pascha nostrum immolatus est Christus*" [pois em nossa Páscoa Cristo foi imolado].[150] Desse modo, o espírito de Paulo — que conjugava de modo exemplar as forças práticas e políticas da crença com as mesmas forças configuradas poeticamente — transformou a ideia judaica de um ressurgimento de Moisés no Messias em um sistema de profecia real, no qual aquele que ressurge realiza e ao mesmo tempo suprime a obra do anterior. Tudo aquilo que o Antigo Testamento perdeu assim em termos de força da lei e em autonomia histórica e popular, ele ganhou em atualidade nova, concreta e dramática. Paulo não elaborou nenhuma interpretação sistemática do Antigo Testamento, mas as poucas passagens sobre o êxodo do Egito, Adão e Cristo, Hagar e Sara, e assim por diante, mostram de modo suficiente o que ele tinha em mente. As disputas acerca do Antigo Testamento nas épocas subsequentes cuidaram para que sua concepção e sua interpretação não perecesse; com efeito, a influência dos cristãos judeus fiéis à lei logo decresceu e com isso fortaleceu a oposição do lado daqueles que pretendiam ou eliminar por completo o Antigo Testamento, ou interpretá-lo apenas de modo abstrato e alegórico. Se assim fos-

---

[149] *1 Coríntios* 9, 10; cf. *Romanos* 15, 4.

[150] *1 Coríntios* 5, 7. Sedúlio, *Elegia*, 1, 87: "*Pellitur umbra die, Christo veniente figura*" [A sombra é expulsa pelo dia, a figura, pela vinda de Cristo].

se, teria se perdido para o Cristianismo o nexo de história providencial universal e concretude enraizada na história e, assim, decerto também algo de sua poderosa e ampla força persuasiva. Nessas lutas contra os que desprezavam e esvaziavam o Antigo Testamento, o método da profecia real ganhou novas forças e triunfou, passando a valer justamente no sentido da promessa cristã.

Além disso, é preciso ainda levar em consideração algo que foi importante na grande difusão posterior do Cristianismo, em especial nas partes oeste e a norte do Mediterrâneo. Como dissemos, o Antigo Testamento transformou-se, por meio da interpretação figural, de um livro de leis e de uma história do povo de Israel em uma série de figuras de Cristo e da Salvação, tal como as encontramos, mais tarde, nas procissões de profetas do teatro medieval ou nas representações cíclicas da escultura medieval na Europa central e ocidental. Nessa forma e nesse contexto, em que desapareceu o que havia de história do povo e de popular dos judeus, os povos celtas e germânicos puderam assimilar o Antigo Testamento. Ele era parte da religião geral de salvação e um elemento necessário na visão da história universal ao mesmo tempo grandiosa e unificada que se lhes era transmitida conjuntamente com a religião. Em sua forma original, como livro da lei e história de um povo tão estranho e distante, o Antigo Testamento teria lhes permanecido inacessível. Este é decerto um conhecimento posterior, sem dúvida situado além do universo de ideias dos primeiros apóstolos dos gentios e dos Padres da Igreja. Eles também não se confrontariam de imediato com o problema, pois os primeiros cristãos gentios viviam entre os judeus da diáspora e estavam há muito familiarizados com a história e a religião judaicas, em virtude da influência significativa destes e da grande capacidade de assimilação de experiências religiosas por parte da população helênica de então. Mas este pon-

*Figura*

to de vista não perde em importância por poder ser reconhecido apenas retrospectivamente. O Antigo Testamento como história e como lei dos judeus ganhou vitalidade no Cristianismo europeu só muito mais tarde, certamente só após a Reforma; de início, ele apareceu para os povos recém-convertidos como *figura rerum* ou profecia real, como pré-história de Cristo, e lhes transmitia com isso uma noção fundamental da história universal que, justamente em função de seu vínculo preciso com a fé, penetrou por toda parte e permaneceu a única válida por quase um milênio. Mas, com isso, a concepção contida na interpretação figural acabou por tornar-se um dos mais importantes elementos estruturais de sua imagem da realidade e da história, e mesmo de sua sensibilidade. Essa reflexão nos conduz à segunda tarefa formulada no início deste capítulo, a saber, uma determinação mais precisa da interpretação figural e uma delimitação da mesma face a outras formas de interpretação aparentadas.

A interpretação figural estabelece um nexo entre dois acontecimentos ou personagens, no qual um deles significa não somente ele mesmo, mas também o outro, e o outro, por seu lado, inclui ou realiza o primeiro. Os dois polos da figura [*Figur*] são temporalmente separados, mas ambos repousam no interior do tempo, como acontecimentos ou formas reais. Ambos estão, como se enfatizou variadas vezes, contidos em uma corrente fluida, que é a vida histórica, e somente a compreensão, o *intellectus spiritualis*, é um ato espiritual, que se ocupa não com conceitos ou abstrações, mas sim, em cada um dos dois polos, com o material dado ou esperado do acontecer passado, presente ou futuro. Conceitos ou abstrações são totalmente secundários, pois a promessa e a realização, como eventos reais e enraizados na história, em parte ocorreram na encarnação da palavra, e em parte ocorrerão em seu retorno. Na verdade, elementos puramente espirituais também penetram nas representações da realização definitiva, pois "o meu reino não é deste mundo";[151] mas, mesmo assim, será um reino real, e não uma forma abstratamente insensível. Este mundo vai perecer apenas como *figura*, mas não sua *natura*,[152] e a carne ressurgirá. Então, na medida em que a interpretação figural substitui uma coisa por outra, em que uma expõe e significa a outra, ela pertence às formas alegóricas de exposição em sentido amplo. Contudo, ela se separa claramente da maioria das outras formas alegóricas que nos são conhecidas em virtude de seu enraizamento histórico de dupla face, tanto do lado do que significa como do lado do que é significado. A grande maioria das alegorias que se encontra na literatura ou nas artes plásticas representa uma virtude (digamos, a sabedoria), ou uma paixão (o ciúme), ou uma instituição (o direito); quando muito, a síntese geral de um fenômeno histórico (a paz, a pátria), mas jamais o enraizamento histórico pleno de um acontecimento determinado. São desse tipo as alegorias da tradição medieval e da Antiguidade Tardia, que vai desde a *Psychomachia* de Prudêncio[153] até Alain de Lille e o *Romance da rosa*. Algo similar (ou, caso se prefira, inverso) ocorre com as interpretações alegóricas de acontecimentos enraizados na história,[154] pois estes foram interpretados habitualmente como representações secretas de doutrinas filosóficas. Era desse tipo o método alegórico

---

[151] *João* 18, 36. (N. do O.)

[152] Cf. Agostinho, *De Civitate Dei*, 20, 14.

[153] Encontramos também em Prudêncio exemplos de interpretação figural, a saber, no *Dittochaeon* (in *Patrologia latina*, LX, col. 90 ss.), mas, ao que parece, ele não as apreciava, nem explicava.

[154] Com isso deve-se entender tanto acontecimentos verdadeiramente históricos, como míticos e lendários — se o que é interpretado é de fato histórico ou apenas considerado como tal é indiferente para as nossas finalidades.

*Figura*

com o qual a interpretação figural permaneceu em concorrência constante na interpretação da Bíblia: o método de Filo[155] e da escola catequista alexandrina por ele influenciada. Ela está baseada em uma tradição que, na época, já era muito antiga e difusa. Desde muito variadas escolas filosóficas apoderaram-se, com intenção esclarecedora, de mitos gregos, especialmente de Homero e Hesíodo, e os interpretaram como uma exposição velada do sistema físico e cosmológico própria de cada uma delas. Várias outras influências, não mais com vistas à elucidação, mas sim éticas, místicas e metafísicas, somaram-se posteriormente; todas as inúmeras seitas e doutrinas ocultas da Antiguidade Tardia dedicavam-se à exegese alegórica de mitos, sinais e textos, com o que as dimensões físicas e cosmológicas foram ficando gradativamente para trás das morais e místicas. O próprio Filo — que segundo a tradição judaica erigiu a sua filosofia no comentário da Escritura Sagrada — interpretava os eventos singulares da Escritura como fases variadas do estado da alma e de sua relação com o mundo inteligível. No destino de Israel como um todo, assim como de suas personagens singulares, parecia-lhe estar contido, de modo alegórico, em sua queda, sua esperança e sua redenção, o movimento da alma pecadora e necessitada de salvação. Como se vê, trata-se de uma interpretação puramente espiritual e fora da história. Ela teve uma influência muito grande na Antiguidade Tardia, a começar por ser ela mesma a forma decerto a mais distinta de um movimento espiritualista poderoso, cujo centro foi Alexandria. Não somente textos e eventos, mas também o mundo natural — que aparece de modo imediato, como as estrelas, os animais, as pedras — foi despido de sua realidade sensível e interpretado alegoricamente, às vezes tam-

---

[155] Sobre isso, por último Émile Bréhier, *Les Idées philosophiques de Philon d'Alexandrie*, Paris, Vrin, 1925, 2ª ed., pp. 35 ss.

bém de modo figural. O método espiritual-moral-alegórico foi assimilado pela escola catequista alexandrina e encontrou em Orígenes um representante significativo; ele continuou, como se sabe, pela Idade Média, assim como o figural. Contudo, esse método, apesar de muitas formas mistas, manteve-se estritamente separado do método figural. Também ele transforma o Antigo Testamento; também nele a lei e a história de Israel perdem a sua marca nacional e popular; mas em seu lugar surge uma construção doutrinária mística ou ética, e o texto é, em uma medida muito maior, enfraquecido em sua dimensão sensível e esvaziado historicamente. Esse tipo de exegese assegurou por muito tempo o seu lugar; na doutrina dos quatro sentidos da Escritura, ele determinou por completo um dos quatro significados, o moral, e frequentemente também um segundo, o analógico. Creio, entretanto, sem decerto poder comprovar rigorosamente, que ele por si mesmo praticamente não teria exercido influência nos povos recém-convertidos, não tivesse encontrado apoio na interpretação figural. Seu efeito tem sempre algo de erudito e mediado, e mesmo abstruso, quando não é ocasionalmente fortalecido por algum místico específico e significativo. Por sua natureza e origem, o método estava limitado a um círculo relativamente pequeno de intelectuais e iniciados e somente eles podiam encontrar nele alimento e satisfação. Em contraposição, a profecia real figural, resultado da necessidade de uma situação histórica determinada — a saber, a separação do Cristianismo do Judaísmo e as condições dadas da missão junto aos gentios —, possuía uma função histórica: com a força característica de uma interpretação da história universal unificada e direcionada a um fim, e da ordenação da Providência universal, ela conquistou a imaginação e o sentimento mais íntimo dos povos. Com o seu sucesso, ela abriu o caminho para formas menos concretas de alegorese, como a de Alexandria. E embora este e outros métodos

*Figura*

de interpretação espiritualista fossem talvez mais antigos do que o método figural dos apóstolos e dos Padres da Igreja, eles são indiscutivelmente formas tardias, enquanto a interpretação figural, em seu vivo enraizamento na história, certamente nada tem de primitivo ou primordial, mas foi um novo começo e um renascimento das forças formadoras.

Além da forma alegórica, de que tratamos, há outras formas de exposição de uma coisa através de outra que se poderia comparar com a profecia figural, a saber, as formas simbólicas ou míticas, que muitas vezes se costuma ver como características de culturas primitivas e que, em todo caso, são frequentemente encontradas nessas culturas. Se nos últimos tempos surgiu muito material sobre elas, ainda estamos longe de uma compreensão elucidativa desses materiais, de sorte que é mister falar com cautela. O característico dessas formas, que foram inicialmente reconhecidas e descritas por Vico, consiste no fato de que aquilo que é designado precisa sempre ser algo extremamente importante, sagrado, determinante para a vida e o pensamento dos envolvidos; e também no fato de que são não somente expressos e como que imitados no signo, no símbolo, mas também são considerados como estando neles contidos e presentes. Assim, o próprio símbolo pode, como representante, agir e sofrer; uma atuação sobre o símbolo é considerada uma atuação sobre o simbolizado e, nessa posição, lhe são atribuídos poderes mágicos. Essas formas simbólicas ou míticas ainda existiam no Mediterrâneo da Antiguidade Tardia, só que haviam perdido grande parte de seu poder mágico e diluíram-se em alegorias, de modo muito similar à permanência de tais restos em nossa cultura moderna, como nos símbolos jurídicos, na heráldica ou nas insígnias; novos conteúdos de validade geral decerto sempre criam novamente símbolos com um poder realista e mágico, o que se viu tanto na Antiguidade Tardia como nos dias de hoje. As formas simbólicas ou míticas têm muitos pontos de contato com a interpretação figural: ambas reivindicam interpretar e ordenar a vida como um todo; ambas são concebíveis apenas em terreno religioso ou aparentado; mas as diferenças também saltam à vista. Ao símbolo é inerente um poder mágico, a *figura* não; esta, por sua vez, precisa ser sempre histórica, mas o símbolo não. Evidentemente que não faltaram ao Cristianismo símbolos mágicos, mas *figura* não faz parte deles.[156] Com efeito, as duas formas diferem pelo fato da profecia real referir-se à interpretação da história, já que é desde o início interpretação de texto, enquanto o símbolo, por seu lado, é interpretação imediata da vida e, originariamente, sobretudo da natureza. Nessa contraposição, a interpretação figural é portanto um produto de culturas tardias, muito mais mediada, complicada e carregada de história do que o símbolo ou o mito. Visto dessa perspectiva, algo de muito antigo lhe é próprio, pois foi necessário inicialmente que uma alta cultura se consumasse, e até mesmo mostrasse sinais de envelhecimento, até que da exegese, que já possui ela mesma uma tradição, pudesse surgir algo como a interpretação figural.

A partir dessa dupla delimitação — por um lado face à alegoria, por outro face às formas simbólicas e míticas —, a profecia figural aparece sob dupla luz: como interpretação concreta da história universal, formadora e segura de suas finalidades, ela é algo jovem e renascido; como interpretação tardia de um texto carregado de história, venerável e que cresceu ao longo dos sé-

---

[156] Há muitas formas intermediárias, que são tanto símbolo como figura [*Figur*]. Por exemplo a Eucaristia, com a presença real de Cristo, e também a cruz como árvore da vida, *arbor vitae crucifixae*, cujo significado é conhecido (por exemplo, desde o poema "De Cruce", do séc. IV, cf. P. de Labriolle, *Histoire de la Littérature Latine Chrétienne, op. cit.*, p. 424, até o franciscano espiritual Ubertino da Casale, ou Dante, e para além dele).

*Figura*

culos, ela é algo antiquíssimo. O que ela possui de jovem e vivaz lhe conferiu uma força de persuasão quase sem igual, com a qual conquistou não só as culturas tardias do Mediterrâneo, mas também os povos comparativamente mais jovens do ocidente e do norte. O que ela possui de antiquíssimo transmitiu a esses povos e à sua compreensão da história algo peculiarmente velado, que a partir de agora tentaremos esclarecer de modo mais preciso. A profecia figural contém a interpretação de um acontecimento intramundano por meio de outro; o primeiro significa o segundo, o segundo realiza o primeiro. Na verdade os dois permanecem como eventos enraizados na história, mas ambos, vistos desse modo, contêm algo de provisório e incompleto. Eles remetem um ao outro e ambos remetem a algo futuro, que inicialmente ainda está por vir e que somente então será o verdadeiro, o acontecido definitivo, pleno e real. Isso vale não somente para a prefiguração do Antigo Testamento, que aponta para a encarnação e para o anúncio do Evangelho, mas também para o Evangelho, pois ele também ainda não é a realização definitiva, mas antes, por seu lado, a promessa do fim dos tempos e do verdadeiro reino de Deus. Assim, o acontecer permanece, apesar de toda a sua força sensível, sempre um símile, encoberto e carente de interpretação, muito embora a direção geral da interpretação esteja dada pela crença. Desse modo, o que ocorre no mundo, a cada vez, não possui o caráter definitivo e prático que é intrínseco tanto à concepção ingênua como à concepção moderna e científica do fato consumado; ele permanece sempre em aberto e incerto, aponta para algo ainda encoberto, e a posição do ser humano vivo em relação a ele é sempre a daquele que é testado, esperançoso, crente e que espera. O caráter provisório do que ocorre na concepção figural é também fundamentalmente distinto da ideia moderna de desenvolvimento histórico. Pois enquanto nesta o caráter provisório do que ocorre experimenta uma interpretação gradual e sucessiva na linha horizontal (que jamais é interrompida) do que continua a ocorrer, naquela a interpretação é sempre vertical, perguntando a partir de cima, e os eventos não são ligados entre si de modo ininterrupto, mas justamente interrompidos uns dos outros e observados como isolados, com vistas a um terceiro prometido e ainda não realizado. E enquanto na ideia moderna de desenvolvimento o fato está a cada vez autocraticamente assegurado, mas a interpretação é fundamentalmente incompleta, na interpretação figural o fato permanece submetido a uma interpretação já assegurada em seu todo: ela se orienta por uma imagem original do que ocorre, que está situada no futuro e que até agora é somente promessa. Essa formulação, que já lembra ideias platonizadas de uma imagem original situada no futuro, que é imitada nas figuras [*Figuren*] — pense-se na expressão *imitatio veritatis*, citada acima —, vai ainda mais longe. Pois aquela imagem original futura, embora ainda incompleta como ocorrência, já está realizada por completo em Deus, e em sua Providência já o fora desde a eternidade. As figuras [*Figuren*], em que Deus ocultou o que ocorre, e a encarnação, em que ele ocultou o sentido do que ocorre, são portanto profecias de um existente omnitemporal, que os homens só veem de modo ocultado, até que chegue o dia em que possam ver espiritual e sensivelmente o Salvador, *revelata facie* [com o rosto revelado]. Portanto, as figuras [*Figuren*] não são apenas provisórias, elas são ao mesmo tempo também a forma provisória de algo eterno e omnitemporal; elas pressagiam não somente o futuro prático, mas também, e desde o início, a eternidade e a omnitemporalidade. Elas indicam algo que precisa ser interpretado, que será realizado no futuro prático, mas que já está desde sempre realizado na Providência Divina, que não conhece nenhuma distinção temporal. Esse eterno já está figurado nelas, e assim as figuras [*Figuren*] são ao mesmo tempo uma realidade

*Figura*

provisória e fragmentada e uma realidade ocultada e omnitemporal. Isso fica bastante evidente no sacramento do sacrifício, na comunhão, a *pascha nostrum* [nossa Páscoa], que é *figura Christi*.[157] Esse sacramento, que é tanto figura [*Figur*] como símbolo e que historicamente já existe há muito tempo — a saber, desde seu estabelecimento inicial na Velha Aliança —, indica do modo mais puro a coexistência do presente sensível, do provisório ocultado e do desde o início omnitemporal, que são intrínsecos às figuras [*Figuren*].

## IV. Sobre a representação figural na Idade Média

A interpretação figural ou, para formular de modo mais completo, a concepção figural do que ocorre, teve até a Idade Média, e mesmo para além dela, uma ampla difusão e um efeito profundo. Isso também não permaneceu desconhecido da pes-

---

[157] O escrito *De Sacramentis* (século IV) tem a seguinte passagem da oração *Quam Oblationem* do cânone da missa romana: "*Fac nobis* [...] *hanc oblationem ascriptam, ratam, rationabilem, acceptabilem, quod figura est corporis et sanguinis Christi. Qui pridie* [...]" [Fazei por nós esta oferenda consagrada, aprovada, razoável e aceitável, que é uma figura do corpo e do sangue de Cristo. Que um dia antes de seu sofrimento (...)]. Ver a respeito dom F. Cabrol in *Liturgia: Encyclopédie Populaire des Connaissances Liturgiques*, Réné Aigrain (org.), Paris, Bloud/Gay, 1931, p. 543. Além disso, em um texto bem mais tardio, o hino *Ad Sanctam Eucharistiam*, do século XIII: "*Adoro te devote, latens deitas,/ Quae sub his figuris vere latitas*" [Humildemente te adoro, divindade escondida,/ que além destas figuras estás velada para mim] e depois: "*Jesus quem velatum nunc adspicio,/ Oro fiat illud quod tam sitio, Ut te revelata cernens facie/ Visu sim beatus tuae gloriae*" [Jesus que assim velado irei ver chegar/ o momento que tanto anseio, quando mostrando a face encoberta/ me satisfará com tua plena graça].

quisa. Não somente obras teológicas, que tratam da história da hermenêutica, mas também investigações de história da arte e da literatura se depararam com representações figurais e delas se ocuparam. Naturalmente, isso vale especialmente para a história da arte, no que tange à iconografia medieval, e para a história literária, no que diz respeito ao drama religioso medieval. Contudo, o que há de específico no problema não foi reconhecido, ao que parece; a estrutura figural, ou tipológica, ou de profecia real não foi suficientemente diferenciada de outras formas de exposição, alegóricas ou simbólicas. Um ponto de partida pode ser encontrado na instrutiva tese de doutorado de Teresa C. Goode sobre Gonzalo de Berceo, *El Sacrificio de la Misa* (The Catholic University of America, 1933); e um entendimento claro do assunto, embora sem se referir às questões fundamentais, encontra-se em Hiram Pflaum, que já havia se deparado com o problema figural em seu escrito sobre a disputa religiosa na poesia europeia da Idade Média;[158] o mesmo autor, em função de sua compreensão acertada de *figure*, interpretou corretamente alguns versos do francês antigo, compreendidos erroneamente pelo editor, e restabeleceu o texto.[159] Talvez outros trabalhos tenham me escapado; em todo caso, creio não haver um tratamento básico da questão,[160] que contudo me parece indispensável

---

[158] Hiram Pflaum, *Die religiöse Disputation in der europäischen Dichtung des Mittelalters*, Genebra/Florença, Olschki, 1935.

[159] Hiram Pflaum, *Romania*, nº 63, 1937, pp. 519 ss.

[160] Encontramos várias alusões em É. Gilson, *Les Idées et les lettres: essais d'art et de philosophie*, Paris, Vrin, 1932, esp. pp. 68 ss. e 155 ss. Gilson também alude ao aspecto figural da filosofia da história medieval em seu artigo "Le Moyen Âge et l'histoire" (em seu livro *L'Esprit de la philosophie médiévale*, Paris, Vrin, 1932), mas sem ênfase, pois seu interesse é basicamente trabalhar as raízes das concepções modernas na Idade Média. Para o drama religioso alemão, ver Toni

*Figura*

para a compreensão da mescla de senso de realidade e espiritualidade, a qual caracteriza a Idade Média europeia e que nos é tão difícil de apreender.[161] Para a maioria dos povos europeus, os efeitos da interpretação figural chegaram até o século XVIII; encontramos seus traços não somente em Bossuet, o que é óbvio, mas mesmo décadas depois nos autores religiosos que Groethuysen cita em seu livro sobre a origem do espírito burguês na França.[162] Um conhecimento claro de sua essência e, com isso,

---

Weber, *Die Praefiguratonen im geistlichen Drama Deutschlands*, tese de doutorado, Marburg, 1909, e Lars Wolff, "Die Verschmelzung des Dargestellten mit der Gegenwartswirklichkeit im deutschen geistlichen Drama des Mittelalters" in *Deutsche Vierteljahrsschrift für Literaturwissenschaft und Geistesgeschichte*, ano VII, 1929, pp. 267 ss. Sobre os elementos figurais presentes no Carlos Magno da *Canção de Rolando*, ver o conhecido artigo de Albert Pauphilet, "Sur la Chanson de Roland", *Romania*, nº 59, 1933, pp. 183 ss.

[161] Obviamente, há inúmeras análises dos quatro sentidos da Escritura, mas elas não põem em evidência o que me parece ser o essencial. É de se esperar que a teologia medieval separasse com clareza as diferentes formas de alegoria (por exemplo, Petrus Comestor, no prólogo da *Historia Scolastica*), mas essa separação não aponta para um significado de fundamento, mas apenas técnico, por assim dizer. Mesmo um teólogo moderno importante como o padre dominicano Pierre Mandonnet, que em seu livro *Dante le Théologien* (Paris, De Brouwer, 1935, pp. 163 ss.) oferece um resumo da história do simbolismo, considera o conhecimento dessas distinções apenas como um pressuposto técnico para o conhecimento do texto, sem dar atenção às distintas estruturas da concepção de realidade que estão ali contidas.

[162] Decerto o fundamento da interpretação figural já estava então destruído; mesmo os clérigos muitas vezes já não a entendiam. Como Emile Mâle relata (*L'Art religieux du 12e siècle en France*, Paris, A. Colin, 1928, 3ª ed., p. 391), Montfaucon interpretava as figuras da Antiga Aliança nas laterais de alguns portais de igrejas como se fossem reis merovíngios. Em uma carta de Leibniz a Burnett (1696, edição Gebhardt, III, 306), encontramos a seguinte passagem: "*M.*

uma distinção clara de outras formas aparentadas, mas estruturadas de modo diferente, permitiria em geral um aprofundamento e uma maior precisão na compreensão de documentos da Antiguidade Tardia e da Idade Média, assim como permitiria resolver os problemas em muitos casos particulares. Os temas que reaparecem tão frequentemente nos sarcófagos do Cristianismo antigo e nas catacumbas não seriam figuras da Ressurreição? Ou, para tomar um exemplo da grande e importante obra de Mâle,[163] a lenda de Maria Egipcíaca (da qual ele descreve as representações no museu de Toulouse) não seria uma figura do povo de Israel vindo do Egito e, em consequência, não deveria ser assim interpretada tal como na Idade Média se interpretava em geral o salmo "*In exitu Israel de Aegypto*"?

Contudo, o significado da concepção figural não se esgota em interpretações isoladas. Todos aqueles que estudam a Idade Média têm conhecimento de como ela oferece o fundamento geral da interpretação histórica medieval, e como ela se imiscui, de modos variados, até mesmo na apreensão da simples realidade cotidiana. Todo o analogismo, que abarca todos os domínios da atividade espiritual do medievo, está estreitamente vincula-

---

*Mercurius van Helmont croyat que l'âme de Jésus Christ était celle d'Adam, et que l'Adam nouveau réparant ce que le premier avait gasté c'était le même personnage qui satisfait à son ancienne dette. Je crois qu'on fait bien de s'épargner la peine de réfuter de telles pensées"* [O sr. Mercurius van Helmont acreditava que a alma de Jesus Cristo era a de Adão, e que esse novo Adão, reparando o que o primeiro havia danificado, era a mesma personagem resgatando sua antiga dívida. Creio que devemos nos poupar do trabalho de refutar tais pensamentos]. [O autor se refere a Bernhard Groethuysen, *Die Entstehung der bürgerlichen Welt und Lebensanschauung in Frankreich*, 2 vols., Halle/Saale, Niemeyer, 1927-30; ed. fr., *Origines de l'esprit bourgeois en France*, 2 vols., Paris, Gallimard, 1927. (N. do O.)]

[163] E. Mâle, *L'Art religieux du 12e siècle en France, op. cit.*, pp. 240 ss.

*Figura*

do à estrutura figural; o próprio ser humano, como imagem de Deus, ganha, na interpretação da Trindade, do *De Trinitate* de Agostinho até a *Summa* de São Tomás,[164] o caráter de uma *figura trinitatis*. Não saberia dizer com clareza em que medida as concepções estéticas são determinadas figuralmente — portanto, em que medida a obra de arte é compreendida como *figura* de uma realidade de realização inalcançável. A questão da imitação artística da natureza despertou pouco interesse teórico na Idade Média, à diferença da ideia de que o artista, como se fosse uma figura [*Figur*] do Deus criador, consuma uma imagem originária viva em seu espírito.[165] Como se vê, são ideias de origem neoplatônica. Não pude encontrar nada de decisivo nos textos que tenho aqui à disposição — faltam-me as principais obras da literatura especializada — com relação à questão de em que medida essa imagem original e a obra de arte dela resultante são figuras [*Figuren*] de uma realidade e uma verdade realizadas em Deus. Não obstante, gostaria de mencionar algumas passagens que me caíram por acaso em mãos e que sugerem algo na direção intencionada. Leo Schrade, em um artigo sobre a representação dos sons nos capitéis da igreja abacial de Cluny,[166] cita uma explicação dada por Remígio de Auxerre para a palavra *imitari*: "*scilicet persequi, quia veram musicam non potest humana musica imitari*" [isto é, seguir, porque a música do homem não

---

[164] São Tomás, *Summa Theologica*, I, 45, 7.

[165] São Tomás diz dos arquitetos "*quasi idea*" (*Questiones Quodlibetales*, IV, 1, 1). Cf. sobre o assunto E. Panofsky, *Idea*, Leipzig, Teubner, 1924, p. 20 e nota p. 85; além disso, a citação de Sêneca na nota 118], *supra*.

[166] Leo Schrade, "Die Darstellung der Töne an den Kapitellen der Abteikirche zu Cluny (Ein Beitrag zum Symbolismus in mittelalterlicher Kunst)", *Deutsche Vierteljahrsschrift für Literaturwissenschaft und Geistesgeschichte*, ano VII, 1929, p. 264.

pode imitar a música verdadeira]. Ela decerto está fundamentada na ideia de que no fazer artístico se trata de imitação ou mesmo de figuração ensombrada de uma realidade verdadeira e igualmente sensível (a realidade dos coros celestes). No "Purgatório", Dante enaltece as obras de arte lá existentes, criadas por Deus e que representam exemplos de virtudes e vícios, por sua verdade sensível completamente realizada, em comparação com as quais a arte humana e mesmo a natureza aparecem sem cor.[167] Sua invocação de Apolo contém os versos: "*O divina virtú, se mi ti presti/ Tanto che l'ombra del beato regno/ Segnata nel mio capo io manifesti!*" [Se, divinal virtude, eu for entrado/ Tanto de ti, que a sombra represente/ Do reino que em minha alma está gravado!].[168]

Aqui, o seu poema é caracterizado como uma *umbra* da verdade gravada em seu espírito, e sua teoria da inspiração contém por vezes afirmações que se deixam explicar no mesmo sentido. Tudo isso são apenas alusões; uma investigação que procurasse esclarecer a relação de motivos figurais e neoplatônicos na estética medieval precisaria se basear em um fundamento material mais amplo. Mas é possível tirar dessas observações o suficiente para perceber a importância de se distinguir fundamentalmente a estrutura figural de outras formas imagéticas. *Grosso modo*, pode-se afirmar que, na Europa, o método figural remete a influências cristãs, enquanto o alegórico a influências da Antiguidade pagã, e que o primeiro foi empregado o mais das vezes sobre matéria cristã, e o segundo sobre matéria antiga. Não há nada de falso em afirmar que, caso se designe a concepção figu-

---

[167] "Purgatório" X e XII.

[168] "Paraíso" I, 22-24, trad. José Pedro Xavier Pinheiro.

*Figura*

ral como predominantemente cristã e medieval, enquanto a alegórica toma como modelos ou autores pagãos da Antiguidade Tardia, ou não intimamente cristianizados, então esta última tende a se sobressair quando se trata de fortalecer influências antigas e pagãs, ou mesmo fortemente seculares. Mas todas essas constatações são por demais gerais e imprecisas, pois a multiplicidade dos fenômenos em que, por um milênio, as culturas se interpenetraram não permite essas classificações simples. Já muito cedo matérias profanas e pagãs foram interpretadas figuralmente; Gregório de Tours, por exemplo, utiliza a lenda dos sete adormecidos como figura [*Figur*] da ressurreição, do mesmo modo como, em outras situações, o despertar de Lázaro ou a salvação de Jonas da baleia foram interpretados nesse mesmo sentido. Na Alta Idade Média, a Sibila, Virgílio e as figuras [*Gestalten*] da *Eneida*, e até mesmo personagens do ciclo de sagas bretãs (por exemplo Galaaz na *Demanda do Santo Graal*) foram incluídos na interpretação figural, dando origem aos mais variados cruzamentos de formas figurais, alegóricas e simbólicas. Todas essas formas também se encontram, referidas tanto a matérias antigas como cristãs, na obra que encerra e sumariza a cultura medieval, a *Divina comédia*. Mas como por princípio predominam as formas figurais, e elas são decisivas para a estrutura como um todo do poema, tentarei indicá-las.

Aos pés do monte do Purgatório, Dante e Virgílio encontram um velho de aparência venerável, cujo rosto é solarmente iluminado pelas quatro estrelas que significam as virtudes cardeais. Ele lhes inquire com rigor acerca da justeza de seu caminho, e da resposta reverente de Virgílio — que havia solicitado de início a Dante que se ajoelhasse — fica claro que se trata de Catão de Útica. Virgílio, após lhe comunicar sua missão divina, assim prossegue:

*Or ti piaccia gradir la sua venuta;*
*Libertà va cercando ch'è si cara,*
*Comme sa cha per lei vita rifuta.*

*Tu 'l sai chè non ti fu per lei amara*
*In Utica la morte, ove lasciasti*
*La veste ch'al gran di sarà si clara.*[169]

A seguir, Virgílio invoca o favor de Catão em nome daquela que fora sua esposa, Márcia. Catão repele isso com uma não menor severidade; o desejo da *"donna del ciel"* (Beatriz) é suficiente; e ele ordena que o rosto de Dante, antes da subida, seja limpo dos fumos do Inferno e que ele seja cingido com junco. Catão aparece então ainda uma vez, ao final do segundo canto, onde lembra, com palavras severas, as almas que acabam de chegar ao pé do monte e que escutavam, esquecidas de si mesmas, o canto de Casella, o seu caminho.

É pois Catão de Útica que Deus nomeou como guardião aos pés do Purgatório; um pagão, um inimigo de César, um suicida. Isso é muito suprendente e já os comentadores mais antigos, como Benvenuto de Ímola, admiraram-se do fato. Dante menciona muito poucos pagãos, que foram libertos do Inferno por Cristo, e então, entre eles, está um inimigo de César, cujos aliados — os assassinos de César — se escondem, ao lado de Judas, na garganta de Lúcifer, e que como suicida não parece ser menos culpado do que aqueles "que cometeram violência contra si próprios" e que sofrem, pelo mesmo pecado, os mais terríveis

---

[169] "Digna-te, pois, benî'no ser com ele:/ A liberdade anela, que é tão cara:/ Sabe-o bem quem por ela a vida expele.// Por ela a morte não te há sido amara/ Em Útica, onde a veste foi deixada,/ Que em Juízo há de ser de luz tão clara." "Purgatório" I, 70-75, trad. José Pedro Xavier Pinheiro.

*Figura*

tormentos no sétimo círculo do Inferno. O enigma se desfaz com as palavras de Virgílio, que diz de Dante: procura a liberdade, que é tão cara, como tu decerto o sabes, pois por ela desprezastes a vida. A história de Catão é extraída de seu contexto terreno e político — exatamente como os intérpretes patrísticos do Antigo Testamento faziam com as histórias isoladas de Isaac e Jacó, dentre outros — e tornou-se *figura futurorum*. Catão é uma *figura*, ou melhor, o Catão terreno, que pela liberdade renegou a vida em Útica, era uma *figura*, e o Catão que aparece agora, no "Purgatório", é a figura [*Figur*] realizada ou desvelada, a verdade daquele acontecimento figural. Pois a liberdade política e terrena, pela qual morreu, era apenas *umbra futurorum*: uma prefiguração daquela liberdade cristã de que ele agora foi nomeado guardião, e que o leva a rejeitar toda tentação terrena; aquela liberdade cristã de todo impulso mau, que conduz a um domínio verdadeiro de si mesmo, justamente a liberdade para cuja obtenção Dante é cingido com o junco da humildade, até que, no cume do monte, finalmente a adquira e seja coroado por Virgílio como senhor de si mesmo. É a liberdade eterna dos filhos de Deus, para a qual tudo o que é terreno deve ser desprezado; o que se introduz aqui é a libertação da alma da servidude dos pecados, de que Catão é *figura*, ao escolher livremente a morte à servidão política. Dante escolheu Catão para esse papel em função da posição suprapartidária que ele possuía entre os escritores romanos, como imagem ideal da virtude, da justiça, da piedade e do amor à liberdade. Dante o viu constantemente louvado por Cícero, Virgílio, Lucano, Sêneca e Valério Máximo; em especial o verso de Virgílio *"secretosque pios, his dantem iura Catonem"* [os justos estando à parte, Catão lhes ditando as leis],[170] ainda mais por um poeta do Império, deve ter causado

---

[170] Virgílio, *Eneida*, VIII, 670.

grande impressão em Dante. O quanto ele admirava Catão fica claro em variadas passagens do *Convívio*, e que seu suicídio devia ser julgado de modo especial já havia sido dito por Cícero, em uma passagem que Dante cita em *Monarquia*,[171] e em um contexto importante de exemplos de virtude política romana — Dante quer mostrar que a dominação romana seria legitimada por sua virtude, que serve ao direito e à liberdade de toda a humanidade; é nesse capítulo que encontramos a frase: "*Romanum imperium de fonte nascitur pietatis*" [O Império Romano nasceu da fonte da justiça].[172]

Dante acreditava em uma concordância predeterminada entre a história cristã da Salvação e a monarquia universal romana; portanto, não causa espanto algum que justo ele aplique a interpretação figural a um romano pagão — também em outras ocasiões ele toma indistintamente os seus símbolos, alegorias e figuras [*Figuren*] desses dois mundos. Catão é sem dúvida uma *figura*; não uma alegoria, como as personagens do *Romance da rosa*, mas uma figura no sentido por nós descrito, e realizada, uma figura [*Figur*] já tornada verdade. A *Comédia* é uma visão que descortina e anuncia a verdade figural como já realizada, e é justamente essa a sua peculiaridade: ela liga de um modo muito preciso e concreto, no sentido da interpretação figural, a verdade revelada na visão com os acontecimentos terrenos e históricos. Aquele Catão como um homem rigoroso, justo e piedoso, que em um momento crítico de seu destino e da história providencial universal estimou mais a liberdade do que a vida, foi

---

[171] Dante, *De Monarchia*, II, 5. Sobre o assunto ver Nicola Zingarelli, *La vita, i tempi e le opere di Dante* (Milão, F. Vallardi, 1931, 3ª ed., p. 1029) e a literatura citada nas notas.

[172] Cf. Joseph Balogh, "Romanum imperium de fonte nascitur pietatis", *Deutschen Dante Jarhbuch*, nº 10, 1928, p. 202.

*Figura*

mantido em toda a sua força histórica e pessoal. Disso não resultou nenhuma alegoria da liberdade, pois permanece Catão de Útica, tal como Dante o via, como um ser humano pessoal e único; mas ele é extraído da provisoriedade terrena, na qual ele via a liberdade política como o bem maior (tal como os judeus da obediência estrita à lei) e conduzido ao estado da realização definitiva, em que não se trata mais de obras terrenas da virtude cidadã ou da lei, mas sim do "*ben dell'intelletto*", o bem maior, a liberdade da alma imortal em vista de Deus.

Tentemos agora um caso mais difícil. Virgílio foi visto por quase todos os comentadores como alegoria da razão — a razão humana e natural, que conduz à ordem terrena justa, ou seja, segundo a concepção de Dante, à monarquia universal. Uma interpretação puramente alegórica não parecia indigna aos comentadores antigos, pois eles não sentiam, como nós, uma oposição entre a alegoria e a verdadeira poesia. Os intérpretes modernos opuseram-se frequentemente a isso e valorizaram a dimensão poética, humana, pessoal da personagem Virgílio, sem contudo poder negar o que há nela de "significativo" e a reduzir sem mais ao humano. Nos últimos tempos encontramos, vinda de lados variados (de um deles, L. Valli, de outro, Mandonnet), e não somente com relação a Virgílio, novamente uma ênfase da dimensão puramente alegórica ou simbólica e que se esforça para eliminar o sentido histórico como "positivista" ou "romântico". Entretanto, não se trata aqui de um "ou isso ou aquilo" entre sentido histórico e sentido velado: trata-se de um e outro. É a estrutura figural que preserva o acontecimento histórico, na medida em que o interpreta, desvelando-o, e que só o pode interpretar porque o preserva.

O Virgílio histórico é, aos olhos de Dante, ao mesmo tempo poeta e guia. Como poeta, ele é um guia, pois em seu poema a ordem política de uma paz universal sob o Império Romano, que Dante considera modelar — a *terrena Jerusalem*[173] —, é profetizada e enaltecida na descida do justo Eneias ao mundo infernal, e também porque a fundação de Roma, a sede predeterminada do poder secular e espiritual, é cantada com vistas à sua missão futura. E, como poeta, ele é sobretudo um guia porque todos os grandes poetas posteriores foram inspirados e inflamados por sua obra; Dante salienta o fato não só com relação a si mesmo, mas introduz ainda um segundo poeta, Estácio, para anunciar a mesma coisa da maneira a mais incisiva. Também no encontro com Sordello e talvez mesmo no muito debatido verso sobre Guido Cavalcanti[174] ouvimos soar o mesmo motivo. Ademais, Virgílio é, como poeta, um guia por ter anunciado, na quarta das *Éclogas*, para além de sua profecia temporal, também a ordem omnitemporal e eterna, o aparecimento de Cristo, que coincide com a renovação do mundo temporal — certamente sem ter ideia do significado de suas próprias palavras, mas de tal modo que a posteridade pode se iluminar com essa luz. Por fim, ele foi, como poeta, um guia por ter descrito o império dos mortos — portanto, um guia que conhecia o caminho nesse império. Mas não só como poeta, também como romano e como ser humano ele estava determinado a ser um guia; tinha ao seu dispor não só o belo discurso, não só a sabedoria elevada, mas justamente aquelas características que capacitam a guiar e que distinguem em geral o seu herói Eneias e Roma: *iustitia* e *pietas*. Para Dante, o Virgílio histórico encarna a plenitude da perfeição terrena, tocando o limite do que se pode vislumbrar da perfeição divina e eterna, que o habilita e determina ao papel de guia. As-

---

[173] Assim Dante, em "Purgatório" XXXII, 102, fala de *"quella Roma onde Cristo è romano"* como o Reino de Deus realizado.

[174] "Inferno" X, 63.

*Figura*

sim, Virgílio é, para Dante, uma *figura* para a forma, realizada no além, do profeta-poeta como guia. O Virgílio histórico é "realizado" pelo habitante do limbo, o colega dos grandes poetas antigos, que a pedido de Beatriz assume a condução de Dante. Assim como, no passado, na qualidade de romano e de poeta, Virgílio fez Eneias, por decisão divina, descer ao mundo inferior para que pudesse experimentar o destino do mundo romano, de sorte que sua obra se tornasse um guia para os que viessem depois, do mesmo modo ele foi agora chamado pelos poderes celestiais para ser um guia não menos relevante: pois não há dúvida de que Dante se via em uma missão tão importante quanto a de Eneias; ele é chamado para anunciar ao mundo, que perdeu o rumo, a ordem correta, que lhe é revelada ao longo de seu caminho. E Virgílio é chamado para lhe indicar e interpretar a verdadeira ordem terrena, cujas leis se consumam no além e cuja essência lá se realiza, sempre direcionando-o ao seu objetivo, a comunidade celestial dos bem-aventurados — que ele, Virgílio, pressentiu em seu poema —, mas não até o âmago do império divino, pois o sentido de seu pressentimento ainda não lhe fora revelado durante a sua vida terrena, e ele morreu, sem essa iluminação, como um ateu. Assim, Deus não deseja que alguém chegue por suas mãos até o seu império, e Virgílio só pode conduzir Dante até o limiar, até aquele limite que seu poema nobre e justo foi capaz de reconhecer. Estácio diz a Virgílio: "Primeiro, tu me indicaste o caminho para o Parnaso e suas fontes, e então me iluminaste para junto de Deus. Foste como aquele que vai pela noite e traz a lanterna atrás de si: a ti mesmo ela de nada serve, mas orienta os que vêm depois. Tornei-me poeta por ti, e por ti cristão".[175] E assim como Virgílio, enquanto personagem

---

[175] O fato de que, na Idade Média, Virgílio apareça na série dos profetas de Cristo já foi tratado variadas vezes, e detalhadamente, desde Domenico Compa-

e efeito terrenos, conduziu Estácio à Salvação, ele conduz agora, como figura realizada, Dante. Pois Dante também recebeu dele o belo estilo da poesia, foi por ele salvo da danação eterna e conduzido no caminho da Salvação; e assim como, antes, Virgílio iluminara Estácio, sem contudo ver a luz que trazia consigo e anunciava, agora ele conduz Dante até o limiar da luz, de que ele agora tem conhecimento, mas que não pode, ele próprio, mirar.

Virgílio não é, portanto, a alegoria de uma característica, ou virtude, ou capacidade, ou força, ou mesmo de uma instituição histórica. Ele não é nem a razão, nem a poesia, nem o império. Ele é o próprio Virgílio. Mas decerto não o é do modo como poetas posteriores tentaram interpretar uma personagem humana entranhada na história, tal como o César de Shakespeare ou o Wallerstein de Schiller. Estes mostram suas personagens históricas em sua própria vida terrena, fazem reviver diante de nossos olhos uma época importante de suas vidas e procuram interpretar o seu sentido a partir delas mesmas. Para Dante, o sentido de cada vida está indicado; ela tem o seu lugar na histó-

---

retti [em seu livro *Virgilio nel Medio Evo*, Florença, B. Seeber, 2ª ed. rev., 1896. (N. do O.)]. Novos elementos sobre o assunto podem ser encontrados no volume comemorativo *Virgilio nel Medio Evo* de *Studi Medievali* (nova série, nº 5, 1932). Menciono especialmente K. Strecker, "*Iam nova progenies caelo diminutur alto*", p. 167, onde se encontram indicações bibliográficas e algum material sobre a estrutura figural; além disso, E. Mâle, "Virgile dans l'art du Moyen Âge", p. 325, em especial a prancha 1; e Luigi Suttina, "L'effigie di Virgilio nella Cattedrale di Zamorra", p. 342. [Auerbach, em prosa e tradução, cita os versos 64-69 e 73 do canto XXIII do "Purgatório": "'Primeiro', disse Estácio, 'me levaste/ a beber no Parnaso inspiração;/ depois o rumo a Deus me desvendaste./ Eras tal como quem, na escuridão,/ tendo atrás a lanterna, não se ajuda,/ mas aos que o seguem mostra a direção,/ [...] Por ti fui poeta, e a Deus, por ti, fiel'" (trad. Cristiano Martins). (N. do O.)]

*Figura*

ria providencial universal, que lhe foi indicado em sua visão da *Comédia*, na medida em que essa história já está, em seus traços gerais, contida na revelação designada a cada cristão. Assim, Virgílio, na *Comédia*, é o próprio Virgílio histórico, mas também deixa de sê-lo, pois a verdade histórica é apenas *figura* da verdade realizada, que o poema revela, e essa realização é mais, é mais real, é mais significativa do que a *figura*. De modo totalmente distinto dos poetas modernos, em Dante a personagem é tanto mais real, quanto mais completamente ela é interpretada, quanto mais exatamente ela é ordenada no plano da Salvação divina. E também de modo completamente distinto dos antigos poetas do mundo inferior, que representavam a vida terrena como real e a do mundo inferior como ensombrada, para Dante o além é a realidade verdadeira, e este mundo é apenas *umbra futurorum* — decerto, a *umbra* é a prefiguração da realidade do além e será necessariamente reencontrada no além, em estado pleno.

O que se disse aqui a respeito de Catão e Virgílio vale para a *Comédia* como um todo. Ela está totalmente fundamentada na visão figural. Em meu estudo *Dante als Dichter der irdischen Welt*[176] procurei mostrar como Dante, na *Comédia*, procurou

> apresentar o mundo terreno, todo o mundo histórico que chegara ao seu conhecimento, como um mundo já submetido ao Juízo Final de Deus, e, portanto, já sentenciado, já posto em seu devido lugar de acordo com a ordem divina — e aliás a fazê-lo sem despojar as personagens individuais encontradas em seu destino final, escatológico, de seu caráter terreno, sem sequer mitigá-lo, mas sim, ao contrário,

---

[176] E. Auerbach, *Dante als Dichter der irdischen Welt*, Berlim/Leipzig, De Gruyter, 1929 [ed. bras.: *Dante como poeta do mundo terreno*, trad. Lenin Bicudo Bárbara, São Paulo, Editora 34/Duas Cidades, 2022].

de tal modo a registrar o ponto mais extremo de seu caráter individual com sua história na Terra, e a identificá-lo ao seu destino final.[177]

Para essa compreensão, que já se encontra em Hegel[178] e sobre a qual se baseia a minha interpretação da *Comédia*, faltava-me então o fundamento histórico preciso; ele é, no capítulo inicial do livro, mais intuído do que reconhecido. Agora creio ter encontrado esse fundamento: é justamente a interpretação figural da realidade, que era a visão dominante na Idade Média europeia, embora em luta constante com tendências puramente espiritualistas e neoplatônicas. A vida terrena é de fato completamente real, no sentido da realidade daquela carne que é penetrada pelo *logos* — mas, em toda a sua realidade, ela é apenas *umbra* e *figura* do autêntico, do futuro, do definitivo e do verdadeiro, que, desvelando e conservando a figura, contém a realidade verdadeira. Dessa maneira, todo acontecimento terreno não é visto como uma realidade definitiva e que se satisfaz a si mesma, nem como um elo em uma cadeia de desenvolvimento, em que de um evento ou do efeito conjunto de vários deles brotam sempre novos eventos, mas é considerado de início em uma conexão vertical e imediata com uma ordem divina, que o contém e que será ela mesma, em um dia futuro, a realidade ocorrida. E, com isso, o evento terreno é a profecia real ou *figura* de parte da realidade divina, realizada de um modo imediato e que

---

[177] *Idem, ibidem*, p. 108 [ed. bras., p. 140].

[178] Cf. G. W. F. Hegel, *Vorlesungen über Ästhetik (1820-1829)* in *Werke*, Frankfurt, Suhrkamp, 1986, vol. 15, pp. 406-7 [ed. bras.: *Cursos de estética*, São Paulo, Edusp, 2004, vol. 4, pp. 148-9. O passo encontra-se citado no prefácio a este volume, nas pp. 11-2]. (N. do O.)

*Figura*

ocorrerá no futuro. Mas essa realidade não é apenas futura, mas omnitemporalmente presente no além e ao olhar da Providência, de sorte que a realidade desvelada e verdadeira permanece ali presente de modo omnitemporal, ou atemporal. A obra de Dante é a tentativa de uma apreensão simultaneamente poética e sistemática da realidade total do mundo sob essa luz. A graça das forças celestiais vem em auxílio dos que estão ameaçados, na confusão terrena, de perdição — eis o enquadramento da visão. Desde sua tenra juventude, Dante estava em posse de uma graça especial, por estar determinado a uma tarefa especial. Já cedo ele pode ver em um ser vivo, Beatriz — e aqui se mesclam, como ocorre frequentemente, estrutura figural e neoplatonismo —, a revelação encarnada, que o distinguiu, embora de modo oculto, enquanto viva pela saudação de seu olhar e de sua boca, e enquanto morta de um modo secreto e impronunciado.[179] A morta, e assim bem-aventurada, que para Dante era a revelação encarnada, encontrou a única salvação que ainda restava para o perdido; ela se tornou sua guia, de modo interposto, e no "Paraíso" de modo direto, e lhe mostrou a ordem desvelada, a verdade das figuras [*Figuren*] terrenas. O que ele vê e aprende nos três reinos é a realidade verdadeira, concreta, justamente aquela que contém e interpreta a *figura* terrena. Na medida em que ele, ainda em vida, vê a verdade realizada, ele está salvo e é ao mesmo tempo capaz de anunciar ao mundo o que viu e lhe indicar o caminho verdadeiro.

---

[179] As palavras "*converrebbe essere me laudatore di me medesimo*" ["me transformaria em um lisonjeador de mim mesmo"] (Dante, *Vida nova*, 28) são uma alusão a *2 Coríntios*, 12, 1. Cf. Charles H. Grandgent, "Dante and St. Paul", *Romania*, t. 31, 1902, pp. 14 ss. e o comentário de Michelle Scherillo (org.) em *La Vita Nova di Dante*, Milão, U. Hoepli, 1911.

A compreensão do caráter figural da *Comédia* não oferece, decerto, um procedimento universalmente válido para a interpretação daquelas passagens controversas, mas permite derivar algumas diretrizes para a interpretação. É possível assegurar que toda personagem histórica ou mitológica que aparece no poema só pode significar algo em relação estrita com aquilo que Dante sabia acerca de sua existência histórica ou mítica, e na verdade em uma relação de realização e figura [*Figur*]. É preciso sempre se precaver de lhes negar uma existência terrena e histórica e só lhes atribuir uma interpretação conceitual e alegórica. Isso vale especialmente para Beatriz. Depois que, no século XIX, a concepção romântico-realista enfatizou bastante Beatriz como ser humano e tendia a tornar a *Vida nova* uma espécie de romance sentimental, ocorreu um contragolpe e esforçou-se por encontrar conceitos teológicos cada vez mais precisos, em que ela deveria se desfazer por completo. Mas também aqui não se trata de um ou-isto-ou-aquilo. O sentido literal ou a realidade histórica de uma personagem, em Dante, não está em contradição com a sua significação mais profunda, senão que a figura [*figuriert*]; a realidade histórica não é suprimida pela significação mais profunda, mas confirmada e realizada. A Beatriz de *Vida nova* é uma personagem terrena, ela apareceu de fato para Dante, realmente o saudou, depois realmente negou-lhe o cumprimento, fez troça dele, lamentou uma amiga morta e o pai, e realmente morreu. Decerto, trata-se, nessa realidade, apenas de uma realidade vivenciada por Dante — pois o poeta forma e transforma em sua consciência o que lhe ocorre, e deve-se partir somente do que vive nessa consciência, e não da realidade exterior. Além disso, deve-se levar em consideração que mesmo a Beatriz terrena, para Dante, desde o primeiro dia de seu aparecimento, é um milagre enviado pelos céus, uma encarnação da verdade divina. O real de sua forma terrena, portanto, não é,

## Figura

como em Virgílio e Catão, um conjunto de dados determinados de uma tradição, mas foram tomados de sua própria experiência, e essa experiência lhe mostra a Beatriz terrena como um milagre.[180] Mas uma encarnação, um milagre são coisas que ocorreram realmente; milagres ocorrem somente sobre a Terra e a encarnação é carne. A estranheza da visão medieval da realidade levou os pesquisadores modernos a não separar a figuração e a alegoria uma da outra e geralmente a compreender apenas a última.[181] Mesmo um intérprete teológico tão sábio como Mandonnet[182] conhece apenas duas possibilidades: ou Beatriz é uma mera alegoria (e esta é sua opinião), ou ela é *"la petite Bice Portinari"*, acerca da qual faz troça. Mesmo deixando de lado a incompreensão da natureza da realidade poética que reside nesse juízo, é sobretudo surpreendente como ele vê um abismo tão profundo entre realidade e significação. Pois então a *terrena Je-*

---

[180] Em favor disso falam o título do livro [*Vida nova*]; a primeira designação como *"la gloriosa donna de la mia mente"*; a mística do nome; a significação do número 9, que remete à trindade; os efeitos, que dela partem, e muito mais. Por vezes ela aparece mesmo como *figura Cristi*; pense-se no significado de sua aparição atrás de Monna Vanna (24), e os acontecimentos por ocasião da visão de sua morte (23): eclipse, terremoto e canto de hosana dos anjos; a isso se soma a saudação no seu aparecimento no "Purgatório", XXX. Cf. Galaaz na *Demanda do Santo Graal* em É. Gilson, *Les Idées et les lettres, op. cit.*, p. 71.

[181] Para evitar mal-entendidos, seja mencionado que Dante e seus contemporâneos designavam o sentido figurado como alegoria, em contraposição ao sentido moral ou tropológico, que aqui é denominado alegoria. Neste estudo histórico, permanecemos na terminologia criada e privilegiada pelos Padres da Igreja, contando com a compreensão e a aprovação do leitor.

[182] P. Mandonnet, *Dante le Théologien: introduction à l'intelligence de la vie, des oeuvres et de l'art de Dante Alighieri, op. cit.*, pp. 218-9.

*rusalem*, por ser *figura aeternae Jerusalem*, não é uma realidade histórica?

Em *Vida nova*, Beatriz é portanto um ser humano vivo, da realidade da experiência de Dante — assim como na *Comédia* ela não é um *intellectus separatus*, um anjo, mas sim um ser humano bem-aventurado, cujo corpo ressuscitará no Juízo Final. Além do mais, não há nenhum conceito da doutrina teológica que a apreenda realmente por completo; muitos eventos da *Vida nova* não se encaixam em nenhuma alegoria, e no que diz respeito à *Comédia* há a dificuldade suplementar de a distinguir com exatidão de muitas outras personagens do "Paraíso" (por exemplo, os apóstolos que interrogam Dante,[183] ou São Bernardo). Pois o que há de específico de suas relações com Dante não se deixa absolutamente apreender de modo satisfatório. Os intérpretes mais antigos viram em Beatriz, o mais das vezes, a teologia, e os mais recentes avançaram com muito mais precisão; mas isso conduz a erros e exageros: mesmo Mandonnet, que emprega, com relação a ela, o conceito de *ordre surnaturel*, criado em oposição a Virgílio, exagera demais nos meandros, comete erros[184] e força os conceitos. O papel que Dante lhe atribui fica completamente claro a partir de suas ações e da caracterização de sua pessoa. Ela é figura [*Figur*] ou encarnação da revelação ("*sola per cui l'umana specie accede ogni contento da quel ciel cha ha minor cerchi sui*" — "em quem a espécie humana acha a razão porque tudo supera que há sob o céu menor que até nós des-

---

[183] Ou seja, João, Pedro e Tiago. (N. do O.)

[184] Ele nega o sorriso em sua boca, apesar de "Purgatório" XXXI, 133 ss. e início do canto XXXII. Suas discussões acerca de Beatriz encontram-se em *op. cit.*, pp. 212 ss.

*Figura*

ce"[185] — e "*Che lume fia tra il vero e l'intelletto*" — "à mente por que há suma ciência te será puro lume revelado"),[186] que envia ao homem, por amor,[187] a graça divina, para salvá-lo e conduzi-lo à *visio Dei*. Mandonnet esquece de dizer que se trata justamente de uma encarnação da revelação divina, e não da revelação em geral, embora cite as passagens correspondentes da *Vida nova* e de São Tomás, assim como a invocação "*o Donna di virtù, sola per cui*" etc., mencionado logo acima. A "ordem sobrenatural" enquanto tal não poderia ser assim invocada, mas somente a sua revelação encarnada, portanto aquela parte do plano divino de Salvação que é justamente o milagre pelo qual o ser humano se eleva acima de todas as outras criaturas terrestres. Beatriz é encarnação, é *figura* ou *idolo Christi* (seus olhos refletem sua natureza dupla)[188] e portanto ao mesmo tempo também um ser humano. Sua humanidade evidentemente não se esgota em absoluto com essas explicações; ela está em uma relação com Dante que não se deixa exprimir por completo com considerações dogmáticas. Nossas considerações pretendem apenas indicar que a interpretação teológica, sempre útil e indispensável, não nos obriga absolutamente a abandonar a realidade histórica de Beatriz, antes o contrário.

Com isso encerramos, desta feita, nossa investigação sobre *figura*. Sua intenção foi mostrar como uma palavra, a partir do desenvolvimento de seu significado, pode se desdobrar em uma situação histórico-universal, e como a partir disso desen-

---

[185] "Inferno" II, 76-78, trad. Cristiano Martins.

[186] "Purgatório" VI, 45, trad. José Pedro Xavier Pinheiro.

[187] "Inferno" II, 72.

[188] "Purgatório" XXXI, 126.

volvem-se estruturas ativas por muitos séculos. Aquela situação histórico-universal que levou Paulo à missão junto aos gentios deu forma à interpretação figural e a preparou para um conjunto de efeitos que se desdobraram na Antiguidade Tardia e na Idade Média.

# São Francisco de Assis
## na *Comédia* de Dante

Não há muitas passagens tão conhecidas e admiradas do "Paraíso" como o canto XI; o que não surpreende, pois ela trata de Francisco de Assis e os versos são de uma beleza ímpar. E, no entanto, a admiração por esse canto não é assim tão evidente. Francisco foi uma das figuras mais impressionantes da Idade Média. Todo o século XIII, que também abrange a juventude de Dante, foi como que preenchido por ele, e nenhum outro vulto, voz e gesto humanos dessa época chegou até nós de forma tão inequívoca quanto os seus. O caráter ao mesmo tempo solitário e popular de sua devoção, sua pessoa ao mesmo tempo doce e acerba, sua presença simultaneamente humilde e garrida permaneceram inesquecíveis; dele apoderaram-se lendas, poesia e pintura e, ainda por muito tempo depois, cada monge mendicante na rua parecia carregar consigo algo dele, propagando-o milhares de vezes. Sua aparição certamente contribuiu muito para despertar e aguçar o sentido para a peculiaridade e a fatura daquele ser humano singular; justamente aquele sentido do qual a *Comédia* de Dante é o grande monumento. Deveríamos portanto esperar do encontro de ambos, isto é, da aparição do santo na *Comédia*, um dos pontos altos da exposição concreta da vida, tão recorrente nessa obra. Na biografia de Francisco, na época já parcialmente legendária, Dante encontrou um vasto material para configurar esse encontro. Por isso é tão estranho que ele não deixe esse encontro ocorrer.

Quase todas as personagens da *Comédia* se apresentam por si mesmas. Dante as encontra no local que lhes fora designado pelo julgamento divino, e lá acontece um encontro direto, na forma de perguntas e respostas. Com Francisco de Assis é diferente. Na verdade, Dante o vê bem no final do poema, sentado sobre a rosa branca entre os bem-aventurados da Nova Aliança, mas não fala com ele e, nas outras passagens em que é mencionado, ele não aparece em pessoa. Até mesmo onde a menção ocorre do modo mais detalhado e fundamental, justamente no décimo primeiro canto do "Paraíso", Francisco não tem voz própria, mas sim fala-se dele. Se isso já é surpreendente, o são ainda mais a moldura e o gênero do relato.

Dante e Beatriz estão no Céu do Sol, rodeados por espíritos bem-aventurados que cantam e dançam. Eles interrompem seu movimento para se apresentarem como Padres da Igreja e sábios; um deles, Tomás de Aquino, apresenta a si e a seus companheiros (esta é também a célebre passagem sobre Siger de Brabante) e logo a roda se forma novamente. Dante, porém, não compreendeu o sentido de algumas palavras de Tomás: "um anho fui da santa grei que chama/ de Domingos a voz pelo caminho,/ onde prospera só quem mal não trama".[1] Em relação a este último verso, *"u'ben s'impingua se non si vaneggia"* (e também a uma outra passagem, referente a Salomão), Dante necessita de uma explicação. Tomás, que como todos os santos possui a visão imediata da luz eterna — de modo que mesmo os pensamentos de Dante não podem lhe permanecer secretos —, satisfaz o desejo impronunciado de uma elucidação de suas palavras e, mais

---

[1] "Paraíso" X, 94-96. O último verso reaparece no canto XI, 139. Trad. José Pedro Xavier Pinheiro. (N. do O.)

São Francisco de Assis na *Comédia* de Dante

uma vez, canto e dança são interrompidos para que Tomás, ajudado por Boaventura, possa comentar suas palavras. Este comentário abrange três cantos. No primeiro deles, o décimo primeiro, Tomás narra a vida de São Francisco, acrescentando um lamento sobre a decadência de sua própria ordem, a dominicana; no décimo segundo, é a vez do franciscano Boaventura descrever a vida de Domingos, encerrando sua fala com uma reprimenda aos franciscanos; o décimo terceiro, novamente pela boca de Tomás, contém o comentário sobre o rei Salomão. A partir de ambos os cantos sobre as ordens mendicantes, Dante e os leitores devem aprender que foram fundadas com o mesmo objetivo, que elas se complementam e que, em ambas, a vida do fundador foi igualmente perfeita e a decadência de seus seguidores igualmente ignóbil; que, portanto, é-se bem-sucedido quando o modelo do fundador é seguido e dele não se desvia. Ambos os cantos são um comentário didático, perfeitamente enquadrados na interpretação histórica de Dante, com agudas tiradas polêmicas não apenas contra as duas ordens, mas também contra o papado e o clero em geral. Também faz parte do comentário uma exposição da vida de Francisco; ela é parte de um comentário abrangente — na verdade, em mais de uma centena de versos — sobre uma oração subordinada, que ocupa uma linha e que poderia ter sido explicada de modo mais sucinto. Eis, portanto, a moldura: Tomás, o grande doutrinador da Igreja, comenta minuciosamente uma de suas próprias sentenças. Tal postura ou atuação corresponde à sua pessoa, mas seria esta uma moldura que corresponda à biografia de Francisco de Assis? De acordo com uma sensibilidade moderna, certamente não. É verdade que aprendemos a compreender o tipo do comentário medieval a partir de suas premissas; sabemos que ele surgiu do modo específico do ensino daquela época. Talvez também já tenhamos tido a experiência de, por vezes, na ramagem da paráfrase comentadora, encontrar de súbito uma flor que o galho — no caso, o texto —, mal deixava prever, e geralmente ela é completamente encoberta pelo comentário. Com efeito, esse fenômeno parece não se limitar apenas à literatura, se pensarmos em alguns inícios ou sequências musicais. Mas aqui, onde Dante pretende narrar a vida de São Francisco? Não haveria para isso uma moldura um pouco menos didática, menos escolástica?

E isso não é tudo. A biografia fornecida por Tomás contém muito pouco dos traços encantadores e extraordinariamente concretos preservados pela lenda franciscana. É verdade que o principal — o nascimento, a construção da obra e a morte — é narrado de acordo com a tradição, mas sem nada de singular, que poderia servir para dar uma animação mais anedótica; e mesmo o principal é narrado como que burocraticamente, em sequência cronológica: nascimento, voto de pobreza, fundação da ordem, confirmação pelo papa Inocêncio, segunda confirmação por Honório, peregrinação missionária, chagas, morte. Os afrescos em Assis contam muito mais, e de modo bem mais colorido e anedótico — para não falar das diferentes versões literárias da lenda. Acrescente-se ainda que, em Dante, a biografia, além da moldura externa do comentário do qual faz parte, também possui um *leitmotiv* interno, na verdade alegórico. A vida de Francisco é apresentada como um casamento com uma figura alegórica feminina, a Pobreza. É verdade que sabemos tratar-se de um motivo da lenda franciscana; mas havia necessidade de fazer dele o motivo principal? Enquanto especialistas na arte ou na literatura da Idade Média, aprendemos paulatina e um tanto penosamente que a alegoria, para determinados grupos do clero medieval, era algo diverso e muito mais real do que para nós; via-se nela uma concretização do pensamento, um enriquecimento das possibilidades de expressá-lo. Mas isso não impediu que um de seus mais devotados e sagazes redescobridores, Johan

São Francisco de Assis na *Comédia* de Dante

Huizinga, a definisse, um pouco depreciativamente, como "as ervas daninhas da estufa da Antiguidade Tardia". Apesar de conhecermos muito bem seu significado, não podemos mais sentir de forma espontânea seu caráter poético. E, no entanto, Dante, que faz com que tantas pessoas falem de modo direto, oferece-nos a figura mais viva da época que antecedeu a sua, Francisco de Assis, na roupagem de um relato alegórico. Ele deixa de fazer o que quase todo poeta posterior teria feito, e o que ele mesmo fizera tantas vezes (no que ele foi o mestre maior), a saber, figurar as pessoas em palavra e gestos do modo o mais concreto e mais pessoal. Tomás, o doutrinador da Igreja, relata o casamento do santo com a senhora Pobreza para que Dante compreenda o que significa dizer que, no rebanho dos dominicanos, encontra-se um bom pasto quando não se comete um desvio.

Quando pensamos nos famosos poemas alegóricos da Antiguidade Tardia e da Idade Média, nas obras de Claudiano ou de Prudêncio, de Alain de Lille ou de Jean de Meung, vemos que certamente há pouco em comum entre elas e a biografia de Francisco na *Comédia*. Aquelas obras reúnem exércitos inteiros de figuras alegóricas, descrevem sua forma, sua vestimenta, sua moradia, fazem com que disputem e lutem umas com as outras. A propósito, *Paupertas* [Pobreza] também aparece em algumas dessas obras, mas como um vício ou uma acompanhante do vício. Dante traz aqui apenas uma única figura alegórica, justamente a Pobreza, e a associa a uma personalidade histórica, concreta e real. Isso é algo totalmente diferente; ele estende a alegoria até o atual, ele a vincula intimamente com o histórico. É verdade que isso não é uma invenção de Dante; foi-lhe transmitido, juntamente com o tema, pela tradição franciscana; nela aparece, desde o início, o casamento com a Pobreza como figura da atitude do santo. Logo após sua morte, foi escrito um tratado com o título *Sacrum Commercium Beati Francisci cum Domina Pauper-*

*tat,*[2] e reminiscências do tema são encontradas com frequência, por exemplo, nos poemas de Jacopone da Todi. Mas isso não foi desenvolvido de modo consequente, dissipando-se em inúmeras particularidades didáticas ou anedóticas; nunca foi tomado por uma representação concreta da vida. O *Sacrum Commercium* não contém absolutamente nada de biográfico, sendo antes um escrito essencialmente doutrinário, no qual a Pobreza faz um longo discurso. As imagens na Basílica Inferior de Assis, que anteriormente foram atribuídas o mais das vezes a Giotto, também mostram o casamento para além de toda biografia concreta: Cristo une o santo à Pobreza esquelética, velha e maltrapilha, enquanto, dos dois lados, várias alas dos coros angelicais participam da cerimônia. Isso não tem nenhuma relação direta com a vida do santo — esta será representada em outro ciclo de pinturas. Dante, em contrapartida, une os dois: à cerimônia de casamento ele associa aquela cena impressionante, e mesmo chocante, no mercado de Assis, onde Francisco renuncia em praça pública à sua herança, devolvendo ao pai até mesmo suas roupas. A renúncia à herança e o ato de se despir, que por toda parte se destacam como o verdadeiro objeto da representação, não são mencionados por Dante de forma explícita, sendo incluídos no casamento alegórico; por causa de uma mulher, Francisco renega seu pai; uma mulher que ninguém deseja, da qual todos fogem como se fosse da morte; diante dos olhos de todos, do bispo, de seu pai, ele se une a ela. Aqui, tanto o caráter particular quanto o universal e significativo do acontecimento são acentuados com mais força do que se tivessem sido expressos por meio da simples renúncia: ele renega o pai e seus bens não por não

---

[2] Edição moderna de Édouard d'Alençon (Eduardus Alinconiensis), O. M. C., in *Analecta Ordinis Minorum Cappucinorum*, Roma/Paris, Archivum Generale Ordinis/Oeuvre de Saint François, 1900.

São Francisco de Assis na *Comédia* de Dante

querer possuir algo, mas por ansiar alguma outra coisa, que pretende conseguir. Ele o faz por causa de um amor, de um desejo que involuntariamente desperta a lembrança de outras situações semelhantes, em que jovens abandonam suas famílias por causa de uma mulher desqualificada que lhes despertou o desejo. Como que sem pudor algum, diante do olhar de todos, Francisco se une a uma mulher a quem todos desprezam, e a lembrança de outras mulheres desqualificadas, como veremos melhor a seguir, é recorrentemente desperta por meio da representação continuada. Trata-se portanto de um casamento singular, repulsivo segundo o senso comum, de uma cerimônia medonha que se consuma, ligada à briga com o próprio pai, em público, chocante e por isso mesmo ainda mais significativa do que a devolução das roupas, que não evoca de imediato a ideia de baixeza e santidade como o casamento com uma mulher desprezada. E aqui surge a lembrança de mais alguém que já celebrara antes um tal casamento, que também se uniu a uma mulher desprezada, abandonada, a humanidade pobre e rejeitada, a filha de Sião; que também voluntariamente abriu mão de sua herança para seguir seu amor pela mulher abandonada. A ideia de que Francisco de Assis mostre em sua vida e em seu destino certas coincidências com a vida de Cristo, o tema da imitação ou conformidade, sempre foi mantida com amor pela tradição franciscana. A biografia de Boaventura guia-se por essa ideia, que também encontrou expressão na pintura, primeiro na Basílica Inferior de Assis, onde a cinco episódios da vida de Cristo correspondem, do lado oposto, cinco da vida de Francisco. A conformidade também é encontrada em muitos outros detalhes, como no número de jovens discípulos, na vida em comum com eles, nos diversos milagres e, sobretudo, na estigmatização. Dante não deu prosseguimento a esse motivo em suas minúcias, ele sequer dá os detalhes; mas é certo que ele o explorou de modo consciente no casamento místico: ou seja, não nos traços isolados, mas sim no todo e no essencial; ainda que de uma maneira que parecia mais evidente ao leitor medieval do que ao de hoje.

A biografia narrada por Tomás de Aquino começa com uma descrição da posição geográfica de Assis: "Daquela encosta", prossegue Tomás, "nasceu para o mundo um sol que brilha tanto quanto este, quando desponta; por isso quem pretender falar daquele lugar, que não o chame Assis, mas sim Oriente". Esse jogo de palavras só pode ter a função de reforçar a comparação entre o nascimento de Francisco e o nascer do sol; "*sol oriens*", contudo, "*oriens ex alto*", é, de acordo com uma concepção amplamente difundida na Idade Média, o próprio Cristo (segundo *Lucas* 1, 78 e algumas passagens de *João* sobre o símbolo da luz);[3] esse símbolo baseia-se em mitos muito anteriores ao Cristianismo, profundamente enraizados nas terras do Mediterrâneo — e o mais das vezes ligados ao casamento místico. Para Dante, à concepção da criança-sol como salvadora do mundo e designada ao casamento místico amalgamam-se o nascimento do Senhor, as bodas do Cordeiro e a visão de Virgílio na quarta écloga que, para ele e seus contemporâneos, era uma profecia de Cristo. Não resta dúvida, portanto, de que por meio da comparação com o sol nascente, à qual se segue imediatamente o casamento místico como primeira confirmação do poder solar do santo, Dante quis fazer ressoar e explorar o motivo da conformidade ou imitação de Cristo. A comparação com o sol nascente é uma introdução absolutamente solene, que forma um contraste de efeito com o amargor, o feio e o abjeto do casamento.

---

[3] Os escritos de Franz Dölger que tratam do tema infelizmente não me são acessíveis no momento. Ver o comentário de Pietro Alighieri (*Petri Allegherii Super Dantis Ipsius Genitoris Comoediam Commentarium*, Vicenzo Nannucci (org.), Florença, G. Piatti, 1845, pp. 626 ss.), que citam Gregório Magno, sobre *Jó* I, 3.

São Francisco de Assis na *Comédia* de Dante

Tal contraste já tinha sido há muito preparado, e não creio que isso seja casual. O motivo do casamento místico já havia sido aludido por duas vezes antes, a primeira vez de modo bastante amável e a segunda de um modo solene e sublime, ambas as vezes com todo o brilho encantador da beleza de que Dante é capaz. Da primeira vez aparece como uma imagem na comparação entre a dança dos espíritos bem-aventurados e o carrilhão que evoca a manhã, ao final do décimo canto:

> *Indi, come orologio che ne chiami*
> *Nell'ora che la sposa di Dio surge*
> *A mattinar lo sposo perché l'ami,*
> *Che l'una parte l'altra tira ed urge*
> *Tin tin sonando con si dolce nota,*
> *Che'l den disposto spirto d'amor turge;*
> *Cosi vid'io la gloriosa rota*
> *Muoversi [...]*[4]

Aqui o motivo é aludido apenas com uma comparação, mas torna-se concreto em toda a sua graciosa alegria, em sua *dolcezza*; aqui, como na passagem seguinte, o noivo é Cristo, e a Igreja, ou seja, a Cristandade, a noiva. Na segunda passagem, logo antes do início da *Vita Francisci*, o motivo torna-se mais dramático, profundo e significativo: trata-se do próprio casamento na cruz. No início de seu comentário, Tomás pretende elucidar para Dante o propósito da Providência. A Providência, diz ele,

---

[4] "Paraíso" X, 139-146: "E qual relógio, que nos chama em hora,/ Em que, desperta, do Senhor a Esposa/ Matinas canta e o seu amor implora;// Que, no girar das rodas, tão donosa/ Nota faz retinir, de amor enchendo/ Devota alma, que o escuta fervorosa;// O glorioso círc'lo, se movendo,/ Assim vi eu [...]". Trad. José Pedro Xavier Pinheiro.

enviara dois líderes (a saber, Francisco e Domingos) para que a Igreja pudesse seguir de modo mais seguro e fiel seu caminho em direção a Cristo: e essa oração final é a seguinte: *"Però che andasse ver lo suo dileto/ La sposa di conlui ch'ad alte grida/ Disposò lei col sangue benedetto/ In sè sicura ed anche a lui più fida [...]"*.[5] Isso já não é apenas gracioso, é solene e sublime; toda a história universal depois de Cristo encerra-se, para Dante, na imagem do noivo que vai ao encontro de sua amada. Também aqui é muito forte a alegria, o movimento jubiloso dos noivos; é verdade que também ressoa a amargura do martírio deste casamento na cruz; com um sonoro grito, ele é consumado através do sangue sagrado; mas então "está consumado", e o triunfo de Cristo está decidido.

Os dois prenúncios — uma vez gracioso, e da segunda vez solene e sublime, e em ambas as vezes repletos de alegria nupcial —, assim como o nascimento solar, estão, em termos estéticos, em forte oposição ao casamento que eles preparam. A celebração começa de modo estridente, com uma dissonância, a briga com o pai, com as rimas duras *"guerra"* e *"morte"*.[6] E, por fim, a noiva: ela não é nomeada nem descrita, mas se apresenta de tal modo que ninguém quer abrir-lhe as portas do prazer — assim como para a morte (*"la morte"*). Parece-me absolutamente necessário compreender a abertura da porta do prazer no sentido próprio de um ato sexual, e assim porta representaria o acesso ao corpo feminino. A outra explicação, preferida por muitos comentadores, de que se trata da porta da casa daquele que proíbe a entrada da pobreza ou da morte, pode até sustentar-se em re-

---

[5] "Paraíso" XI, 31-34: "Por ser ao seu dileto encaminhada/ Casta Esposa daquele, que alto grito,/ Desposando-a, soltou na Cruz Sagrada,// Com ânimo mais forte e à fé restrito [...]". Trad. José Pedro Xavier Pinheiro.

[6] "Paraíso" XI, 58-60. (N. do O.)

São Francisco de Assis na *Comédia* de Dante

lação a muitas passagens de diversos textos, onde se diz que ninguém abre quando a morte ou a pobreza batem à porta. Ela não se encaixa, contudo, no contexto nupcial e não explica de modo satisfatório *"porta del piacere"*. Além disso, Dante certamente teria evitado a possibilidade, veemente, de uma explicação de cunho sexual, caso não a almejasse expressamente: ela se adequa com perfeição à impressão concreta da amargura e da repulsa que ele pretende evocar aqui. Ninguém, portanto, estima a mulher escolhida por Francisco, ela é desprezada, rejeitada, há séculos espera em vão ser amada por alguém — um dos antigos comentadores, Jacopo della Lana, sublinha expressamente que ela nunca dissera "não" a alguém —, mas Francisco, o sol nascente do monte Subasio, une-se publicamente a essa mulher, cujo nome ainda não foi dito, mas cuja representação deve evocar, em qualquer ouvinte, a imagem de uma prostituta velha, desprezível, medonha e, não obstante, sedenta de amor. A partir de então, ele passa a amá-la mais a cada dia. Há mais de mil anos ela foi tirada de seu primeiro esposo (Cristo, que no entanto ainda não foi nomeado); nesse meio-tempo, ela viveu menosprezada e abandonada, até que Francisco apareceu. De nada lhe valeu ter proporcionado uma segurança tranquila, durante uma visita de César, a seu antigo companheiro, o pescador Amiclates (segundo Lucano); ou, forte e corajosa, subir à cruz com Cristo, enquanto até mesmo Maria permaneceu aos pés da cruz. Agora decerto fica claro de quem se trata, e Tomás também a nomeia; mas mesmo assim o sublime-heroico da *Paupertas* não está desprovido de um ranço grotesco e amargo. Que uma mulher suba na cruz junto com Cristo já é uma ideia um pouco estranha;[7]

---

[7] Será talvez o sentimento para o singular, contrariando o bom gosto, que levou muitos copistas e editores a escreverem *"pianse"* [chorou] em vez de *"salse"* [subiu] ou a privilegiarem essa lição? Ela me parece errônea, pois tolhe a oposi-

mais ainda é o recurso à alegoria na conquista dos primeiros apóstolos. Independentemente de como se compreenda os versos 76-78, sintaticamente pouco claros, o sentido geral é totalmente claro: a serena comunidade no amor do casamento de *Francesco* e *Povertà* desperta nos outros o desejo de participar de tal felicidade. Primeiro Bernardo (di Quintavalle) tirou seus sapatos e começou "a perseguir aquela paz e, enquanto ele corria, parecia-lhe que estava muito devagar"; depois, também Egídio e Silvestre tiram os sapatos e seguem o *sposo*, o jovem cônjuge, de tanto que a *sposa* lhes agrada!

Associada à representação grotesca e horrenda da união sexual com uma mulher desprezada, que se chama pobreza ou morte, e que também concretiza esses conteúdos em sua figura, está uma imagem que, para as tendências de gosto posteriores, pareceria inapropriada ou mesmo insuportável: a imitação devota e extática dos primeiros discípulos é representada como perseguição libidinosa da mulher de um outro. Tais imagens, na Idade Média cristã, no início do século XIV, certamente eram tão impressionantes quanto o seriam posteriormente, mas o tipo de impressão era outro. O caráter corpóreo, intenso e plástico presente nessas representações de tipo erótico — correr atrás de uma mulher, unir-se sexualmente a ela — não foi sentido como inapropriado, mas como símbolo de devoção, tal como na interpretação dos *Cânticos*. Para a sensibilidade posterior, certamente é difícil tolerar o entrelaçamento de domínios tão diversos, a mescla do corpo o mais indigno com a dignidade espiritual a mais elevada, e mesmo hoje em dia, quando novamente

---

ção entre Maria e *Paupertas*. No *Testo Critico*, aparece "*pianse*"; na edição Oxford, "*salse*". No único manuscrito antigo à minha disposição, o conhecido manuscrito de Frankfurt, na bela reprodução da Deutschen Dante-Gesellschaft, também aparece "*pianse*".

São Francisco de Assis na *Comédia* de Dante

tendemos a admirar formas extremas da mistura de estilos na arte moderna, tais passagens, em um poeta antigo e venerado como Dante, raramente são esgotadas em seu conteúdo; o mais das vezes nem sequer são notadas e lidas com atenção. E, sem dúvida, seria ainda mais absurdo se quiséssemos interpretá-las no sentido de um extremismo anárquico, tal como se faz notar em nossa época, frequentemente de modo sincero e por razões muito sérias. Dante certamente é, muitas vezes, "expressionista" ao extremo, mas esse expressionismo deve-se a uma tradição multifacetada, e sabe muito bem o que quer e o que deve exprimir.

O modelo de um estilo no qual a extrema sublimidade associou-se à extrema degradação foi, na perspectiva deste mundo, a história de Cristo. Isto nos conduz de volta ao nosso texto. Francisco, o imitador de Cristo, vive agora com sua amada e seus companheiros, todos trajando o cinto da humildade — ele também é, tal como sua amada, desprezível em sua aparência exterior, e de origem modesta. Mas isso não o esmorece; antes, como um rei, ele revela ao papa sua "firme intenção", a saber, a fundação de uma ordem mendicante. Pois, como Cristo, ele é ao mesmo tempo o mais miserável e desprezado dos miseráveis e um rei — e se na primeira parte da *Vita* é mais acentuado o menosprezo, na segunda parte, que trata da ratificação papal, de sua missão itinerante, suas chagas e sua morte, destaca-se seu triunfo e sua apoteose. Regiamente, ele revela seu plano ao papa, obtendo sua aprovação; o grupo dos Frades Menores que o segue cresce (ele, cuja vida deveria ser mais bem entoada na glória celestial); o Espírito Santo coroa sua obra através do papa Honório e, depois de ter procurado em vão o martírio entre os pagãos, ele recebe em sua terra natal, em um rochedo inóspito entre o Tibre e o Arno, e do próprio Cristo, o último estigma que confirma sua imitação: as chagas. Quando Deus pretende recompensá-lo por sua humildade com a morte e a bem-aventurança eterna, ele recomenda sua amada ao amor fiel de seus irmãos, seus legítimos herdeiros e, do seio da Pobreza, sua alma magnífica se eleva para retornar ao seu reino; para o corpo ele não deseja nenhuma outra mortalha do que justamente o seio da Pobreza. Tudo termina com um intenso movimento rítmico-retórico, que conduz à acusação dos últimos dominicanos; Tomás incita seu ouvinte, Dante, a medir a grandeza de Domingos, o fundador da ordem à qual Tomás pertenceu, pela de Francisco: "*Pensa oramai qual fu colui* [...]".[8]

Sem dúvida, a *Paupertas* é uma alegoria. E, no entanto, todos os detalhes concretos da vida na pobreza — tal como os elenca o *Sacrum Commercium* — não teriam escandalizado tanto quanto o casamento com uma mulher velha, feia e desprezível, aqui destacado com poucas palavras, mas de maneira penetrante. A amargura, o ignóbil, a repugnância física e moral de uma tal união indicam a grandeza da decisão do santo em toda a sua intensidade sensível, e também a verdade dialética de que somente o amor é capaz de consumar essa decisão. No *Sacrum Commercium* é narrado um festim em que sucessivamente os irmãos têm apenas uma meia jarra de água para lavar as mãos, nada para enxugá-las, há somente água para molhar o pão e ervas do mato para acompanhá-lo, não há sal para temperar as ervas amargas e nenhuma faca para limpá-las ou para cortar o pão. Diante dessa enumeração e dessa descrição, não podemos disfarçar um certo fastio, ela soa pedante, mesquinha e afetada. É diferente quando se relata um ato dramático isolado de pobreza voluntária, tal como se encontram vários nas legendas dos santos; como, por exemplo, a cena em que ele vê pela janela os irmãos em Greccio comendo em uma mesa cuidadosamente ornada: ele toma emprestado o chapéu e o cajado de um pobre

---

[8] "Paraíso" XI, 118 ss. (N. do O.)

São Francisco de Assis na *Comédia* de Dante

homem e, mendigando em voz alta, vai até a porta como um pobre peregrino, pedindo permissão para entrar e se alimentar; quando os irmãos, atônitos, naturalmente o reconhecem e lhe dão o prato que pedira, ele senta-se com ele sobre as cinzas e diz: *"modo sedeo ut frater minor"* [agora estou sentado como um frade menor]. Esta é uma cena que expressa de maneira primorosa a pungência peculiar de sua presença, mas não o significado completo de sua vida. Para isso, seriam necessários muitos relatos semelhantes e cada um teria contribuído com uma pedra para compor o todo; foi o que fez a tradição biográfica e lendária, mas na *Comédia* não havia lugar para isso. E essa não era sua tarefa. Os relatos da lenda eram conhecidos de todos; mais que isso, Francisco de Assis como um todo já era há muito uma imagem fixada e bem-acabada na consciência de todos os contemporâneos. Diferentemente de muitas outras personagens, menos conhecidas ou mais controversas, que aparecem na *Comédia*, Dante tinha ali como objeto uma figura muito bem definida, e sua tarefa era representá-la de forma que, sem perder em concretude, ela se tornasse visível no contexto mais amplo de seu significado. Era preciso, pois, conservar o aspecto concreto da pessoa do santo, mas não como verdadeira intenção da representação, mas sim incluindo-a na ordenação em que aquela pessoa fora alocada pela Providência; o aspecto pessoal e concreto do santo precisava estar subordinado à sua missão e iluminado apenas a partir desta. Eis por que Dante não escreveu sobre um encontro com o santo, no qual este teria, por exemplo, se mostrado ou expressado de uma maneira que lhe seria própria, mas, antes, escreveu uma *Vita*, a vida de um santo. Dante não poderia retratar adequadamente o grande significado que atribui à atuação de ambos os fundadores das ordens medicantes pela boca dos próprios; quem os apresenta são os dois grandes doutrinários da igreja, Tomás e Boaventura, oriundos dessas ordens.

Em ambas as *Vite*, a pessoa está subordinada à tarefa, ou antes, à missão para a qual foi chamada. No caso de Domingos, sábio como um querubim, cuja missão era pregar e doutrinar e cuja pessoa, no que tange ao efeito popular, não podia ser comparada ao fervoroso e seráfico Francisco, a dimensão realmente biográfica recua ainda mais e, no seu lugar, surge uma profusão de imagens: o esposo da fé, o jardineiro de Cristo, o vinhateiro no vinhedo, o semeador da Escritura sagrada, torrente sobre os campos dos heréticos, roda no carro de combate da Igreja. Tudo isso são símbolos para sua missão. A *Vita Francisci* é muito mais próxima da vida, mas também é regida pela missão: no seu caso, há apenas uma única imagem, desenvolvida plenamente, a do casamento com a Pobreza que, ao mesmo tempo, dá à vida sua forma permanente e a coloca sob o signo da missão. Esta é, portanto, decisiva também na biografia de Francisco; a concretude da vida subordinou-se a ela e a alegoria da Pobreza serve justamente para isso: ela conjuga a missão do santo e a atmosfera peculiar de sua pessoa — essa última com extrema intensidade —, mas sempre sob o signo da missão. Tal como o próprio Francisco demonstrava, cuja concretude pessoal vigorosa e arrebatadora jamais vagava (*vaneggiava*) livremente, senão que desaguava por completo em sua missão. "Francisco", fala Deus ao santo em um auto da Paixão alemão, "toma o amargo por doce e desdenha de ti mesmo. Faz isso, se queres se declarar a mim."[9] "Toma o amar-

---

[9] Citado da coletânea organizada por Severin Rüttgers (*Der Heiligen Leben und Leiden*, Leipzig, Insel, 1922). A passagem baseia-se em uma frase do testamento do santo: "*Et recedente me ab ipisis [os leprosos], id quod videbatur mihi amarum, conversum fuit mihi in dulcedinem animi et corporis*" [E afastando-me deles (os leprosos), aquilo que me parecia amargo converteu-se para mim em doçura da alma e do corpo] (*Analekten zur Geschichte des Franciscus von Assisi*, ed. Heinrich Boehmer, Tübingen/Leipzig, J. C. B. Mohr, 1904, p. 36).

São Francisco de Assis na *Comédia* de Dante

go por doce"... e existe algo mais amargo do que a união com aquela mulher? Mas ele a toma, como mostra Dante, por algo doce. Todas as coisas amargas são condensadas nessa união, tudo o que aludiria ao amargor e à autodepreciação está contido aí, junto com o amor, que é mais forte do que tudo o que é amargo, mais doce do que tudo que é doce, e profissão de fé em Cristo.

Não há dúvida de que *Paupertas* é uma alegoria; no entanto, ela não é introduzida enquanto tal, muito menos descrita; nada sabemos de sua aparência ou de seus trajes, como é usual nas alegorias — sequer o seu nome ficamos sabendo de imediato. De início, apenas ouvimos que Francisco, contrariando a todos, ama uma mulher e se une a ela. Sua aparência só se delineia para nós de modo indireto, mas penetrante, pelo fato de todos fugirem dela como da morte; também sabemos que ela, abandonada e desprezada, há muito espera por um amante. Ela também não fala, como no *Sacrum Commercium*, ou como as alegorias Penúria, Culpa, Apreensão e Privação na segunda parte do *Fausto* de Goethe; ela é apenas a muda amada do santo, unida a ele de forma ainda mais estreita e verdadeira do que a Apreensão a Fausto. Assim, o aspecto didático, característico em uma alegoria, não vem à consciência como uma mensagem doutrinária mas, antes, como um acontecimento real. Como mulher de Francisco, a Pobreza se encontra na realidade concreta; mas, uma vez que Cristo fora seu primeiro esposo, a realidade concreta, da qual se trata, é ao mesmo tempo parte de um amplo nexo dogmático e histórico-universal. *Paupertas* liga Francisco a Cristo, ela fundamenta a definição do santo como *imitator Christi*. Entre os três motivos que, em nosso texto, referem-se à imitação — *"Sol oriens"*, casamento místico e estigmatização —, o segundo, o casamento místico, é por isso o mais importante; ele fundamenta os outros dois e a situação de Francisco. Como segundo esposo da pobreza, ele é o sucessor ou imitador de Cristo.

Erich Auerbach

A imitação ou sucessão de Cristo é um objetivo estabelecido para todos os cristãos em várias passagens do Novo Testamento. Nos primeiros séculos da Igreja militante, através do testemunho de sangue dos mártires, ocorreu que a imitação fora realizada não apenas no âmbito moral — em obediência aos mandamentos e imitação das virtudes — mas também no existencial, através do sofrimento do mesmo martírio ou de um semelhante. Tais formas existenciais de imitação de Cristo e de seu destino continuaram a ser almejadas mesmo depois dessa época; mesmo a morte heroica na luta contra os incréus foi considerada uma forma de imitação. Na mística do século XII, e sobretudo em Bernardo de Claraval e seus discípulos cistercienses, formou-se uma mentalidade extática que, por meio de uma imersão no sofrimento de Cristo — de modo essencialmente contemplativo, portanto —, procurou alcançar uma imitação existencial do Salvador, na qual a experiência interior da Paixão, "*unio mystica passionalis*", foi considerada como o grau máximo da imersão contemplativa. Francisco de Assis, nesse sentido, dá prosseguimento à mística cisterciense da Paixão, já que também em sua figura surge, do modo o mais intenso, a experiência da Paixão como "*ultimo sigilo*". Mas o caminho até ela é muito mais ativo e relacionado à vida do que nos cistercienses — a imitação não se baseia, em primeiro lugar, na contemplação, mas na pobreza e na humildade, na imitação da vida pobre e humilde de Cristo. Francisco deu à espiritualização mística da imitação um fundamento que se baseia diretamente na Escritura, diretamente acessível a todos e diretamente relacionado à vida: a imitação da pobreza e humildade reais de Cristo. Nessa renovação concreta da imitação existencial reside também o motivo pelo qual foi considerado pelos contemporâneos como digno da estigmatização; nenhum outro reviveceu a ideia da imitação existencial de modo tão profundo como ele.

São Francisco de Assis na *Comédia* de Dante

Agora fica claro que Dante não poderia representar de maneira mais simples e direta a essência da figura do santo, a não ser pelo casamento místico com a Pobreza, que fundamenta sua *imitatio Christi*. Ela coloca Francisco em um nexo histórico-universal, ao qual ele pertence segundo a visão de Dante — um nexo que, no seu tempo, ainda era bastante vivo. Para a época medieval, e adentrando bastante na Idade Moderna, um evento significativo ou de uma personagem significativa era "significativo" em sentido literal: significava a realização de um plano, realização de algo prenunciado, repetição que confirmava algo já acontecido e anúncio de algo ainda por vir. No ensaio sobre *figura*, procuro demonstrar como a chamada interpretação tipológica do Antigo Testamento, que concebe os eventos do mesmo como prenúncios reais da realização no Novo Testamento, em particular da aparição e do sacrifício de Cristo, criou um novo sistema de interpretação da história e, sobretudo, da realidade, que domina a Idade Média cristã e que influenciou Dante de modo decisivo. A interpretação figural cria um nexo entre dois acontecimentos, ambos intrinsecamente históricos, e no qual um deles não tem significado apenas para si, mas também para o outro; este, por sua vez, abrange e realiza o outro. Nos exemplos clássicos, a segunda parte, a realização, é sempre a aparição de Cristo e os eventos a ela relacionados, que conduzem à Salvação e ao renascimento do homem. O todo é uma interpretação global da história universal anterior a Cristo, direcionada à sua aparição. Assim, a imitação existencial — com a qual trabalhamos aqui a propósito do casamento místico de Francisco com Pobreza — é como que uma *figura* invertida: ela repete certos traços característicos da vida de Cristo, renovando-os e vivificando-os aos olhos de todos, e com isso renova ao mesmo tempo a missão de Cristo como um bom pastor, a quem o rebanho deve seguir. "*Io fiu degli agni della santa greggia che Domenico mea per cammino*", diz Tomás, e Francisco é chamado *"arquimandrita"*.[10] Figura e imitação formam juntas uma simbolização da concepção teleológica e fechada de história, em cujo centro está a aparição de Cristo. Esta, por sua vez, estabelece o limite entre a Antiga e a Nova Aliança; vale lembrar que o número de eleitos de ambas as alianças, tal como são representados na rosa branca no *Empireo* de Dante, será exatamente o mesmo após o último dos dias, e que do lado da Nova Aliança só restam alguns poucos lugares vagos — o fim do mundo está, portanto, bem próximo. Dentre os santos da Nova Aliança, Francisco ocupa um lugar especial na rosa branca, defronte aos grandes patriarcas da Antiga Aliança. Assim como estes foram precursores, ele, o esposo estigmatizado da pobreza, será o mais distinto dentre os últimos imitadores de Cristo, designado para conduzir o rebanho pelo caminho reto e para auxiliar a noiva de Cristo, para que ela, fiel e determinada, possa correr até seu amado.

O leitor medieval podia reconhecer espontaneamente todos esses nexos, pois vivia em meio a eles; as representações da repetição precursora e imitativa lhe eram tão familiares como, digamos, a noção de desenvolvimento histórico para o leitor de hoje. Até mesmo a aparição do Anticristo era vista como repetição exata, mas enganadora, da aparição de Cristo. Perdemos a compreensão espontânea dessa concepção de história, somos obrigados a reconstruí-la por meio da pesquisa. Mas ela inflamou a inspiração de Dante, e ainda conseguimos sentir seu lume; apesar de nossa aversão a alegorias, no canto XI do "Paraíso" somos arrebatados pela realidade do que é vivo; uma vividez que só aqui, nos versos do poeta, ainda vive.

---

[10] "Paraíso" X, 94-95 (citado anteriormente) e XI, 99. (N. do O.)

# Passagens da *Comédia* de Dante ilustradas por textos figurais

Em um artigo anterior[1] tentei analisar a estrutura da interpretação figural ou tipológica das Sagradas Escrituras e provar sua influência, nos primeiros séculos do Cristianismo e na Idade Média, sobre a concepção de todos os acontecimentos terrenos; e empenhei-me especialmente em demonstrar por meio de alguns exemplos importantes para a composição geral da *Comédia* (Catão, Virgílio, Beatriz) o quão profundamente Dante havia assimilado as ideias tipológicas. Aqui pretendo discutir algumas outras passagens específicas, cuja compreensão pode ser avançada à luz de textos figurais. A interpretação figural da Bíblia criou um mundo de inter-relações, um mundo no qual os teólogos medievais se moviam com muita naturalidade e que era familiar até mesmo para os leigos através dos sermões, das representações religiosas e da arte; a partir desse material um poeta como Bernardo de Claraval produziu suas mais belas criações. Durante o século XIV esse mundo começou a decair; o século XVIII o destruiu quase por completo, e para nós ele desapareceu; mesmo

---

[1] *"Figura"*, *Archivum Romanicum*, 22, 1938, p. 436, republicado com alguns acréscimos em meu *Neue Dantestudien* (Istambul, 1944, e Zurique/Nova York, Europaverlag, 1944). [Neste volume, p. 41. (N. do O.)]

## Erich Auerbach

eminentes teólogos modernos nem sempre são capazes de perceber e entender as alusões figurais.

Como estou escrevendo em Istambul (1945), onde poucas publicações sobre Dante estão disponíveis, nem sempre posso estar seguro se algumas de minhas observações já não foram feitas por outros.

## I. *Aquila volans ad escam*[2]

Comecemos com o sonho profético de "Purgatório" IX, 13-31:

> *Ne l'ora que comincia i triste lai*
> *la rondinella presso a la mattina,*
> *forse a memoria de' suoi primi guai,*
>
> *e che la mente mostra, peregrina*
> *più da la carne e men da' pensier presa*
> *a le sue vision quasi è divina,*
>
> *in sogno mi parea veder sospesa*
> *un'aguglia nel ciel con penne d'oro,*
> *con l'ali aperte e a calare intesa;*
>
> *ed esser mi parea là dove fuoro*
> *abbandonati i suoi da Ganimede,*
> *quando fu ratto al sommo consistoro,*

---

[2] Águia voando à comida.

Passagens da *Comédia* de Dante ilustradas por textos figurais

*Fra me pensava: "Forse questa fiede*
*pur qui per uso, e forse d'altro loco*
*disdegna di portarne suso in piede".*

*Poi mi parea che, rotata un poco,*
*terribil come folgor discendesse,*
*e me rapisse suso infino al foco.*

*Ivi parea che ella e io ardesse* [...][3]

O mergulho e a ascensão da águia lembram não só Ganimedes como também uma antiga tradição figural que ocorre pela primeira vez, até onde sei, em Gregório Magno. Origina-se da exposição, inspirada no *Physiologus*, do versículo *Jó* 9, 26 (*"sicut aquila volans ad escam"* [como águia voando à comida]) combinado com outras passagens bíblicas (*Jó* 29, 37; *Isaías* 40, 31; *Êxodo* 19, 4), e é baseada na interpretação do contraste entre o voo ascendente da águia rumo ao sol e seu mergulho na terra. *"Moris quippe est aquilae"*, diz Gregório em seu comentário a *Jó*, *"ut irreverberata acie radios solis aspiciat; sed cum refectionis indigentia urgetur, eandem oculorum aciem, quam radiis solis infixerat, ad respectum cadaveris inclinat; et quamvis ad alta evolet, pro su-*

---

[3] "Na hora antes d'alva, quando triste clama,/ no primeiro gorjeio, uma andorinha,/ quiçá em memória do antigo seu drama;// e em que mais nossa mente da daninha/ carne se alheia, e os cuidados dispensa,/ pra nos sonhos ficar quase adivinha,// veio-me em sonho aparecer, suspensa/ uma águia de áurea plumagem no céu,/ de asas retesas, a baixar propensa;// e no mesmo lugar achava-me eu/ donde, raptado de seus companheiros,/ Ganimedes à mor corte ascendeu.// Pensava: "Talvez sejam costumeiros/ só aqui seus voos, e em outro lugar/ desdenhe usar seus gadanhos certeiros".// Depois de um pouco no alto rodear,/ terrível qual corisco ela desceu,/ para até ao fogo então me arrebatar.// Aí no fogo ardemos ela e eu, [...]". Trad. Italo Eugenio Mauro.

*mendis carnibus terram petit"* [É de hábito da águia, de fato, que com inflexível agudeza olhe os raios do sol; mas, quando a necessidade de se alimentar urge, a mesma agudeza dos olhos que fitou o sol, ela inclina à visão do cadáver; e ainda que na altitude voe, para apanhar a carne busca a terra].[4] A interpretação mais comum e importante desse contraste conecta-o com a natureza divina de Cristo, sua encarnação e ascensão: *"incarnatus dominus ima celeriter transvolans et mox summa repetens"* [O Senhor encarnado voando além dos lugares mais baixos e rapidamente os lugares mais altos retomando].[5] Existem variantes: às vezes a águia é concebida não como Cristo, mas como a alma fiel que contempla a encarnação e a ascensão de Cristo. De qualquer maneira, a reascensão é uma separação da carne (*"peregrina piú da la carne"*), e portanto, para a alma arrebatada, é o êxtase contemplativo que leva à união com Cristo no fervor da *"unio mystica"* — *"Ivi parea che io e ella ardesse"*.[6] O fato de termos de li-

---

[4] *Patrologia latina*, LXXV, col. 884.

[5] Gregório sobre *Jó* 39, 27; *Patrologia latina*, LXXVI, col. 625.

[6] Para a tradição posso citar: Gregório sobre *Isaías* 40, 31 *"(Qui autem sperant in Domino, mutabunt fortitudinem, assument pennas sicut aquilae): Mutant fortitudinem, quia fortes student esse in spiritali opera qui dudum fuerant fortes in carne; assumunt autem pennas ut aquilae quia contemplando Volant"* [(Os que esperam no Senhor mudam a força, ganham penas como de águia): Mudam a força porque se esforçam por ser fortes nas obras espirituais os que antes foram fortes na carne; ganham penas como de águia porque, contemplando, voam] (*Patrologia latina*, LXXVI, col. 131). Ruperto de Deutz, começo do século XII, sobre *Jó* 9, 26: *"ad escam, id est, et erecta mente creatoris lucem contemplantes more aquilae solis radios aspectantes, more eiusdem aquilae de supremis ad ima avide volantis ad escam"* [à comida, isto é, também com a mente ereta contemplando a luz do Criador à maneira das águias que contemplam os raios do sol, do mesmo que as águias das alturas aos baixios avidamente voam à comida] (*Patrologia latina*, CLXVIII, col.

## Passagens da *Comédia* de Dante ilustradas por textos figurais

dar com o êxtase contemplativo também poderia ter sido provado pela interpretação figural do sono,[7] e a palavra *ratto* evoca, para um ouvido tipologicamente treinado, o arrebatamento de São Paulo (*2 Coríntios* 12, 4), que é um dos motivos-guia da *Comédia*.

Desse modo, a águia de Dante se tornaria aqui *figura Christi* [figura de Cristo],[8] sem que isso implique que outras interpretações sejam necessariamente falsas. O princípio da "polissemia", que Dante reivindica para seu poema na *Carta* a Cangrande,[9] já fora estabelecido para a exposição figural da Bíblia por

---

1009). Diaeta Salutis, século XIII, sobre *Êxodo* 19, 4 *"(quomodo portaverim vos super alas aquilarum): in pennis contemplationis angelicae vos elevavi ad speculandum meum et omnia mysteria gratiae"* [como vos levei acima das asas das águias: nas penas das contemplações angélicas vos elevei à minha especulação e a todos os mistérios da graça] (edição de Turim de São Boaventura, publicada por Adolphe C. Peltier, 8, 343).

[7] Cf. Pedro Comestor, sobre *Gênesis* 2, 21-24, *Patrologia latina*, CXCVIII, cols. 1067-71; Ricardo de São Vítor, *Mysticae Adnotationes In Psalmos XXX*, in *Patrologia latina*, CXCVI, col. 273; Bernardo de Claraval, in *Septuagesima Sermones II*, in *Patrologia latina*, CLXXXIII, col. 166; ou os diferentes comentários sobre *Cântico dos cânticos* 2, 7 e 5, 2, por exemplo B. de Claraval, *Patrologia latina*, CLXXXIII, cols. 1631-62.

[8] Para a águia como *figura Christi*, comparar a explicação fornecida por Helen F. Dunbar em seu interessantíssimo livro *Symbolism in Medieval Thought and its Consummation in the Divine Comedy* (New Haven, Yale University Press, 1929), p. 216.

[9] O que ele reivindica para essa passagem não é exatamente o princípio da interpretação tipológica múltipla, mas a "polissemia" do método quádruplo em geral; de qualquer maneira, ele reivindica uma interpretação "polissêmica" de sua obra. Muitos Doutores da Igreja reivindicam o direito a múltiplos significados apenas para as Sagradas Escrituras, em contraste explícito com toda a literatura

Agostinho,[10] e os comentadores posteriores quase sempre dão para as passagens difíceis diversas interpretações tipológicas, por vezes alternativas, mais amiúde cumulativas,[11] sob a condição de que não contradigam a fé (*"sententia* [...], *quae fidei rectae non refragatur"* [sentenças que a reta razão não rechaça]).[12] Nem é de todo certo que tudo o que se aplica à águia aplica-se também a Lucia; tendo a pensar que o sonho profético tem uma implicação mais ampla do que a intervenção de Lucia. De qualquer forma, o sentido político-imperial, que está certamente presente pelo menos no sonho,[13] não é afetado por nossa exposição; nem tratamos do problema de por que a águia de Júpiter captura sua presa apenas do monte Ida. Mas agora acrescentaremos algumas sugestões a esse assunto. O monte Ida, onde Ganimedes foi roubado, é a montanha divina de Troia, a origem *"dell'alma Roma e di suo impero"* [da alma Roma e de seu império] ("Inferno" II, 20); representa aqui o vale dos príncipes nas encostas da montanha do Purgatório, um lugar de *"dileto"* [prazer] e *"bel soggiorno"* [pousada boa] ("Purgatório" VII, 45, 48, 63 e 73 ss.), coberto de flores como o Paraíso terrestre ou os Elísios; mas é também *"vallis lacrimarum"* [vale de lágrimas], ainda sujeito a

---

feita pelos homens; isso deveria ser considerado ao explicar a missão especial que Dante atribui a si mesmo.

[10] *De Doctrina Christiana*, 3, 25 ss.

[11] A mesma pessoa, objeto ou evento pode mesmo representar coisas contrastantes, como, por exemplo, *serpens, leo, somnus, lignum* [serpente, leão, sono, madeira].

[12] Agostinho, *De Doctrina Christiana*, 3, 27.

[13] *"Sublimis aquila fulguris instar descendens"* [Águia sublime como um relâmpago descendo], escreve Dante sobre Henrique VII, in *Epistulae* 5, 4.

Passagens da *Comédia* de Dante ilustradas por textos figurais

"*timores nocturni*" [temores noturnos],[14] onde entre os príncipes habita Rodolfo de Habsburgo, "*che più siede alto e fa sembiante d'aver negletto ciò che far dovea*" [que mais alto senta e tarde evoca ter descuidado o que devia ter feito] ("Purgatório" VII, 91-92); ambos, o monte Ida e o vale dos príncipes,[15] obviamente representam a era saturnina, pacífica, imperial, dourada, mas perdida. E é somente daquele lugar que a águia pega sua presa para levar à *unio mystica*! A isso corresponde o sono místico de Dante no Paraíso terreno, que precede imediatamente a visão da "*nova Beatrice*" ("Purgatório" XXXII, 64 ss.), conectado explicitamente com a visão em *Lucas* 9, 28-36;[16] a isso corresponde, acima de tudo, a escada de Jacó, que também significa contemplação que conduz à mais elevada visão,[17] e que ascende do céu de Saturno, imediatamente depois da seguinte descrição: "[...] *cristallo che 'l vocabol porta,/ cerchiando il mondo, del suo caro duce/ sotto cui giacque ogni malizia morta*" [(...) cristal que o nome porta,/ rodeando o mundo, do seu caro guia/ sob o qual toda má intenção foi morta] ("Paraíso" XXI, 25-27).[18]

---

[14] "*Vallis lacrimarum*" resulta do texto de *Salve Regina*, "Purgatório" VII, 82 ("[...] *ad te suspiramos* [...] *in hac lacrimarum valle*" [A ti suspiramos neste vale de lágrimas]: os "*timores nocturni*" (*Salmos* 91, 5; *Cântico dos cânticos* 3, 8) são referidos no *Hymnus Ad Completorium Te Lucis Ante Terminum* [Hino de Completas: A ti, antes do fim da luz], "Purgatório" VIII, 13.

[15] Do mesmo modo que o outro Ida saturnino em Creta, "Inferno" XIV, 97; pois a identidade de nome tem significado real na interpretação figural.

[16] Relativamente a essa conexão, Ambrósio, *Patrologia latina*, XV, col. 1704, ou Venerável Beda, *Patrologia latina*, XCII, col. 455.

[17] Os degraus da contemplação são designados pelos nomes dos filhos de Jacó no misticismo medieval, especialmente por Ricardo de São Vítor.

[18] Trad. Italo Eugenio Mauro. (N. do O.)

Erich Auerbach

## II. *Humilis psalmista*[19]

A dança de Davi diante da Arca da Aliança e a cena seguinte com a filha de Saul, Micol (*2 Samuel* 6, 1-23 e *1 Paralipômenos* [*1 Crônicas*] 13-16), que Dante usa como segundo exemplo de humildade ("Purgatório" X, 55-69), teve considerável influência sobre a ideia medieval de Davi; a interpretação desse episódio levou, ou ao menos contribuiu imensamente para o fato de Davi ser louvado sobretudo por sua *humilitas*. A auto-humilhação do grande rei e herói proporcionou uma oportunidade favorável para desenvolver a antítese cristã básica *humilitas-sublimitas* [humildade-sublimidade], fundamental para a redenção através da encarnação de Cristo; nesse sentido Davi tornou-se facilmente *figura Christi* (assim como a Arca era *figura Ecclesiae* [figura da Igreja]). Gregório Magno escreve a esse respeito: "*Coram Deo egit vilia et extrema, ut illa ex humilitate solidaret quae coram hominibus gesserat fortia. Quid de eius factis ab aliis sentiatur ignoro; ego David plus saltantem stupeo quam pugnantem* [...]".[20] Ele compara sua dança com a de um bufão (*scurra*); e explica o verso de *2 Samuel* 6, 22 ("*et vilior fiam plus quam factus sum, et humilis ero in oculis meis*" [me farei mais vil do que me tenho feito; e serei humilde em meus olhos] em relação à auto-humilhação voluntária de Cristo.[21]

---

[19] Salmista humilde.

[20] "Diante de Deus realizou também extremas baixezas, para que por essa sua humildade consolidasse as coisas poderosas que fizera diante dos homens. O que desses fatos pensaram os outros, ignoro; eu mais me espanto com David dançando do que lutando [...]." *Magna Moralia*, in *Patrologia latina*, LXXV, col. 444.

[21] A tradição prossegue em Valafrido Estrabão, *Rábano Mauro* (*Patrologia latina*, CIX, col. 83) e outros.

Passagens da *Comédia* de Dante ilustradas por textos figurais

A menção de Davi no olho da águia ("Paraíso" XX, 37-41) contém igualmente o tema da *humilitas*: pois a migração da Arca de lugar para lugar era considerada como a humildade da Igreja durante a época das perseguições. Encontrei o motivo "*di villa in villa*" em Honório de Autun: "*Ecclesia siquidem olim a contribulis suis tanto odio est habita, ut nullus ei locus manendi tutus esset, sed semper de civitate in civitatem fugiens migraret, unde multi scandalizati sunt, qui Christianos miserabiliores omnibus hominibus reputaverunt*" [A Igreja no passado verdadeiramente foi tida em tanto ódio por seus compatriotas que em nenhum lugar estava segura, mas sempre de cidade em cidade migrava fugindo, de onde muitos se escandalizaram, os que reputaram ser os cristãos mais miseráveis que todos os homens].[22]

## III. *Veni sponsa de Libano*[23]

Pouco antes do aparecimento de Beatriz no Paraíso terrestre ("Purgatório" XXX) a procissão da Igreja se detém e os 24 Senhores que simbolizam os livros do Antigo Testamento voltam-se para o carro "como para sua paz".[24]

*e un di loro, quasi dal ciel messo*
*"Veni sponsa de Libano" cantando*
*gridò tre volte, e tutti li altri appresso.*

---

[22] *Patrologia latina*, CLXXIII, col. 369.

[23] Vem, noiva, do Líbano.

[24] Isso significa que a Igreja preenche o que o Antigo Testamento prefigura.

*Quali i beati al novissimo bando*
*surgeran presti ognun di sua caverna,*
*la revestita voce alleluiando,*

*cotali in su la divina basterna*
*si levar cento, ad vocem tanti senis,*
*ministri e messaggier di vita etterna.*

*Tutti dicean: "Benedictus qui venis!",*
*e fior gittando di sopra e dintorno,*
*"Manibus o dat lilia plenis!"*

*Io vidi già nel cominciar del giorno*
*la parte oriental tuta rosata,*
*e l'altro ciel di bel sereno addorno;*

*e la faccia del sol nascere ombrata,*
*sí che per temperanza di vapori*
*l'occhio la sostenea lunga fiata:*

*cosí dentro una nuvola di fiori*
*che da le mani angeliche saliva*
*e ricadeva in giú dentro e di fori,*

*sovra candido vel cinta d'uliva*
*donna m'apparve [...]*[25]

---

[25] "Um, que do céu arauto parecia,/ *Veni, sponsa de Libano* — cantando,
[Vem, esposa, do Líbano]/ Três vezes disse, e a turba repetia.// Como, ao soar o
derradeiro bando,/ Hão de os eleitos ressurgir ligeiros,/ Com renovada voz ale-
luiando,// Assim, da vida terna mensageiros,/ Cem anjos, *ad vocem tanti senis,* [à

Quase sem exceção — e, é claro, com toda a razão — os comentadores reconheceram Salomão no *senior* que clama, isto é, o símbolo dos *Cânticos*; ele clama três vezes, assim como no texto (*Cântico dos cânticos* 4, 8) é repetido três vezes: *"Veni de Libano sponsa mea, veni de Libano, veni, coronaberis* [...]" [Vem do Líbano, esposa minha, vem do Líbano, vem: serás coroada (...)]. O brado em si mesmo foi compreendido, a meu ver, por todos os intérpretes modernos como um convite para Beatriz aparecer; o argumento é o seguinte: visto que Dante interpreta a amada dos *Cânticos* em seu *Convívio* II, 14, na tão citada passagem a respeito da hierarquia das ciências, como a *"scienza divina"*,[26] e visto que Beatriz é, definitivamente, *"scienza divina"* — o convite é dirigido a ela.

Os comentadores antigos eram mais cuidadosos, Benvenuto de Ímola escreve:

> [...] *et primo quidem introducit unum senem cantantem laudes ipsius ecclesiae. Et ad intelligentiam litterae debes*

---

voz de ancião tão venerado]/ Elevaram-se ao carro sobranceiros.// Todos diziam: — *Benedictus qui venis!* [Abençoada, ó tu que chegas]/ Modulavam, lançando em torno flores:/ *Manibus, o date lilia plenis!* [Atirai lírios, a mancheias]// Já vi do dia aos lúcidos albores/ Em parte o céu de rosicler tingido,/ Estando em parte azul e sem vapores,// E o sol, nascendo em nuvens envolvido,/ Permitir que se encare em seu semblante,/ Entre véus nebuloso escondido:// Tal, em nuvem de flores odorante,/ Que de angélicas mãos sobe fagueira/ E cai no carro e em torno a cada instante,// De véu neves cingida e de oliveira,/ uma dama esguardei (...)." Trad. José Pedro Xavier Pinheiro.

[26] Para o verso do *Cântico dos cânticos* 6, 7-8: *"sexaginta sunt reginae, et octoginta concubinae, et adulescentularum non est numerous: una est columba mea, perfect mea* [...]" [São sessenta as rainhas, e oitenta as concubinas, e um número sem-número de moças: uma só é minha pomba, a minha perfeita (...)].

*scire, quod hic erat Salomon qui inter alios fecit librum qui intitulatur Canticum Canticorum, in quo sub typo describit statum ecclesiae introducens sponsum et sponsam, id est Christum et ecclesiam, ad loquendum mutuo. [...] Ista verba scripta in praedicto libro Canticorum sunt verba sponsi, id est Christi, qui dicit ad sponsam idest ecclesiam: Veni sponsa mea odorifera. Libanum enim est mons Arabiae, ubi nascitur thus quod etiam dicitur olibanum, sicut patet per Bernardum, qui pulcre scripsit super istum librum [...].*[27]

Essa passagem é um testemunho precioso por duas razões: Bernardo de Claraval, que é mencionado, exerceu uma influência profunda, duradoura e ampla, particularmente por meio de seu ciclo dos *Sermões* sobre os *Cânticos*; acima de tudo, mostra a reação espontânea de todo cristão medieval às palavras *sponsus* e *sponsa*, que para ele significavam Cristo e a Igreja, sendo que a Igreja significava por vezes a Cristandade ou toda alma fiel.[28] Esses significados tinham se tornado correntes e familiares a par-

---

[27] "[...] e primeiro apresenta um velho cantando os seus louvores à Igreja. E para o entendimento das palavras deve saber que este era Salomão que, entre outros, fez um livro intitulado *Cântico dos cânticos*, no qual, figuradamente, descreve o estatuto da Igreja apresentando um noivo e uma noiva, isto é, Cristo e a Igreja, falando um com o outro... Estas palavras escritas no livro dos *Cânticos* dito antes são as palavras do noivo, isto é, de Cristo, que diz à noiva, isto é, à Igreja: Vem minha noiva perfumada. Pois o Líbano é um monte da Arábia onde nasce o incenso, donde também ser chamado olíbano, como se evidencia por Bernardo que belamente escreveu um livro sobre isso [...]". *Comentum Super Dantis Aligherii Comoediam*, Florença, Barbèra, 1887, IV, p. 206.

[28] Bernardo de Claraval, *Dominica Prima Post Octavas Epiphanie, Sermo II,* in *Patrologia latina*, CLXXXIII, 158: "*Sponsa vero nos ipsi sumus, si non vobis videtur incredibile, et omnes simul una sponsa, et animae singulorum quasi singulae sponsae*" [Na verdade nós mesmos somos a noiva, se não vos parecer inacreditável,

Passagens da *Comédia* de Dante ilustradas por textos figurais

tir de milhares de sermões, a partir de representações litúrgicas e "semilitúrgicas". Em vista da grande liberdade de interpretação que já mencionei, decerto era ocasionalmente possível usar uma dessas palavras em outro sentido; mas, nesse caso, era indispensável declará-lo explicitamente, tal como feito por Dante na passagem acima citada do *Convívio*. Do contrário, as palavras *sponsus* e *sponsa* [noivo e noiva] seriam tão fixas como são agora as palavras "Presidente" e "Congresso" nos Estados Unidos. Do mesmo modo, teria parecido muito estranho e surpreendente ao leitor medieval ver os versos *"veni sponsa de Libano"* e *"benedictus qui venis"* aplicados à mesma pessoa. Ele sabia, ao contrário, pela sua familiaridade com os sermões e a liturgia, que o primeiro se refere à Igreja, ou à Cristandade, ou à alma fiel, e o outro ao Salvador. Portanto, se não impossível, é ao menos muito improvável que Dante entendesse as palavras *"veni sponsa de Libano"* como um convite a Beatriz.

A cena toda é indiscutivelmente composta como uma figura do aparecimento de Cristo.[29] Primeiro, vem a magnífica comparação com a ressurreição da carne no Juízo Final, quando Cristo aparece como juiz do mundo; em seguida, os cem[30] cantam *"ad vocem tanti senis"* [à voz de tantos anciãos], com o que os compeliu a se levantarem. As palavras da multidão à entrada de Cristo em Jerusalém — *"benedictus qui venit in nomine domini"* [bendito o que vem em nome do Senhor] (*Mateus* 21, 9 etc.) — eram conhecidas de todo teólogo medieval e da maioria

---

e todos ao mesmo tempo uma só noiva, e as almas de cada um como se uma só noiva].

[29] Cf. H. F. Dunbar, *op. cit.*, p. 319.

[30] *"et ponit finitum pro infinito"* [e põe o finito no lugar do infinito], diz Benvenuto sobre *"cento"*.

dos leigos; ao ouvir essas palavras, sentiam imediatamente que a entrada em Jerusalém figura o aparecimento ou o reaparecimento do Salvador, quando se inicia o dia eterno e a Jerusalém terrena se torna definitivamente a eterna, verdadeira Jerusalém. No tocante às flores, começo citando algumas frases dos sermões de Bernardo sobre o *Cântico dos cânticos*: ele diz, explicando 2, 12 (*"Flores apparuerunt in terra nostra, tempus putationis adventi"* [Apareceram flores em nossa terra, chegou o tempo da poda]):

> [...] *Quaeris quando hoc fuit? quando putas, nisi cum refloruit caro Christi in ressurectione? Et hic primus et maximus flos qui apparuit in terra nostra. Nam primitiae dormientium Christus* (*1 Coríntios* 15, 20)[31]

> *Ipse, inquam, flos campi et lilium convallium Jesus* (*Cântico dos cânticos* 2, 1)[32]

> *ut putabatur filius Joseph a Nazareth* (*Lucas* 3, 23), *quod interpretatur flos. Is ergo flos apparuit primus, non solus. Nam et multa corpora sanctorum, qui dormierant, pariter surrexerunt, qui veluti quidam lucidissimi flores simul apparuerunt in terra mostra* [...][33]

---

[31] "[...] perguntas quando foi isso? Quando, crês, senão quando refloresceu a Carne de Cristo na ressurreição? E esta é a primeira e maior flor que apareceu em nossa terra. Pois primícias dos que dormem é o Cristo." *Patrologia latina*, CLXXXIII, cols. 1059-60.

[32] "Ele mesmo, digo, flor do campo e lírio-do-vale é Jesus." *Idem, ibidem*.

[33] "[...] que se pensava ser filho de José de Nazaré (*Lucas* 3, 23) que significa flor. Essa flor, pois, apareceu primeiro, não só. Pois também muitos corpos de

Passagens da *Comédia* de Dante ilustradas por textos figurais

Portanto, *flos* [flor] é *caro Christi* [carne de Cristo], e *flores*,[34] no plural, são os corpos dos santos que se levantam: a figura do reaparecimento e da ressurreição é assim continuada pela dispersão das flores; e podemos até imaginar, lendo a citação de Bernardo *"ego sum flos campi et lilium convallium"* [eu sou flor do campo e lírio-do-vale], porque Dante empregou o belo verso de Virgílio (*Eneida*, VI, 883), tão apropriado para a rima. Presumivelmente, esse verso não tem muito a ver, da maneira como Dante aqui o utiliza, com a morte de Marcelo;[35] é uma alusão ao significado simbólico do lírio, que aparece em certas passagens das Escrituras. A especulação sobre o lírio é bastante rica e multiforme (*"spiritualis haec tam pulchra varietas"* [essa variedade espiritual tão bela], diz Bernardo em outra ocasião); só posso dar uma indicação aproximada e inadequada dizendo que o lírio figura por um lado Cristo, por outro as almas dos justos ou suas virtudes. Cristo é referido no *Cântico dos cânticos* 2, 1, *"ego flos campi et lilium convallium"* [sou a flor do campo e o lírio-do-vale], amiúde combinado com *Gênesis* 27, 27, *"ecce odor filii mei sicut odor agri pleni cui benedixit dominus"* [Eis o cheiro de meu filho, bem como o cheiro d'um campo cheio que

---

santos, que dormiam, igualmente ressuscitaram, pois que flores brilhantíssimas ao mesmo tempo apareceram na nossa terra [...].*" Idem, ibidem.*

[34] Para *"flores ressurectionis"*, ver também Bernardo de Claraval, *De Diligendo Deo III*, in *Patrologia latina*, CLXXXII, col. 979, e "Paraíso" XXII, 48. Cf. também Joseph Bédier, *La Chanson de Roland*, II, 305.

[35] Alguns comentadores sugeriram que Marcelo pode ser visto aqui como um tipo de Cristo. Não sou dessa opinião, porque nos versos de Virgílio não se encontra nenhuma alusão à ressurreição. Cf. *Petri Allegherii Super Dantis Ipsius Genitoris Comoediam Commentarium*, Vicenzo Nannucci (org.), Florença, G. Piatti, 1845, p. 511. Ele também cita o *Cântico dos cânticos* 2, 1, mas sua interpretação é pedante e sem conhecimento da tradição.

o Senhor abençoou]; para o justo, *Cântico dos cânticos* 2, 16-17, "*Dilectus meus mihi, et ego illi, qui pascitur inter lilia, donec aspiret dies et inclinentur umbrae*" [Meu amado é para mim e eu sou para ele, que se apascenta entre os lírios, até que sopre o dia e declinem as sombras] (essas palavras referem-se ao Último Dia), combinado com outras passagens, especialmente com a paráfrase litúrgica de *Oseias*, 14, 6: "*Iustus germinabit sicut lilium et florebit in aeternum ante Dominum*" [O justo germinará como lírio e florescerá na eternidade diante do Senhor].[36] Forneço na nota[37] alguns excertos de textos em que os temas figurais "chegada de Cristo", "ressurreição" e "Último Dia" são indicados — sem contudo limitar-me estritamente a esses temas. Para *lilia* como as almas dos Santos ou do justo pode-se também citar o

---

[36] *Aleluia* da *Missa de Doctoribus* [Missa para Doutores da Igreja].

[37] Textos sobre o lírio:

a) Referentes a Cristo: Bernardo de Claraval, *Sermones in Cantica Canticorum* LXX, 5; *Patrologia latina*, CLXXXIII, 1118: "*Bonum autem lilium veritas, candor conspicuum, odore praecipuum; denique candor est lucis aeternae, splendor et figura substantiae Dei*" [*Sabedoria* 7, 26 com *Hebreus* 1, 3]. "*Lilium plane, quod ad novam benedictionem terra nostra produxit, et paravit ante faciem omnium populorum, lumen ad revelationem gentium* [...] *Leva etiam oculos nunc in ipsam personam Domini, qui in Evangelio loquitur: Ego sum Veritas*" [*João* 14, 6]. "*Et vide quam competenter veritas lilio comparetur. Si non advertisti, adverte de medio floris huius quasi virgulas aureas prodeuntes, et cinctas candidissimo flore, pulchre ac decenter disposito in coronam: et agnosce auream in Christo divinitatem, humanae coronatam puritate naturae* [já encontro esse motivo em Isidoro de Sevilha], *id est Christum in diademate, quo coronavit eum emate, quo coronavit eum mater sua. Nam in quo coronavit eum Pater suus, lucem habitat inaccessibilem, nec posses in ea illum interim adhuc videre* [...]" [E vê quão apropriadamente a verdade é comparada ao lírio. Se não reparaste, repara as varinhas como de ouro pendentes dessa flor, e circundadas por uma flor branquíssima: e reconhece a divindade áurea de Cristo coroada pela pureza da natureza humana, isto é Cristo em diadema, com o qual o coroou sua

Passagens da *Comédia* de Dante ilustradas por textos figurais

próprio Dante: "[...] *quivi son li gigli/ al cui odor si prese il buon*

mãe. Pois aquele com que o coroou seu Pai habita a luz inacessível, e não o poderias ver por enquanto (...)];

Em conexão com *Gênesis* 27, 27 *ibidem Sermo* XLVII, 3, in *Patrologia latina*, CLXXXIII, col. 1009.

b) Referentes ao justo: Gregório Magno, *Expositio Super Canticum Canticorum*, sobre *Cântico dos cânticos* 2, 16, in *Patrologia latina*, LXXIV, col. 501: "*Quid per lilia nisi animae designantur? Quae dum castitatis odorem retinent, per bonae famae opinionem proximis quibusque suaviter olent. Inter lilia sponsus ergo pascitur, quia procul dubio animarum castitate delectatur* [...]" [O que se designa por lírios senão as almas? Que, enquanto retêm o odor da castidade, por opinião de boa fama aos próximos rescende suavemente. Entre lírios, portanto, apascenta o Noivo porque fora de dúvida na castidade das almas se deleita (...)]; Honório de Autun, *Patrologia latina*, CLXXII, cols. 382, 414 *passim*; Ricardo de São Vítor, *In Cantica Canticorum Explicatio*, in *Patrologia latina*, CXCVI, col. 474: "*Per lilia quae nitent et odorem habent* [esse motivo é recorrente] *munditiam bene viventium et odorem virtutum accepimus* [...]" [Pelos lírios que reluzem e têm perfume a pureza dos que vivem bem e o perfume das virtudes tomamos (...)]. Ele explica as palavras "*donec aspiret*" [até que respire] etc. como "beatitude eterna"("*donec* [...] *luceat dies aeternitatis et divinae cognitionis*" [até que brilhe o dia da eternidade e o conhecimento divino]), como Gregório, *loc. cit.*, já havia feito.

Entre os textos de Bernardo sobre o assunto, que são numerosos e extensos, fiz essa breve seleção: *Sermones in Canticum Canticorum* LXX, 2, in *Patrologia latina*, CLXXXIII, col. 1117: "*(Sponsa)* [...] *autem non ignorat unum esse, et qui pascitur et qui pascit; inter lilia commorantem, et regnantem super sidera. At libentius humilia dilecti memorat, propter humilitatem quidem* [...]*; magis autem quod exinde coepit esse dilectus, ex quo et pasci. Nec modo exinde, sed inde. Nam qui in altissimis est Dominus, in imis est dilectus; super sidera regnans, et inter lilia amans. Amabat et super sidera, quia nusquam et numquam potuit non amare, quia amor est; sed donec ad lilia descndit, et pasci inter lilia compertus est, nec amatus est, nec factus dilectus. Quid? non est amatus a patriarchis et prophetis? Est: sed non priusquam visus est ed ab ipsis inter lilia pasci. Neque enim non viderunt quem praeviderunt* [...]" [Pois a noiva não ignora ser um só tanto o que apascenta quanto o que se apascenta; que mora em meio aos lírios e reina acima dos astros. Lembra com mais *cammino*" [(...) os lírios, que ensinam/ o bom caminho pelo odor mimoso].[38]

Com a figura da flor ou do lírio Dante combinou outra, bastante conhecida na tradição: a da nuvem temperando o esplendor da luz solar, de modo que o olho humano possa suportá-lo.[39] Bernardo escreve sobre essa nuvem em seu primeiro sermão *De advento Domini*, § 8:

boa vontade, porém, as coisas humildes do amado, pela humildade mesma (...); mais até porque começou a ser amado desde quando também se apascenta. Não só porque, mas desde que. Pois o que nas alturas é Senhor, nos baixios é amado; que reina acima dos astros, e entre os lírios ama. Amava também acima dos astros, porque em nenhum lugar e nunca poderia não amar, porque é o amor; mas enquanto não desce aos lírios, e a se apascentar entre os lírios foi visto não foi amado nem se fez querido. O quê? Não foi amado pelos patriarcas e pelos profetas? Sim, mas não antes de ser visto a se apascentar entre os lírios. Pois viram aquele que previram].

*Ibidem* 4, p. 1118, referente à virtude do justo: "*Lilia sunt, lilia, inquam, orta de terra, nitentia super terram, eminentia in floribus terrae, fragrantia super odorem aromatum. Ergo inter haec lilia sponsus, et omnino ex his speciosus et pulcher* [...]" [São lírios, lírios, digo, saídos da terra, eminência entre as flores da terra, fragrância acima dos odores dos perfumes. Por isso entre esses lírios está o noivo, e inteiramente a partir deles é formoso e belo].

Por fim, Bernardo também, como Gregório e Ricardo de São Vítor, relacionou a frase "*donec aspiret*" etc. ao Último Dia. Cf. *Sermo* LXXII, especialmente § 4 ("*Novissima hora est; nox praecessit, dies autem appropinquavit. Aspirabit dies, et expirabit nox*" [É a última hora; a noite avança, já o dia se aproxima. O dia aspirará e a noite expirará]) e § 11 ("*Et si vultis scire, dies aspirans ipse est Salvator quem expectamus* [...]" [E se quereis saber, esse dia que aspira é o Salvador que esperamos]), *Patrologia latina*, CXCIII, cols. 1131 e 11.

[38] "Paraíso" XXIII, 74-75, trad. José Pedro Xavier Pinheiro.

[39] Logo, essa nuvem não tem nada a ver com a outra, muito mais conhecida, de *Mateus* 24, 30 ou 26, 64 ou as passagens correspondentes.

## Passagens da *Comédia* de Dante ilustradas por textos figurais

*Attamen velim nosse, quid sibi voluerit, quod ad nos venit ille, aut quare non magis ivimus nos ad illum. Nostra enim erat necessitas: sed nec est consuetudo divitum ut ad pauperis veniant, nec si praestare voluerint. Ita est, fratres, nos magis ad illum venire dignum fuit; sed duplex erat impedimentum. Nam et caligabant oculi nostri: ille vero lucem habitat inacessibilem (1 Timóteo 6, 16); et jacentes paralytici in grabato divinam illam non poteramus attingere celsitudinem. Propterea benignissimus Salvator et medicus animarum descendit ab altitudine sua, et claritatem suam infirmis oculis temperavit. Induit se laterna quadam, illo utique glorioso et ab omni labe purissimo corpore quod suscepit. Haec est enim illa levissima plane et praefulgida nubes, supra quam ascensurum eum propheta praedixerat, ut descenderet in Aegyptum (Isaías 19, 1).*[40]

Esse motivo significa aqui que Cristo-Beatriz ainda não aparece em sua forma verdadeira e revelada; essa forma se desenvolve, como se sabe, gradualmente durante a ascensão ao céu mais elevado ("Paraíso" XXX, 16-33).

---

[40] "Ainda quero saber: por que quis para si que a nós viesse ele, ou porque não antes vamos nós a ele? Pois era nossa a necessidade: mas não é hábito dos ricos ir aos pobres, nem se quiserem ajudar. Assim é, irmãos, que mais digno seria nós irmos a ele; mas havia um duplo impedimento. Pois tanto nossos olhos estavam escuros: e ele na verdade habita uma luz inacessível; e os que jazíamos no catre não podíamos atingir aquela divina altura. Por causa disso o mais benigno Salvador e médico das almas desceu de sua altura, e atenuou sua claridade aos olhos enfermos. Vestiu-se como de um quebra-luz, com aquele corpo glorioso e puríssimo de toda mancha que assumiu. Esta é, pois, claramente aquela levíssima e brilhante nuvem sobre a qual o profeta predisse que ele subiria, como descera sobre o Egito." *Patrologia latina*, CLXXXIII, col. 39.

Qualquer que seja, então, o valor simbólico geral de Beatriz, aqui seu aparecimento é uma figura do aparecimento de Cristo em meio aos anjos e os ressurrectos;[41] e o brado *"veni sponsa"* é um apelo para subir (*"si levar; saliva"*), dirigido aos anjos e às almas dos justos. Pode ser entendido, de forma escatológica, como as palavras de Cristo (Salomão, *"quasi dal ciel messo"*, como um tipo do Salvador)[42] no Juízo Final (*"novissimo bando"*); ou, em sentido mais místico, como um apelo à devoção e à contemplação interiores de Cristo. De fato, o verso *"veni sponsa"*, seguido de *"coronaberis"*, sempre foi interpretado como um apelo à Igreja ou à Cristandade. Para prová-lo citarei alguns textos, começando mais uma vez com Gregório:

> [...] *Potest* [...] *intelligi quod ter dicitur veni. Venit enim sponsa sancta ad Christum, dum in hoc mundo vivens, bona quae postest operatur. Venit quando in hora mortis anima, ipsa videlicet, sponsa, a carne exuitur. Venit tertio, quando in die iudicii ultimi carnem resumit, et cum Christo thalamum coelestem ingreditur. Ibi quippe omnium laborum suorum praemia consequitur; ibi iam omnino prostratis et exclusis hostibus, gloriose coronatur* [...] (seguem especulações sobre os nomes Amana, Sanir etc.)[43]

---

[41] O campo de significação de Beatriz permite muito bem que ela seja tornada *"figura Christi"*. Como *"scienza divina"* ela se conecta estreitamente com o *"Verbum"*, a segunda pessoa da Trindade, e como *"Rahel-contemplatio"* reflete sua dupla natureza. Cf. as últimas páginas de meu artigo, acima citado, *"Figura"*. [Nesta edição, p. 41. (N. do O.)]

[42] Note o leitor que "figura" e "tipo", "interpretação figural" e "interpretação tipológica" são equivalentes. (N. do O.)

[43] "Pode ser entendido por que se diz 'vem' três vezes. Pois vem a noiva san-

Muito mais mística é a concepção de Ricardo de São Vítor:

*Libanus mons est, in quo crescunt myrrha et thus. Dicitur autem Libanus candidatio et dealbatio. Vocat ergo Christus sponsam de Libano, cum per mortificationem peccatorum et carnalitatis et devotionem orationis mundatam et candidatam invitat ad supernam remunerationem. Quod autem non solum duplicata voce, sed etiam triplicata hortatur ut veniat, imensitatem desiderii et amores quem habet ad eam insinuat, et ut trina repetitio immensitatis et firmitatis sit attestatio; funiculus enim triplex difficile rumpitur. Item multiplicata repetitio vocationis et gratulationem indicat, qua liberationi eius de praesenti miseria congaudet. Innuit quoque quanto desiderio hanc celerius fieri optet. Iterum enim atque iterum repetita vocatio celerantis pariter et gaudentis affectum exprimit. Ideo etiam eam toties vocat, ut iterata vocatione magnitudinem felicitatis ad quam vocatur insinuet; ut etiam trina vocatio Trinitatis indicat fruitionem, quam perceptura est post laborem, quae fruitio est aeterna beatidudo. Et cum eam vocat, etiam ei de quibus remuneranda sit praenuntiat: coronaberis [...]*[44]

---

ta ao Cristo, enquanto vivendo neste mundo os bens que pode faz. Vem quando na hora da morte a alma, isto é, a própria noiva, deixa a carne. Vem pela terceira vez, quando no dia do Juízo Final a carne retoma e com Cristo entra no tálamo celeste. Ali, certamente, o prêmio de todos os seus trabalhos recebe; ali, já absolutamente prostrados e expulsos os inimigos, gloriosamente é coroada." *Super Cantica Canticorum Expositio*, in *Patrologia latina*, LXXIX, col. 511.

[44] "Líbano é um monte no qual crescem a mirra e o incenso. Chama-se também Líbano o embranquecimento e a purificação. Chama pois a noiva do Líbano, quando pela mortificação dos pecados e da carnalidade e pela devoção da

Bastante similar, por vezes fazendo uso das mesmas palavras ("*funiculus triplex*"), é o comentário do discípulo de Bernardo, Gilberto de Hoiland, que continuou os *Sermões* sobre o *Cântico dos cânticos*;[45] ele identifica os que vêm do Líbano com aqueles que estão vestidos de branco da Revelação (*ibidem*, CLXXXIV, 149).

Talvez nosso método de demonstração, com seu grande número e variedade de textos figurais, possa parecer laborioso demais para o leitor, que poderá se perguntar se Dante realmente pensou em todas essas inter-relações tão complexas. Mas é só para nós que o sistema figural parece laborioso, complexo e às vezes absurdo; para os cristãos dos séculos XII e XIII ele era o pão de cada dia, como mostra qualquer sermão daquele período. No entanto, já na época de Dante, e mais ainda logo depois, aparecem sinais de decadência, ao menos na Itália; o humanismo introduz elementos heterogêneos e a liberdade e a fineza do método figural perdem seus poderes criativos. Os antigos comentadores da *Comédia* fornecem muitas explicações figurais;

---

oração purificada e branqueada a convida para um pagamento superior. Pelo que não só pela palavra duplicada, mas até triplicada é exortada a vir, a imensidade dos desejos e amores que tem mostra a ela e para que seja um atestado da imensidade e da firmeza a tripla repetição; pois uma corda tripla dificilmente se rompe. A mesma repetição do chamado também indica o congraçamento, com a qual se alegra por sua liberação da miséria presente. Indica também com quanto desejo quer que isso se faça rapidamente. O chamado de novo e de novo repetido exprime uma afeição que se apressa e se alegra. Da mesma forma chama-a tantas vezes para que pelo chamado repetido a magnitude da felicidade a que é chamada se mostre. De modo que o triplo chamado indica a fruição que há de receber depois do trabalho, fruição que é a beatitude eterna. E quando a chama, até aquilo pelo que há de ser remunerada prenuncia: será coroada [...]" *In Cantica Canticorum Explicatio*, in *Patrologia latina*, CXCVI, col. 478.

[45] Também ele faleceu antes de concluir essa obra.

mas a maioria delas é comparativamente tosca ou pedante, sem o senso das nuanças e sem o amplo conhecimento da tradição que é próprio de Dante. Mais uma vez, devo insistir que dentro dos limites da tradição, dentro dos limites de certos costumes de combinação estabelecidos, havia muita liberdade de interpretação. Mas, a meu ver, esses limites devem ser transgredidos, se entendermos o brado *"veni sponsa"* como um convite a Beatriz.

## IV. Raab

Há mais de cinquenta anos Paget Toynbee descobriu que Raab, a prostituta em *Josué* 2 e 6, que ocupa um lugar proeminente no céu de Vênus ("Paraíso" IX, 112-126), deve ser considerada um tipo da Igreja. Ele publicou sua descoberta, baseada em passagens de Isidoro e Petrus Comestor, em *The Academy* (12/9/1894, p. 216); também destacou o fato de que Raab é uma das ancestrais de Cristo (*Mateus* 1, 5). Enrico Rostagno analisou o artigo de Toynbee em *Bullettino* (II, 1894), e neste momento só tenho acesso a essa resenha. Não pode haver a menor dúvida de que Toynbee estava certo e de que sua descoberta é indispensável para a compreensão dos versos de Dante, embora não pareça ter penetrado em todos os comentários importantes e edições comentadas. Zingarelli e Flanders Dunbar desenvolveram-na posteriormente,[46] e também está registrada na edição Casini-Barbi; mas a nona edição de Scartazzini-Vandelli (1932) ainda a ignora. Eis os versos em questão:

---

[46] Nicola Zingarelli, *La vita, i tempi e le opere di Dante*, Milão, F. Vallardi, 1931, 3ª ed., pp. 1205 ss. e H. F. Dunbar, *Symbolism in Medieval Thought and its Consummation in the Divine Comedy, op. cit.*, 54.

# Erich Auerbach

*Tu vuo' saper chi è in questa lumera*
*che qui appresso me cosí scintilla*
*come raggio di sole in acqua mera.*

*Or sappi che là entro si tranquila*
*Raab, ed a nostr'ordine congiunta,*
*di lei nel sommo grado si sigilla.*

*Da questo cielo, in cui l'ombra s'appunta*
*che 'l vostro mondo face, pria ch'altr'alma*
*del triunfo di Cristo fu assunta.*

*Ben si convenne lei lasciar per palma*
*in alcun cielo de l'alta vittoria*
*che s'acquistò con l'una e l'altra palma;*

*perch'ella favorò la prima gloria*
*di Iosuè in su la Terra Santa,*
*che poco tocca al papa la memoria.*[47]

O *Livro de Josué*, especialmente seus primeiros capítulos, foi interpretado desde os primórdios da Cristandade como uma figura do aparecimento de Cristo; todos os detalhes da travessia

---

[47] "Ora queres saber a luz quem era,/ que aí perto de mim tanto cintila,/ como o sol, que na linfa reverbera.// Sabe, pois, que ali vês leda e tranquila/ Raab: à nossa ordem reunida/ em grau superior clara e rutila.// Foi neste céu, que a sombra precedida/ da terra não alcança, em triunfando/ Jesus Cristo, a primeira recebida.// Devia dar-lhe um céu por palma, quando/ assinalar lhe aprouve a alta vitória,/ que na cruz teve, as palmas entregando;// Pois que por ela começara a glória,/ que acolheu Josué na Terra Santa,/ que se apagou do Papa na memória." Trad. José Pedro Xavier Pinheiro.

# Passagens da *Comédia* de Dante ilustradas por textos figurais

do Jordão e da conquista de Jericó entraram na composição dessa *figura*, uma das mais famosas e populares da Antiguidade cristã e da Idade Média. Possuímos, inclusive, um manuscrito iluminado, o *Rolo de Josué* do Vaticano, executado no século VI, provavelmente uma cópia do original mais antigo, que mostra inequivocamente Josué como um tipo de Cristo. Mas já para Tertuliano essa relação figural era bastante familiar: ele a explica no tratado *Adversus Marcionem* (3, 16), enfatizando a identidade dos nomes Josué e Jesus (cf. nossa nota 16 *supra*).[48] Isidoro dá uma plena descrição dos detalhes, e sua passagem referente a Raab,[49] citada por Toynbee e Rostagno, foi reproduzida ou parafraseada muitas vezes durante a Idade Média, não só por Petrus Comestor em sua *Historia Scholastica*, como também por outro autor familiar a Dante, Pedro Damião,[50] que tem um papel importante no céu de Saturno ("Paraíso" XXI). Todos esses comentadores antigos dizem, com ligeiras variações, que, como só a casa de Raab com seus habitantes escapou da destruição, do mesmo modo apenas a Igreja será salva; e que Raab foi libertada da "fornicação do mundo" pela janela da confissão, à qual ela atou o cordão escarlate, "*sanguinis Christi signum*" [sinal do sangue de Cristo]. Assim, ela tornou-se *figura Ecclesiae*, e o cordão escarlate (assim como os batentes espargidos com o sangue do Cordeiro, *Êxodo* 12) tornaram-se um símbolo do sacrifício redentor de Cristo. A concepção de Jericó como perdição eterna

---

[48] Não foi possível verificar essa referência. (N. do O.)

[49] *Quaestiones in Vetus Testamentum, Josué*, cap. II e VII, in *Patrologia latina*, LXXXIII, cols. 371-374.

[50] *Sermo* LVII, in *Patrologia latina*, CXLVI, col. 825; ou *Collectanea In Vetus Testamentum*, in *Patrologia latina*, CXLV, col. 1074.

foi sustentada pela parábola de *Lucas* 10, 30 (*"homo quidam descendebat ab Ierusalem in Iericho, et incidit in latrones* [...]" [Um homem descia de Jerusalém a Jericó, e caiu nas mãos dos ladrões (...)]), geralmente interpretada como figura da queda do homem. Do mesmo modo, a vitória obtida *"con l'una e l'altera palma"* parece aludir à vitória de Josué obtida com as mãos estendidas (*Êxodo* 17 com *Josué* 8; cf. *Eclesiastes* 46, 1-3), como uma figura da vitória de Cristo, cujas mãos estavam estendidas na cruz.

Muitas vezes se perguntou se a *"alta vittoria"* que Raab simboliza é a de Josué ou a de Cristo, e os comentadores decidiram por uma ou outra possibilidade. Mas ela representa ambas: a vitória de Josué, na medida em que Josué figura Cristo, a vitória de Cristo, na medida em que Cristo "preenche" Josué; *figuram implere* é o termo usado pelos Padres da Igreja. Sem dúvida, é o sentido figural que atribui importância ao sentido literal e somente pelo primeiro a proeminência de Raab pode ser explicada. Mas ambos os termos de uma relação figural são igualmente verdadeiros, igualmente reais e igualmente presentes: o sentido figural não destrói o literal, e o literal não priva o figural de sua qualidade de um evento histórico real. Tentei explicar isso em meu artigo *Figura*, acima citado.

Obviamente, também o último verso, *"che poco tocca al papa la memoria"*, deve ser compreendido de uma maneira figural e dupla. Não é apenas a Terra Santa em seu sentido concreto terrestre, Jerusalém terrena, que o papa esqueceu ao lutar contra os cristãos em vez de libertá-la; ele também, por causa do *"maledetto fiore"* [maldita flor], perdeu toda a memória de nossa cidade que está para vir, Jerusalém *aeterna*.

# V. Terra e Maria

No canto XIII, 79-87, do "Paraíso", Tomás de Aquino fala das duas pessoas que foram criadas imediatamente pela Trindade, e em quem portanto a natureza humana alcançou sua suprema perfeição:

*Però se 'l caldo amor la chiara vista*
*de la prima virtù dispone e segna*
*tutta la perfezion quivi s'acquista.*

*Cosí fu fatta già la terra degna*
*di tutta l'animal perfezione;*
*cosí fu fatta la Vergine pregna:*

*si ch'io commendo la tua oppinione,*
*che l'umana natura mai non fue*
*né fia qual fu in quelle due persone.*[51]

Essas duas pessoas eram Adáo e Cristo; isso é evidente, e foi quase universalmente reconhecido.[52] Aqui, trata-se de Cristo o homem, "*l'uom che nacque e visse senza pecca*" [o homem

---

[51] "E, pois, se ardente amor a clara vista/ da virtude primeira imprime e adapta,/ A perfeição aqui toda se aquista.// Assim a argila foi condigna e apta/ a toda perfeição da criatura,/ e concebeu a Virgem pura, intacta.// Segues, portanto, opinião segura:/ Como nos dois jamais tão alta há sido,/ nem jamais há de ser vossa natura." Trad. José Pedro Xavier Pinheiro.

[52] Ainda assim, encontro um equívoco a esse respeito no livro de Étienne Gilson, *Dante et la philosophie* (Paris, Vrin, 1939, p. 253) — o qual, por outro lado, é bastante útil; isso é tanto mais notável na medida em que Gilson é especialista na interpretação medieval da Bíblia; ver seu artigo "De quelques raisonne-

que nasceu e viveu sem ter pecado] ("Inferno" XXXIV, 115).
Vale a pena notar que Dante não somente seguiu a tradição geral em seu tratamento do tema Adão-Cristo, como também até tinha modelos para o desenvolvimento específico da figura Terra-Maria. Sobre esse assunto, há a seguinte afirmação no capítulo VII de *Allegoriae In Vetus Testamentum*:

> *Terra de qua primus homo natus est, significat Virginem, de qua secundus homo natus est: virgo terra, virgo Maria. Sicut de terra divina operatione factus est corpus humanum sic de Virgine divina operatione Verbum creditur incarnatum. Sine macula fuit corpus Adae sumptum de terra* ("di tutta l'animal perfezione"), *et immaculatum corpus Christi animatum de Maria. Adam factus est in sexta seaculi die, Christus natus est in sextae aetate, et passus est in sexta hora diei, sexta feria hebdomadae. Adam obdormivit ut de costa eius fieret Eva, Christus sopitus est ut de sanguine eius redimeretur Ecclesia. Adam sponsus et Eva de ipso facta sponsa, Christus sponsus et sponsa ab ipso redempta Ecclesia. Adam debuit praeesse et regere Evam, Christus praeest et regit Ecclesiam. Terra ergo Maria; sexta feria, sexta aetas, vel sexta dies, vel sexta hora. Adam Christus; dormitio Adae, passio Christi; conditio Evae, redemptio Ecclesiae. Ad similitudinem quoque Adae et Evae, Christi et Ecclesiae, est Deus sponsus cuiuslibet fidelis animae.*[53]

---

ments scripturaires usités au Moyen Age", in É. Gilson, *Les Idées et les lettres: essais d'art et de philosophie*, Paris, Vrin, 1932.

[53] "A terra da qual o primeiro homem nasceu simboliza a Virgem, da qual o segundo homem nasceu: terra virgem, Virgem Maria. Assim como da terra por uma obra divina foi feito o corpo humano, assim da Virgem, por obra divina

## Passagens da *Comédia* de Dante ilustradas por textos figurais

Todos esses motivos são tradicionais, embora eu não tenha encontrado a figura Terra-Maria ("solo virgem") em lugar algum, exceto em Dante e nesta passagem dúbia da obra de Hugo de São Vítor. Mas ela também deve pertencer à tradição, uma vez que as *Allegoriae* nada mais são que um compêndio tradicional de tipologia. Mais difundida é a figura Eva-*Ecclesia*, em conexão com as feridas laterais[54] e a relação entre o sono de Adão e a Paixão de Cristo; ela já era familiar a Tertuliano, que escreve (*De Anima*, 43): *"Si enim Adam de Christo figuram dabat, somnus Adae mors erat Christi dormituri in mortem, ut de iniuria lateris eius vera mater viventium figuraretur Ecclesia"* [Se, pois, Adão dava uma imagem de Cristo, o sono de Adão era a morte de Cristo que devia dormir na morte para que da ferida em seu lado a Igreja, verdadeira mão dos viventes, fosse figurada]. Quanto à figura Eva-Maria, foi, penso eu, apresentada da mais bela maneira por Bernardo de Claraval; a passagem seguinte vem do outrora famoso *Sermo de aquaeductu*, que depois precisaremos citar novamente: *"Ne dixeris ultra, o Adam: mulier quam*

---

crê-se que o Verbo encarnou. Sem mancha foi o corpo de Adão saído da terra e sem mancha é o corpo de Cristo animado dentro de Maria. Adão foi feito no sexto dia dos séculos, Cristo nasceu na sexta era, e padeceu na sexta hora do dia, no sexto dia da semana. Adão dormiu para que de sua costela fosse feita Eva, Cristo foi erguido para que com seu sangue fosse redimida a Igreja. Adão teve que estar à frente e reger Eva, Cristo está à frente e rege a Igreja. A terra, portanto, é Maria; a sexta-feira, a sexta era, ou o sexto dia ou a sexta hora. Adão é Cristo. O sono de Adão é a Paixão de Cristo; a condição de Eva, a redenção da Igreja. À semelhança de Adão e Eva e de Cristo e da Igreja, é Deus o noivo da alma de qualquer fiel." *Allegoriae In Vetus Testamentum*, apêndice a *Opera Hugonis de Sancto Victore*, in *Patrologia latina*, CLXXV, col. 639.

[54] A isto se conecta a legenda da lança de Longino e do Graal. Infelizmente, ainda não vi o livro póstumo de Konrad Burdach sobre o Graal. [*Der Gral*, Stuttgart, Kohlhammer, 1938. (N. do O.)]

*dedisti mihi dedit mihi de ligno vetito; dic potius: mulier quam dedisti mihi me cibavit fructu benedicto*" [Não digais mais, ó Adão: a mulher que me deste me deu da árvore proibida; diga antes: a mulher que me deste me alimentou com o fruto da bendição].[55]

## VI. *Pelles Salomonis*[56]

Para os versos de "Paraíso" XXVII, 136-138 — "*Cosí si fa la pelle bianca nera/ nel primo aspetto de la bella figlia/ di quel ch'apporta mane e lascia sera*" [Torna-se assim, a branca pele, preta,/ à chegada da filha luzidia/ do que acende a manhã, e a tarde aquieta][57] — a interpretação da filha do sol ("*di quel ch'apporta mane e lascia sera*") como Circe, fornecida primeiro por Filomusi-Guelfi, não me parece uma solução ideal, apesar da aprovação de Michele Barbi e do fato de algumas passagens anteriores[58] poderem ser referidas a seu favor. Tampouco estou inclinado a aceitar a explicação de "*filia solis*" [filha do sol] como humanidade, fazendo referência a "Paraíso" XXII, 116, onde o sol é chamado "*padre d'ogni mortal vita*" [pai de toda mortal vida]. Com efeito, creio que aí se entende a humanidade, ou ao menos a Cristandade, mas isso não pode ser estabelecido por es-

---

[55] *In Nativitate B. Mariae Virginis*, § 6, in *Patrologia latina*, CLXXXIII, col. 441.

[56] "Pavilhões de Salomão". Pavilhão, tenda, pele traduzem *pelles* e aparecem como referência ao mesmo objeto na discussão subsequente, como ficará claro. (N. do O.)

[57] Trad. Italo Eugenio Mauro.

[58] "Purgatório", IV, 40-42; XIX, 22-24; cf. Virgílio, *Eneida*, VII, 11 e Ovídio, *Metamorfoses*, XIV, 346.

Passagens da *Comédia* de Dante ilustradas por textos figurais

sa via, tanto mais não seja, porque *"mortal vita"* não é somente a humanidade.

Penso que aqueles que se referiram ao *Cântico dos cânticos* para uma explicação estão no caminho certo. Mas eles se baseiam, pelo que sei, apenas em *Cântico dos cânticos* 7, 1 em conexão com *Salmos* 44, 14, onde se menciona *"filia principis"* ou *"regis"*, expressões por vezes interpretadas, na Idade Média, como a Igreja. Mas é um embasamento um tanto fraco, pois *principis* ou *regis* não é *solis*; e qualquer especialista na tradição figurativa concordará comigo que a Igreja (ou a Cristandade, ou a alma fiel) é amiúde simbolizada como *sponsa Christi*, mas raramente como sua filha[59] — e não há dúvida de que o sol, na tradição tipológica, pode significar nada mais do que Cristo, *sol iustitiae* [sol da justiça] e *oriens ex alto* [erguendo-se do alto]. É muito provável que Dante, em busca de uma rima, tenha combinado a imagem incomum *filia principis* com *sponsa solis*; ou, ainda, que a dificuldade com a rima o tenha induzido a uma ordem de palavras um tanto violenta e ambígua: de modo que *"di quel ch'apporta mane e lascia sera"* estaria subordinado não a *"figlia"*, mas a *"primo aspetto"*; e assim o problema *filia solis* desapareceria, e a frase, na ordem normal das palavras, seria: *"Cosí si fa la pelle bianca dela bella figlia nera, nel primo aspetto di quel* [...]"* [Torna-se assim a pele branca da bela filha negra, em cuja chegada (...)]. Mas, embora eu pessoalmente esteja bastante inclinado a adotar essa solução, não tenho meios de prová-la.

---

[59] Filha, *"filia"*, aparece com muita frequência como filha de Sião ou filha de Jerusalém, mas raramente, no sentido de "Igreja", com um genitivo indicando o pai. Jerônimo escreve (*Epistulae* 54, 3, 3): *"anima quae Dei filia nuncupatur"* [a alma, que é designada filha de Deus]; e vê-se aqui e ali *"filia Pharaonis"* [filha do faraó] interpretada como *ecclesiae* [da Igreja], mas são passagens esparsas. Não encontro em lugar algum *filia solis* ou *Christi* [filha do sol ou de Cristo].

# Erich Auerbach

De qualquer maneira, os motivos *bella figlia, pelle bianca, nera, sole* contêm, para o leitor medieval, uma referência a outra passagem do *Cântico dos cânticos*, nomeadamente 1, 4-5: *"nigra sum sede formosa, filiae Jerusalem, sicut tabernaculum Cedar, sicut pelles Salomonis; nolite me considerare quod fusca sim, quia decoloravit me sol"* [Eu sou trigueira, mas formosa, ó filhas de Jerusalém, assim como as tendas de Cedar, como os pavilhões de Salomão. Não olheis para o eu ser morena, porque o sol me mudou a cor]. A alusão é tanto mais evidente (para o leitor medieval, não para nós) na medida em que antes, no canto XXVII inteiro, o tema da corrupção da Igreja (ou raiva e vergonha que ela suscita) foi constantemente vinculado à mudança ou perda de cor (vv. 13-15; 19-21; 28-36; ver também "Paraíso" XXII, 91-93). A interpretação do *Cântico dos cânticos* 1, 4-5 produziu especulação tão rica e variada que a explicação dos versos de Dante não é imediatamente facilitada por essa referência. Pelo menos uma coisa é evidente: a *filia* ou *sponsa* dos *Cânticos* é a Igreja ou a Cristandade, de modo que temos de lidar com a sua corrupção. Além disso, devo citar alguns comentários sobre os *Cânticos* que podem talvez colaborar para uma compreensão mais acurada da intenção de Dante.

Começo citando uma passagem característica dos *Sermões* de Bernardo de Claraval. Neste ponto ele refere *nigra* apenas a *"tabernaculum Cedar"* e *formosa* apenas a *"pelles Salomonis"*, e começa então a exposição dessa segunda comparação:

> *Quid est ergo quod dicit: formosa sum sicut pelles Salomonis? Magnum et mirabile quiddam, ut ego aestimo: sed tamen non hunc, sed illum attendamus de quo dicitur: Ecce plus quam Salomon hic (Mateus 12, 42). Nam usque adeo is meus Salomon est, ut non modo pacificus (quod quidem Salomon interpretatur), sed et pax ipsa vocatur, Paulo perhibente, quia*

Passagens da *Comédia* de Dante ilustradas por textos figurais

*ipse est pax nostra* [...] (*Efésios* 2, 14). *Apud istum Salomonem non dubito posse inveniri, quod decori sponsae omnino comparare non dubitem. Et praesertim de pellibus eius adverte in Psalmo: Extendens, ait, coelum sicut pellem.*[60] *Non ille profecto Salomon, etsi multum sapiens, multunque potens, extendit coelum sicut pellem; sed is potius, qui non tam sapiens quam ipsa Sapientia est, ipse prorsus extendit et condidit. Istius siquidem, et non illius illa vox est: Quando praeparabat coelos, haud dubium quin Deus Pater, et ego aderam* (*Provérbios* 8, 27) [...] *Pucherrima pellis, quae in modum magni cuiusdam tentorii universam operiens faciem terrae, solis, lunae atque stellarum varietate tam spectabili humanos oblectat aspectos. Quid hac pelle formosius? Quod ornatius coelo? Minime tamen vel ipsum ullatenus conferendum gloriae et decori sponsae, eo ipso succumbens, quod praeterit et haec figura ipsius, utpote corporea, et corporeis subjacens sensibus...* (Segue-se a interpretação de *pellis* não como *coelum* visível e *corporeum*, mas como *coelum* intelectual e espiritual.)[61]

---

[60] *Salmos* 103, 2. (N. do O.)

[61] "O que, então, diz com: sou bela como os pavilhões de Salomão? Algo grande e admirável, como eu penso, se não a este mas àquele prestemos atenção, de quem se diz: Eis aqui mais do que Salomão. Pois este meu é tão Salomão que não apenas é chamado de pacífico (que é como se traduz Salomão), mas de a própria paz, como testemunha Paulo, que ele é a nossa paz. Junto deste Salomão não duvido que se possa achar algo que à beleza da noiva não teria dúvida em comparar. E especialmente sobre os pavilhões dele chama a atenção no Salmo: Estendendo, diz, o céu como um pavilhão. Não aquele Salomão, evidentemente, ainda que muito sábio e muito poderoso, estendeu o céu como um pavilhão, mas muito mais este que é não apenas sábio, mas a própria sabedoria, ele próprio sim estendeu e fundou. Deste e não daquele é aquela palavra: 'Quando preparava os céus', sem dúvida Deus Pai, 'também eu estava lá'. Belíssimo pavilhão que à maneira das

Salomão torna-se assim um tipo de Cristo, e *pelles* [pavilhões], em combinação com *"extendit coelum sicut pellem"* [estende o céu como um pavilhão], torna-se céu.[62] A ideia se apresenta espontaneamente: talvez para Dante *pellis* significasse mesmo céu, de modo que a passagem deveria ser interpretada como "por isso o céu escurece" — algo que acabou de acontecer, pouco antes, durante a fala de Pedro, no mesmo canto? Não é impossível que Dante tivesse uma tal ideia em mente; mas a tradição oferece ainda outras interpretações menos complexas de *Cântico dos cânticos* 1, 4-5.[63] Gregório escreve em seu *Expositio Super Cantica*:

> [...] *Quomodo formosa sicut pelles Salomonis? Fertur*
> *Salomo quando templum aedificavit omnia illa vasa templi*

---

grandes tendas cobre toda a face da terra de sol, lua e da variedade das estrelas que tanto deleita os olhares humanos. O que é mais belo do que esse pavilhão? O que é mais ornado do que o céu? Em nada, no entanto, mesmo ele é comparável à glória e à beleza da noiva, por si próprio sucumbe, pois passa também essa figura dele uma vez que é corpórea e sujeita aos sentidos do corpo [...]". *Patrologia latina*, CLXXXIII, cols. 913-914.

[62] Por trás disso esconde-se a concepção oriental e grega de "manto do universo e tenda do céu [*Weltmantel und Himmelszelt*]", o título do conhecido livro de Robert Eisler. Bernardo refere-se a isso com as palavras *"magni cuiusdam tentoria"* [como a grandes tendas]. O professor Walther Kranz chama a minha atenção para a versão grega em Ferécides de Siro (Hermann Diels, *Vorsokratiker*, Berlim, Weidmann, 1934, 5ª ed., I, 48), com respeito ao casamento entre o deus supremo do Céu e a Terra.

[63] *"Non enim sine causa sane multiplex Spiritus a Sapiente describitur, nisi quod sub uno litterae cortice diversos plerumque sapientiae intellectus tegere consuevit"* [Pois não sem causa o Espírito é corretamente descrito múltiplo pelo sábio, se não porque, sob uma única casca de letras, muitas sabedorias do intelecto costumam esconder-se]. Bernardo de Claraval, *Patrologia latina*, CLXXXIII, col. 1009.

*factis pellibus cooperuisse. Sed nimirum pelles Salomonis decorae esse potuerunt in obsequium regis. Sed quia Salomon interpretatur pacificus, nos ipsum verum Salomonem intelligamus; quia omnis animae adhaerentes Deo pelles Salomonis sunt* [...]⁶⁴

Ele então vê *pelles* como as almas dos fiéis; e Honório de Autun, referindo-se a *"arca Dei posita in medio pellium"* [Arca de Deus está posta debaixo d'umas peles] (*2 Samuel* 7, 2), explica *pelles* como *ecclesia*.⁶⁵ Mesmo por meio do desvio *coelum* podemos voltar a *ecclesia*, como aparece em um texto de Adão Scoto, que quero também citar porque demonstra a relação das especulações figurais sobre *pellis* e *decoloratio* com temas políticos familiares e importantes para Dante. No *Sermo XXX in die S. Stephani Protomartyris*, descrevendo a visão que Estêvão tem do Céu enquanto está sendo apedrejado, o autor se refere à passagem *"extendit coelum sicut pellem"* [estende o céu como um pavilhão] e dá sete explicações de *coelum*: a primeira é *"Sancta Ecclesia: 'Nonne tibi videtur sancta Ecclesia esse coelum in qua velut sol fulget sacerdotium, ut luna lucet, regnum et quot sanctos viros quasi tot praeclaras habet stellas?'"* [Não te parece ser a Santa Igreja um céu em que como o sol brilha o sacerdócio, como lua reluz o reino e tem todos os santos varões como claras estrelas?]. Mas essas luzes celestiais já se apagaram, a corrupção teve início,

---

⁶⁴ "De que modo bela como os pavilhões de Salomão? Conta-se que Salomão, quando construiu o templo, todos aqueles vasos do templo com peles preparadas cobriu. Mas sem dúvida as peles de Salomão podiam ser dignas em deferência ao rei. Mas, como Salomão se traduz como Pacífico, nós mesmos o verdadeiro Salomão nos entendamos, porque todas as almas que aderem a Deus peles de Salomão são [...]." *Patrologia latina*, LXXIX, col. 486.

⁶⁵ *Patrologia latina*, CLXXII, col. 368.

# Erich Auerbach

um fato que ele corrobora por meio de várias passagens das Escrituras, acima de tudo *Joel* 2, 31: "*Sol convertetur in tenebras, et luna in sanguinem*" [O sol converter-se-á em trevas, e a lua em sangue]. A seguir, o sol e a lua são discutidos em separado; aparece um grande número de temas, que Dante usou posteriormente no mesmo contexto, por exemplo, a cauda do dragão (*Apocalipse* 12, 4; "Purgatório" XXXII, 130-135). Por fim, ele cita *Apocalipse* 6, 12-13: "*sol factus est niger tanquam saccus cilicinus, et luna tota facta est sicut sanguis, et stellae ciciderunt super terram: pro eo quod sacerdotium asperitas iniquitatis denigrat, imperium furor crudelitatis cruentat, alii vero sancti relicta altitudine contemplationis coelestis devolvuntur in terrenis*".[66]

A *denigratio* do *Sacerdotium* nos remete de volta à *decoloratio* em *Cântico dos cânticos* 1, 4-5. A maioria das explicações fornecidas pelos comentadores medievais não se adequa ao nosso propósito; consideram-na principalmente ou como uma consequência da perseguição — a Igreja é "negra" porque é perseguida pelos poderes maléficos do mundo,[67] mas pura, branca, formosa[68] por dentro devido a suas virtudes —, ou como um efeito da graça abrasadora de Cristo. Mas apenas a descoloração mediante a corrupção moral se adequaria ao nosso propósito; isso é sugerido por algumas passagens de Gregório e de Honó-

---

[66] "O sol se fez negro como saco de silício e toda a lua se fez como sangue e as estrelas caíram sobre a terra: por isso que a aspereza da iniquidade denigre o sacerdócio, o furor da crueldade enche de sangue o império, e de fato muitos santos, abandonada a atitude da contemplação celeste, se voltam às terrenas." *Patrologia latina*, CXCIII, col. 272.

[67] Essa interpretação é sustentada pelo seguinte verso: "*filii matris meae pugnaverunt contra me*" [O filho da minha mãe lutou contra mim].

[68] É sabido, penso, que *candidum* e *formosum* são moralmente equivalentes.

Passagens da *Comédia* de Dante ilustradas por textos figurais

rio;[69] pode-se também citar as palavras de Bernardo relativas a *Eclesiastes* 13, 1.[70]

Nenhuma das explicações de *Cântico dos cânticos* 1, 4-5 que conheço é completamente adequada a nossa passagem de Dante; mas não poderia ser diferente. Pois a sequência de ideias de Dante é sua propriedade peculiar; ninguém, antes dele, teria dito que, em sua época, a corrupção da Igreja levou a um escurecimento do céu comparável ao que se seguiu à Paixão de Cristo; ou que o *sviare* da sociedade humana deveu-se à falta de poder imperial; essas ideias eram dele, e, assim, ele teve que usar os motivos *figlia*, *pelle*, *decolorare* na medida em que se adequavam a seu propósito. Desse modo, ele forneceu uma variante ou uma nova combinação das interpretações tradicionais: a sociedade humana (*sponsa Christi*, *la bella figura*) perde a cor ao olhar do noivo (ao olhar de Cristo, "*nel primo aspetto*"),[71] ou mesmo, se minha conjectura relativa à estrutura sintática for correta, "*nel primo aspetto di quel ch'apporta mane e lascia sera*" — assim como ao seu olhar, "*ne la presenza del Figliuol di Dio*" [vago em presença do Filho de Deus] ("Paraíso" XXVII, 24), o trono de Pedro está vago. Não é muito importante se entendemos *pellis*

---

[69] Gregório: "*qui se in Christo peccatorem invenit, in sole se decoloratum invenit*" [quem se descobre pecado em Cristo, se descobre sem cor no sol]. Honório: "*nigra in peccatis, Formosa quia exemplo Christi ornate sum virutibus*" [negra nos pecados, formosa porque pelo exemplo de Cristo estou ornada de virtudes]. — À mesma conexão figural pertence a "*Aethiopissa*" (*Números* 12, 1); cf. *Patrologia latina*, CLXXXIII, col. 159.

[70] "*qui tangit picem*" [quem toca o piche]. *Patrologia latina*, CLXXXIII, col. 1178.

[71] Cf. *Thesaurus Linguae Latinae*, s. v. "*Aspectos*" ("*De Praesentia et Conversatione*", II, 805); ver também os artigos "*conspectus*" e "*facies*", e Leo Spitzer, "Anglo-French Etymologies", *Modern Philology*, XLII, 134-5.

como *coelum*, ou simplesmente como uma imagem da Igreja ou da Cristandade usada pela "*sponsa*" dos *Cânticos* como uma comparação consigo mesma. A interpretação resultante de nossas observações não é nova; muitos estudiosos estavam convencidos de que se visava a corrupção da Igreja ou da Cristandade. No entanto, não é nosso propósito principal dar novas interpretações, mas contribuir para a compreensão do mundo poético e simbólico em que Dante viveu.

## VII. *Lumen meridianum*[72]

Nos versos da oração a Maria em "Paraíso" XXXIII, 10-12 — "*Qui se' a noi meridiana face/ di caritate, e giuso, intra i mortali,/ se' di speranza fontana vivace*" [Meridiana luz da caridade/ És no céu! Viva fonte de esperança/ na terra és para a fraca humanidade][73] — Dante usa as imagens "*meridiana face*" e "*fontana*" para o contraste "aqui no céu" e "lá embaixo na terra". É Bernardo de Claraval que Dante faz falar, portanto, e as mesmas imagens devem ser encontradas, com o mesmo contraste, no sermão acima citado de Bernardo;[74] porém, aí não se referem a Maria e, sim, a Cristo.

No sermão de Bernardo, Cristo é "*fons indeficiens*", "*fons hortorum*", "*fons vitae*" [fonte que não falha, fonte dos jardins, fonte da vida], mas Maria é o aqueduto que conduz a água até nós:

---

[72] Luz meridiana. (N. do O.)

[73] Trad. José Pedro Xavier Pinheiro.

[74] *De Aquaeductu, In Nativitate Beatae Mariae Virginis Sermo*, § 2-4, in *Patrologia latina*, CLXXXIII, cols. 439-440.

Passagens da *Comédia* de Dante ilustradas por textos figurais

[...] *Descendit per aquaeductum vena illa coelestis, non tamen fontis exhibens copiam, sed stillicidia gratiae arentibus cordibus nostris infundens, aliis quidem plus, aliis minus. Plenus equidem aquaeductus, ut accipiant caeteri de plenitudine, sed non plenitudinem ipsam. Advertistis iam, ni fallor, quem velim dicere aquaeductum, qui plenitudinem fontis ipsius de corde Patris excipiens, nobis edidit illum, si non prout est, saltem prout capere poteramus. Nostis enim cui dictum est: Ave gratia plena* [...].[75]

A imagem *meridiana face* deriva da interpretação de Bernardo de *Cântico dos cânticos* 1, 6, "*Indica mihi quem diligit anima me, ubi pascas, ubi cubes in meridie*" [Amado da minha alma, aponta-me, onde é que tu apascentas o teu gado, onde te recostas pelo meio dia]. Ela não pode ser claramente obtida pelas breves alusões do sermão *De Aquaeductu*, mas é integralmente explicada no comentário ao verso já citado dos *Cânticos*.[76] Aquele meio dia que a noiva procura, quando ainda caminha na carne, quando apenas por meio da fé possui uma sombra da verdade, é a eterna beatitude: "*etenim illa meridies tota est dies, et ipse nes-*

---

[75] "Desce por um aqueduto aquele veio celeste sem exibir, no entanto, a abundância da fonte, mas infundindo gotas de graça em nossos corações áridos, a uns mais, a outros menos. Aqueduto cheio de modo a que outros tomem da plenitude, mas não a própria plenitude. Percebestes, já, sem erro, o que quero dizer com aqueduto que, tirando a plenitude da fonte do coração do próprio Pai, a nós dá, ainda que não como ela dá, mas segundo podemos conter. Sabeis pois a quem foi dito: Ave, cheia de graça."

[76] *Sermones in Cantica Canticorum* XXXIII, in *Patrologia latina*, CLXXXIII, col. 951.

*ciens vesperam*" [Pois esse meio dia e todo o dia, e ele não conhece ocaso]; ou, um pouco depois:

> [...] *sane extunc* [depois da ascensão de Cristo] *elevatus est sol, et sensim demum diffundens suos radios super terram coepit paulatim ubique clarior apparere fervidiorque sentiri. Verum quantumlibet incalescat et invalescat* [...], *non tamen ad meridianum perveniet lumen, nec in illa sui plenitudine videbitur modo, in qua videndus est postea, ab his dumtaxat, quos hac visione ipse dignabitur. O vere meridies, plenitudo fervoris et lucis, solis statio, umbarum exterminatio, desiccatio paludum, fetorum depulsio! O perenne solstitium, quando iam non inclinabitur dies! O lumen meridianum* [...].[77]

> ["Mostre-me esse lugar, como Jacó, Moisés, Isaías, ainda na carne, viram Deus face a face:"] *vel etiam quomodo Paulus raptus in paradisum audivit verba ineffabilia, et Dominum suum Jesum Christum vidit oculis suis; ita ego quoque te in lumine tuo et in decore tuo per mentis excessum merear contemplari, pascentem uberius, quiescentem securius. Nam et hic pascis, sed non in saturitate; nec cubare licet, sed stare et vigilare propter timores nocturnos. Heu! nec clara lux,*

---

[77] "Desde então ergueu-se o sol, e quase imperceptivelmente difundindo seus raios sobre a terra começou a ser sentido paulatinamente mais clara e ardentemente. Na verdade, por mais que se aqueça e ganhe força [...] não chegará, no entanto à luz do meio dia, nem será visto naquela sua plenitude na qual há de ser visto depois, por aqueles somente a quem essa visão ele se dignar a dar. Ó verdadeiro meio dia, plenitude de fervor e luz, parada do sol, extermínio das trevas, secagem dos pântanos, expulsão do imperfeito! Ó solstício perene, quando já não diminuem os dias! Ó luz do meio dia."

# Passagens da *Comédia* de Dante ilustradas por textos figurais

*nec plena refectio, nec mansio tuta: et ideo indica mihi ubi pascas, ubi cubes in meridie* [...][78]

\* \* \*

Gostaria de expressar aqui meus sinceros agradecimentos a meu colega, o professor Walther Kranz, por suas muitas observações valiosas, e ao sr. H. S. Boyd por seu generoso auxílio ao traduzir este artigo para o inglês.

---

[78] "[...] ou como Paulo arrebatado ao paraíso ouviu palavras inefáveis, e seu Senhor Jesus Cristo viu com seus olhos; assim eu também a ti, em tua luz e beleza pelo exceder da mente mereça contemplar, apascentando mais fertilmente, repousando mais seguramente. Pois também aqui apascentas, mas não à saciedade, nem é permitido repousar, mas ficar de pé e vigiar por causa dos temores noturnos. Ai, nem luz clara, nem refeição plena, nem descanso completo: assim mostra-me onde apascentas, onde te deitas ao meio dia."

# A soberbia de Saul
## ("Purgatório" XII, 40-42)

Parece que nenhuma explicação suficiente foi dada, seja por comentadores antigos, seja por modernos, para a inclusão de Saul entre os exemplos de *superbia* lavrados como baixos-relevos no piso de mármore do primeiro círculo do Purgatório. Ao leitor não familiarizado com os detalhes da interpretação medieval da Bíblia, a ruindade de Saul parece mais ser inveja ou um tipo de melancolia irada do que propriamente soberbia (*tristitia* e *ira*, cf. "Inferno" VII e VIII). Jacopo della Lana, o Anônimo Florentino, Francesco Buti e Pietro Alighieri dão explicações muito genéricas e insuficientes de sua *superbia*, tais como "porque ele lutou contra Davi" ou "porque ele não queria ser capturado vivo pelos Filistinos". Benvenuto de Ímola e Ottimo,[1] ao recordar a história completa de Saul, mencionam os fatos que contêm a solução do problema, mas não os sublinham como sendo os de maior importância.

Na ética cristã, a *superbia* está relacionada ao Pecado Original e à desobediência a Deus. Por sua soberbia, isto é, por preferir sua própria vontade em detrimento da ordem de Deus,

---

[1] O autor refere-se a *L'Ottimo commento della Divina Commedia: testo inedito d'un contemporaneo di Dante citato dagli Accademici della Crusca*, Pisa, A. Torri, 1827-1829. (N. do O.)

Adão praticou a desobediência que causou a Queda do homem.[2] Por isso, os primeiros exemplos de soberbia no canto XII do "Purgatório", e muitos nos que seguem, são exemplos de desobediência a Deus ou de desprezo pelo poder divino.

Essa desobediência, causada pela soberbia, foi praticada por Saul quando agiu contra a vontade de Deus, anunciada a ele por Samuel: em primeiro lugar, ao oferecer o sacrifício antes da chegada de Samuel (*1 Samuel* 13, 8-14) — e ainda mais quando ele poupou a vida de Agag, o rei de Amalec, e salvou da destruição o melhor do butim, contra as ordens expressas de Deus (*1 Samuel* 15). A partir desse momento, Deus o abandona e outorga o reino a outro, a Davi. A partir desse momento, Deus envia a ele "o espírito maligno" que entenebrece sua vida.[3] Todos os comentadores, tais como Gregório Magno,[4] o Pseudo-Euquério,[5] Valafrido Estrabão[6] e Ruperto de Deutz[7] estão de acordo ao considerar essas desobediências como soberbia e como a causa dos infortúnios de Saul e de sua ruína final. Todos eles salientam as palavras de Samuel (*1 Samuel* 15, 17): "*Nonne cum parvulus esses in oculis tuis etc.*" [quando tu eras pequeno aos teus olhos], e Gregório diz: "*Aperte ergo transgressor per inobedientiam extitit, quia implere verbum Domini per superbiam recusavit*"

---

[2] Cf. por exemplo, Tomás de Aquino, *Summa Theologica*, II IIae, *quaestio* 105, 2, ad 3.

[3] *1 Samuel* 18, 10. (N. do O.)

[4] *In Librum Primum Regum Expositio*, VI, in *Patrologia latina*, LXXIX, cols. 347-48, 417, 421 ss.

[5] *Commentarii in Librum Regum*, I, in *Patrologia latina*, L, cols. 1059, 1064.

[6] *Commentarii in Librum Regum*, I, in *Patrologia latina*, CIX, cols. 41 ss.

[7] *De Trinitate et Operibus Eius*, XX, in *Patrologia latina*, CLXVII, col. 1088.

## A soberbia de Saul ("Purgatório" XII, 40-42)

[Abertamente pois o transgressor é expulso por desobediência, porque cumprir a palavra do Senhor por soberbia recusou]. Há até muitas comparações e alusões ao Pecado Original, por exemplo, no comentário de Valafrido Estrabão.

Gostaria ainda de acrescentar outro ponto, que é apenas uma hipótese. A mim, ela parece interessante pelo princípio geral que pressupõe: um princípio bastante estranho para a mentalidade moderna, mas indispensável para a compreensão do *figurismo* medieval.

Em todos os exemplos, Dante narra a punição da soberbia; desse modo, a menção à morte de Saul não necessita ser explicada, e o último verso, "*che poi non sentì pioggia nè rugiada*" [da chuva abandonado e da orvalhada],[8] pode ter sido acrescido por pura conveniência, porque Dante precisava de um verso com a rima "*-ada*". Mas Dante raramente preenche claros desse tipo com um significado tão somente de atmosfera e que não seja concreto. Sugiro que no último verso há uma alusão a outro exemplo de soberbia — a um muito mais importante. Em muitos comentários sobre a atitude de Davi após a morte de Saul (*2 Samuel* 1) — quando ele ordena a morte do homem que se gabava de ter matado Saul, quando ele lamenta a morte de Saul e amaldiçoa as montanhas de Gelboé — Saul é considerado, a despeito de seus pecados, como o ungido do Senhor: "*quomodo non timuisti mittere manum tuam ut occideres christum Domini*" [Como não temeste tu estender a mão para matares ao Ungido do Senhor?], diz Davi (*2 Samuel* 1, 14). Assim, Saul é interpretado como uma figura de Cristo; sua morte torna-se uma prefiguração da Paixão; e as montanhas de Gelboé significam os corações arrogantes ("*superbia corda*") dos judeus que rejeitaram sua mensagem: sobre os quais o orvalho ou a chuva da Graça

---

[8] Trad. Cristiano Martins.

Erich Auerbach

Divina jamais cairão e que nunca experimentarão os primeiros frutos da terra. Citei o comentário falsamente atribuído a Euquério,[9] que parafraseia uma passagem de São Gregório:[10]

> *Sciere enim debes, quia veraciter Saul, qui post unctionem Sancti Chrismatis, a quo et Christus Domini vocatus est, occidi meruit, mortem veri Christi, quam sine culpa subire dignatus est, insinuat; montes quoque Gelboe, in quibus interiit, superbos Judaicae plebis conatus, quibus contra auctorem vitae rebellabant, insinuant [...], propter quod eis merito optatur, ne rorem de coelo pluviamque suscipiant; quod hodie videmus expletum, in eo quod illos gratia coelestis deserens ad plebem gentium translata est [...]. De quibus et benedicitur, ut agri primitiarum esse non possint. Superbae quippe Hebraeorum mentes primitivos fructus non ferunt, quia in Redemptoris advento ex parte maxima in perfidia remanentes, primordia fidei sequi noluerunt.[11]*

---

[9] *Loc. cit.*, 1080.

[10] *Moralium Libri Sive Expositio In Librum Beati Job, Pars I*, in *Patrologia latina*, LXXV, col. 636. Cf. Valafrido Estrabão, *loc. cit.*, col. 73, e Ruperto de Deutz, *loc. cit.*, col. 1120.

[11] "Pois deves saber que verdadeiramente Saul, que, depois da unção do Santo Crisma, pelo qual também de Senhor Cristo é chamado, mereceu ser morto, a morte do verdadeiro Cristo, a qual sem culpa se dignou a sofrer, sugere. Os montes Gelboé também, nos quais desapareceu, os soberbos esforços do povo judeu, pelos quais se rebelavam contra o autor da vida, sugerem. Pelo que por seu mérito foi decidido que nem orvalho do céu nem chuva receberiam. O que hoje vemos cumprido, nisso que aqueles, abandonando a graça celeste, em multidão de gentios se tornaram [...]. Coisas pelas quais também se bendiz, de modo que campos das primícias não possam ser. Pois pela soberba, as mentes dos hebreus

## A soberbia de Saul ("Purgatório" XII, 40-42)

O princípio envolvido, que parece estranho à mentalidade moderna, é o princípio da "polissemia" na interpretação figural: ele muito frequentemente considera, como em nosso caso, a mesma pessoa segundo significados morais contraditórios. O mesmo Saul que havia sido rejeitado por sua *superbia* aparece como *figura Christi*. E Pseudo-Euquério continua:

> *Nec tibi absurdum videri debet, ut mala reproborum acta aliquid boni significent, aut rursum bona justorum opera in contraria significatione ponantur. Lege Moralia sancti papae Gregorii..., et videbis quia usitatissimom est in Scripturis, ut et bona in malorum significatione accipiantur, et e converso [...].*[12]

primeiros não produziram frutos, porque na vinda do Redentor pela máxima perfídia permanecendo à parte, não quiseram seguir a fé."

[12] "Nem te deve parecer absurdo que os males dos réprobos de outra forma atos bons signifiquem, ou ao contrário, que as boas obras dos justos sejam postos em significação contrária. Lê as *Moralia* do santo papa Gregório e verás que é usualíssimo nas Escrituras que tanto os bens em significação dos males se tomem como conversamente [...]."

# A oração à Virgem em Dante
# ("Paraíso" XXXIII) e antigas eulogias[1]

In memoriam Eduard Norden

## I

A estrutura do famoso texto de Dante é muito semelhante a uma forma clássica de oração, descrita por Eduard Norden em seu livro *Agnostos Theos*[2] como "*der Du-Stil der Prädikation*" [o estilo da predicação em segunda pessoa do singular].[3] O texto

---

[1] Este artigo pertence a uma série de estudos sobre a influência da interpretação figural da Bíblia na literatura medieval, apoiados por uma bolsa do Fundo Penrose da American Philosophical Society.

[2] Eduard Norden, *Agnostos Theos. Untersuchungen zur Formengeschichte religiöser Rede*, Berlim/Leipzig, Teubner, 1913, pp. 143 ss.

[3] Devo essa observação a meu antigo colega em Istambul, professor Walter Kranz. Até onde sei, nunca tinha sido notado por nenhum especialista em Dante. Oliver M. Johnston, em seu artigo "Repetitions of Words and Phrases at the Beginning of Consecutive Tercets in Dante's *Divine Comedy*" (*Proceedings of the Modern Languages Association*, XXIX, 1914, p. 537), limitou o assunto às repetições literais; além disso, ele provavelmente ainda não havia conhecido o livro de Norden. Pesquisas detalhadas sobre a sobrevivência de padrões retóricos antigos na Idade Média, um assunto favorito de muitos estudiosos modernos, estão ainda em estágio inicial. Em seu recente "Neue Dantestudien, I" (*Romanische Forschung*, 60, II, 1947), o professor Ernst Robert Curtius discute brevemente a anáfora (p. 280), sem mencionar nossa passagem. Ver também as observações e exemplos dados por

de Dante inicia-se com uma invocação composta de vários elementos: *"Vergine madre, figlia del tuo figlio,/ umile ed alta più che criatura/ termine fisso d'eterno consiglio!"* [Virgem mãe, por teu filho procriada,/ humilde e sup'rior à criatura,/ por conselho eternal predestinada!]. E continua com uma enumeração dos dotes e virtudes de Maria. Essa enumeração é chamada, na tradição grega, aretalogia, ou eulogia na usual doxologia cristã. Ela é construída em forma anafórica com "tu":

> *Tu sei colei che l'umana natura*
> *nobilitasti si, che Il suo fattore*
> *non disdegnò di farsi sua fattura.*

> *Nel ventre tuo si raccese l'amore*
> *per lo cui caldo nell'eterna pace*
> *così è germinato questo fiore.*

> *Qui sei per noi meridiana face*
> *di caritade, e giuso intra i mortali*
> *sei di speranza fontana vivace.*

> *Donna, sei tanto grande e tanto vali,*
> *che qual vuol grazia ed a te non ricorre,*
> *sua desianza vuol volar senza ali.*

> *La tua benignità non pur socorre*
> *a chi domanda, ma spesse fiate*
> *liberamente al domandar precorre.*

---

Helmut Hatzfeld em *Zeitschrift für Romanische Philologie*, LII, 1932, pp. 693-727, especialmente pp. 703, 707-9.

> In te *misericórdia,* in te *pietate,*
> in te *magnificenza;* in te *s'aduna,*
> *quantunque in creatura è di bontate.*[4]

Segue-se então a *supplicatio,* pedido de socorro em uma emergência particular. Esse esquema corresponde exatamente à forma descrita por Norden. Ele ocorre na poesia grega; muitos exemplos encontram-se na literatura latina. Há algumas outras formas de eulogia além da anáfora do "tu"; uma das mais difundidas é a eulogia com orações relativas, também analisadas no livro de Norden. Ambas as formas são combinadas em uma das primeiras e mais belas eulogias latinas que possuímos, o proêmio de *De Rerum Natura,* de Lucrécio:

> *Aeneadum genitrix, hominum divomque voluptas,*
> *Alma Venus! caeli subter labentia signa*
> *Quae mare navigerum, quae terras frugiferentes*
> *concelebras; per te quoniam genus omne animantum*
> *Concipitur, visitque exortum lumina solis.*
> *Te, Dea, te fugiunt ventei, te nubila caeli*

---

[4] "*Por ti* se enobreceu tanto a natura/ humana, que o Senhor não desdenhou-se/ de se fazer de quem criou, feitura.// No seio *teu* o amor aviventou-se,/ e ao seu ardor, na paz da eternidade,/ o germe desta flor assim formou-se.// Meridiana luz da caridade/ és no céu! Viva fonte de esperança/ na terra és para a fraca humanidade!// Há tal grandeza *em ti*, há tal pujança,/ que quer sem asas voe o seu anelo/ quem graça aspira *em ti* sem confiança.// Ao mísero, que roga ao *teu* desvelo/ acode, e, às mais das vezes, por vontade/ livre, *te* praz sem súplica valê-lo.// *Em ti* misericórdia, *em ti* piedade,/ *em ti* magnificência, *em ti* se aduna/ na criatura o que haja de bondade." Trad. José Pedro Xavier Pinheiro.

Erich Auerbach

*Adventumque tuum; tibi rident aequora ponti*
*Placatumque nitet diffuso lumine coelum* [...].

*Te sociam studeo scribundis verisbus esse* [...].[5]

Dentre outros exemplos,[6] muitos certamente eram conhecidos por Dante; na medida em que ele, intencional e inintencionalmente, estava aberto à influência de padrões estilísticos clássicos, pode-se ficar tentado a concluir que foi inspirado por seus antigos mestres — Virgílio, Ovídio, Estácio — a dar à oração uma forma clássica, apesar de sua substância cristã. Mas essa conclusão pode se revelar precipitada. Obviamente, tais formas de oração são muito antigas; a anáfora "tu" e formas similares de eulogia também ocorrem em textos judaicos e em textos cristãos primevos. Na *Vulgata*, Dante poderia encontrar muitas passagens tais como a da bênção de Davi, *Paralipômenos* I [*Crônicas* I] 29, 10 ss.:[7]

*Benedictus es Domine Deus Israel patris nostri ab aeterno in aeternum. Tua est Domine magnificentia, et potentia et*

---

[5] "Genitora dos enéadas, volúpia de homens e deuses/ pura Vênus sob os signos deslizantes do céu/ quem os mares de navios, quem as terras frutíferas/ enches; pois por ti todo gênero de seres animados/ é concebido e vê erguida a luz do sol./ De ti, deusa fogem os ventos, de ti as nuvens do céu,/ e da tua chegada; a ti sorriem as planícies do mar/ e aplacado brilha em luz difusa o céu [...]// Companheira te queria que a escrever versos fosses [...]."

[6] Norden cita Catulo, XXXIV (o hino a Diana); Horácio, *Carmina*, I, X; I, XXXV; II, XIX; III, XIII; III, XXI; IV, XIV; Virgílio, *Georgica*, II, 211 ss.; *Eneida*, VIII, 287 ss.; Ovídio, *Metamorfoses*, IV, 1 ss.; Estácio, *Tebaida*, I, 69 ss.

[7] Outras eulogias similares estão nos *Salmos*, aqui citados segundo a *Vulgata*, por exemplo 88, 10 ss.

# A oração à Virgem em Dante ("Paraíso" XXXIII) e antigas eulogias

*gloria atque Victoria: et tibi laus: cuncta enim quae in caelo sunt et in terra, tua sunt; tuum Domine regnum, et tu es super omnes principes. Tuae divitiae, et tua est gloria: tu dominaris omnium, in manu tua virtus et potentia: in manu tua magnitudo, et imperium omnium [...] Domine Deus Abraham et Isaac et Israel patrum nostrorum, custodi [...].*[8]

Há, entretanto, uma diferença entre a eulogia bíblica e a clássica, a despeito da identidade estrutural quase completa; a diferença é sentida instintivamente pelo leitor. Para essa análise exata, novamente somos devedores de Eduard Norden, o qual mostrou que a forma particular da anáfora do "tu" iniciada em "tua arte"[9] e correspondente às próprias palavras de Deus "Eu sou",[10] é decidida e exclusivamente judaica,[11] e não helênica ou romana. Nenhum dos exemplos tirados da literatura clássica contém essa forma; em grego ou latim, ela surge apenas tardiamente, por meio de influências cristãs e assemelhadas. Como as anáforas de Dante são o mais das vezes desse padrão (*"tu sei"*,

---

[8] "Bendito és tu, ó Senhor Deus de Israel nosso pai, de eternidade em eternidade. Tua é, Senhor, a grandeza, o poder, a glória e o vencimento: e a ti é devido o louvor: porque tudo o que há no Céu, e na terra, é teu: teu é, Senhor, o império, e tu és acima de todos os príncipes. Tuas são as riquezas, e tua é a glória: tu és o dominador de tudo, na tua mão está a fortaleza e o poder: na tua mão a grandeza, e o mando de todas as cousas [...] Senhor Deus de nossos pais Abraão, e Isaac, e Israel, conserva [...]."

[9] *Paralipômenos* I [*Crônicas* I] 29, 11; *Salmos* 24, 5; 43, 5; 85, 10; 96, 6 etc.; *Isaías* 45, 14; *Mateus*, 1, 11.

[10] *Gênesis* 17, 1; 28, 13 etc.

[11] Ou, no mínimo, oriental; a questão das origens primevas não pode ser tratada aqui.

"*sei*"), ou do estreitamente similar "em tu és" ou "tu és",[12] mais que a tradição clássica, ele parece seguir a judaica e bíblica.

Ao analisar a diferença entre os padrões clássicos e bíblicos da anáfora do "tu", podemos, inspirados pelas observações de Norden, ir um pouco mais longe. As eulogias clássicas normalmente enumeram as façanhas e proezas dos deuses e dos heróis, ou suas esferas de poder, suas qualidades e atitudes; nas formas judaicas ("tua arte" ou "tu és" seguidas tanto por um termo abstrato ou por nomes de partes do universo), prevalece a expressão da essência da divindade ou da sua onipotência. Mesmo em relatos quase idênticos — Horácio, *Carmina* II, XIX: "*tu flectis amnis, tu mare barbarum*" [Tu dobras as corredeiras, tu dobras o Mar dos Bárbaros]; *Salmos* 88, 10: "*tu dominaris potestatis maris*" [tu dominas as potências dos mares] —, o contexto torna óbvia a diferença: Horácio se refere a uma esfera de influência muito definida e limitada, e relatos como os seus são baseados principalmente na tradição mitológica;[13] nos *Salmos*, o relato é uma expressão parcial da onipotência de Deus. Os atributos judaicos, mesmo se referidos a particularidades, apontam sempre para a totalidade do objeto reverenciado, Deus. O Deus judaico não está envolvido em acontecimentos terrenos, não possui forma ou atitude na Terra. Ele está, de fato, conectado à história por meio da promessa feita a Abraão,[14] mas ele mesmo não participa de eventos terrenos, nem aparece em uma paisagem terre-

---

[12] *Paralipômenos* I [*Crônicas* I] 29, 10 ss.; *Salmos* 88, 11.

[13] Ver Horácio, *Oden und Epoden*, ed. Adolf Kiessling, Berlim, Weidmannsche, 1933, 7ª ed., p. 242, nota.

[14] Alusões são frequentes; a oração *Neemias* 9, 6 oferece uma eulogia com a anáfora do "*tu*" "*enum*", "*eratin*", a "*gesta Dei*" na história de Israel.

A oração à Virgem em Dante ("Paraíso" XXXIII) e antigas eulogias

na e sob uma forma semelhante à humana, tal como Vênus no proêmio de Lucrécio ou outros objetos de adoração gregos ou romanos, que têm todos uma história mítica, uma aparência terrena e lugares no mundo. Seus feitos e aparições, e algumas vezes também os lugares onde vivem, são descritos nas eulogias, a exemplo do elogio feito por Virgílio a Hércules:[15]

> [...] *qui carmine laudes*
> *Herculeas et facta ferunt: ut prima novercae*
> *Monstra manu geminosque premens eliserit angues;*
> *Ut bello egrecias idem diiecerit urbes*
> *Troiam Oechaliamque; ut duros mille labores*
> *Pertulerit. Tu nubigenas, invicte, bimembris*
> *Hylaeum Pholumque manu, tu Cresia mactas*
> *Prodigia et vastum Nemea sub rupe leonem.*
> *Te Stygii tremuere lacus, te ianitor Orci*
> *Ossa super recubans antro semesa cruento;*
> *Nec te ullae facies, non terruit ipse Typhoeus*
> *Arduus, arma tenens; non te rationis egentem*
> *Lernaeus turba capitum circumstetit anguis.*
> *Salve vera Iovis proles, decus addite divis,*
> *Et nos et tua dexter adi pede sacra secundo.*[16]

---

[15] Virgílio, *Eneida*, VIII, 287 ss.; notar a transição do discurso direto para o indireto.

[16] "[...] que em verso/ hercúleos louvores e feitos trazem: como, no início, da madrasta/ os monstros gêmeos apertou com a mão;/ como, igualmente, egrégias cidades arrasou/ Troia e Equelia; como mil duros trabalhos/ levou a cabo. Tu, invicto, os centauros nascidos nas nuvens/ Hileu e Folo, tu o cretense monstro sacrificas/ e o grande leão de Nemeia sob a pedra./ Por ti tremeu o lago estígeo, por ti o porteiro do Orco/ deitado sobre ossos semicomidos em caverna sangren-

Outros exemplos são oferecidos nos textos a que referimos na [nota 6 *supra*]. Cada parte de tais eulogias representa algo concreto e delimitado, notadamente diferentes dos precedentes e posteriores, enquanto as eulogias judaicas, a bênção de Davi e as passagens dos *Salmos* parafraseiam repetidamente, em cada uma de suas partes, sempre e recorrentemente, a mesma ideia: a essência, a onipotência e a onipresença de Deus.

## II

Nos primeiros séculos da era cristã, com a crescente influência dos novos movimentos religiosos, e especialmente da Cristandade, muitas transformações importantes podem ser observadas na forma das orações e das eulogias.

A. Nos exemplos clássicos, a anáfora do "tu", até onde sei, foi usada exclusivamente em eulogias. Agora, aparece em outros contextos, muito frequentemente na *supplicatio*, como no hino de Prudêncio *Ales Diei Nuntius* [O arauto alado do dia]: "*Tu, Christe, somnum disice,/ Tu rumpe noctis vincula,/ Tu solve peccatum vetus,/ Novumque Iumen ingere*" [Tu, Cristo, o sono dissipa/ Tu rompe as cadeias da noite/ Tu desata o velho pecado/ E nova luz gera].[17]

---

ta./ E não a ti alguma face assustou, nem o próprio Tifeu/ ardente, armado; não carecendo tu de senso/ a multidão de cabeças de Lerna te cercou./ Salve, verdadeira prole de Júpiter, ornamento somado aos deuses/ e a nós e à tua festa vem de bom grado."

[17] Guido M. Dreves e Clemens Blume, *Analecta Hymnica Medii Aevi*, 55 vols., Leipzig, Reissland, 1886-1922, L, p. 23.

Esse uso continuou durante a Idade Média; como em um exemplo que cito de alguns versos de *Lauda, Sion, Salvatorem* [Sião, exulta de alegria], de Tomás de Aquino: "*Tu nos pasce, nos tuere,/ Tu nos bona fac videre* [...]" [Tu, apascenta-nos, tu, conduz-nos/ Tu as coisas boas faz-nos ver (...)].[18]

Como prova adicional de que a anáfora do "tu" ampliou suas funções, surge uma nova forma, desconhecida na tradição grega e romana; seu traço característico é a expressão de uma adoração convergente, emanada seja de diferentes órgãos de um ser humano singular, seja de uma comunidade, ou mesmo de todos os seres racionais. Um exemplo do primeiro caso está no hino *Deus creator omnium* [Deus criador de todas as coisas], de Santo Ambrósio: "*Te cordis ima concinant,/ Te vox sonora concrepet,/ Te diligat castus amor,/ Te mens adoret sobria* [...]" [Cantam-te no íntimo os corações/ A ti uma voz sonora concerte/ Ame-te um casto amor/ Adore-te uma mente sóbria (...)].[19]

Do segundo caso, a repetida expressão da adoração convergente de uma comunidade, o exemplo mais famoso é o início do "Glória" na missa: "*Laudamus te, benedicimus te, adoramus te* [...]" [Nós te louvamos, nós te bendizemos, nós te adoramos] Encontrei outro exemplo primevo em uma oração registrada por Lactâncio;[20] é o hino que o imperador Licínio ordenou às suas

---

[18] *Idem, ibidem*, L, p. 584.

[19] *Idem, ibidem*, L, 13. Outra passagem, "*Te lingua primum concinat,/ Te mentis ardor ambiat* [...]" [Cante-te a língua em primeiro lugar/ circunde-te o ardor da mente], está no (provavelmente não ambrosiano) hino "*Somno refectis artubus* [...]" [Com membros refeitos pelo sono]; ver Hermann A. Daniel, *Thesaurus Hymnologicus*, 5 vols., Leipzig, Loeschke, 1855-56, I, 18.

[20] *De Mortibus Persecutorum*, XLVI, 6; *Patrologia latina*, VII, col. 264.

tropas que cantassem antes da batalha contra Maximínio Daia (313 d.C.):

> *Summe Deus, te rogamus,*
> *Sancte Deus, te rogamus,*
> *Omnem iustitiam tibi commendamus,*
> *Salutem nostram tibi commendamus,*
> *Imperium vostrum tibi commendamus;*
> *Per te vivimus,*
> *Per te victores et felices existimus;*
> *Summe sancte Deus,*
> *Preces nostras exaudi;*
> *Bracchia nostra ad te tendimus.*[21]

O hino *Te deum laudamus* [Te louvamos Deus] apresenta a transição dessa segunda forma para a terceira, na qual a totalidade da criação ou a totalidade do universo cristão juntam-se na adoração:

> *Te Deum laudamus, te dominum confitemur,*
> *Te aeternum patrem omnis terra veneratur,*
> *Tibi omnes angeli, tibi caeli et universae potestates,*
> *Tibi Cherubim et Seraphim incessabili você proclamant:*
> *Sanctus sanctus sanctus Dominus Deus Sabaoth;*
> *Pleni sunt caeli et terra maiestatis gloriae tuae;*
> *Te gloriosus apostolorum chorus,*
> *Te prophetarum laudabilis numerus,*

---

[21] "Sumo Deus, te rogamos,/ Santo Deus, te rogamos,/ Toda a justiça a ti confiamos,/ Nossa salvação a ti confiamos,/ O vosso Império a ti confiamos;/ Por ti vivemos,/ Por ti vencedores e felizes existimos;/ Sumo santo Deus,/ Escutai as nossas preces;/ Nossos braços a ti estendemos."

## A oração à Virgem em Dante ("Paraíso" XXXIII) e antigas eulogias

> *Te martyrum candidatus exercitus,*
> *Te per orbem sancta confitetur ecclesia [...]*[22]

As várias formas dessa "adoração convergente" sobreviveram na Idade Média;[23] ela possui um caráter mais invocativo que eulogístico. É verdade que formas similares existiam nas eulogias clássicas como a da ode de Horácio a Augusto,[24] na qual há menção de adorações ao imperador por parte dos povos conquistados (*"compositis venerantur armis"* [depostas as armas veneram]). Entretanto, é uma enumeração de certos povos, à exclusão de outros, e ela provavelmente tem suas origens na menção a santuários e moradas da divindade em questão; esse tipo de enumeração está difundida nas eulogias clássicas,[25] mas sua função é nitidamente distinta da adoração convergente universal dos exemplos cristãos subsequentes.

B. Outra mudança diz respeito não à forma, mas à substância de todos os tipos de eulogias, e não apenas aquelas que

---

[22] "Te louvamos Deus, confessamos-te Senhor,/ Toda a terra eterno pai te venera,/ A ti todos os anjos, a ti os céus e as potências todas,/ A ti os querubins e serafins incessantemente proclamam:/ Santo, Santo, Santo Senhor Deus Sabaoth/ Cheios estão os céus e a terra da majestade de tua glória;/ A ti o glorioso coro dos apóstolos,/ A ti o número louvável dos profetas,/ A ti o exército embranquecido dos mártires,/ A ti pelo mundo te confessa a santa igreja [...]."

[23] Por exemplo no *Salve, Regina* de Hermano de Reichenau (século XI; *Analecta Hymnica*, L, 318): *"ad te clamamos* [...], *ad te suspiramos* [...]" [A ti clamamos, a ti suspiramos]. Para a ampliação da função da anáfora do "tu", ver também a *Ad Deum Oratio* [Oração a Deus] de Rábano Mauro, *Analecta Hymnica*, L, 182.

[24] Horácio, *Carmina*, IV, XIV.

[25] Conferir em Estácio, *Tebaida*, I, 696 ss.

iniciam com a anáfora do "tu". A filosofia e a retórica gregas fundem-se com os intensíssimos e múltiplos movimentos religiosos dos primeiros séculos depois de Cristo; as eulogias tornam-se abstratas e metafóricas; refletem as controvérsias dogmáticas e os refinamentos das figuras de linguagem e de pensamento gregos. A oração de Apuleio para Ísis é puramente retórica;[26] Norden cita os seguintes (neoplatônicos) versos de Tiberiano (século IV): "*Tu genus omne deum, tu rerum causa vigorque,/ Tu natura omnis, Deus innumerabilis unus* [...]" [Tu todo o gênero Deus, tu causa e vigor das coisas/ Tu natureza de todas as coisas, para inumeráveis coisas Deus único].[27]

Esse é um jogo com os conceitos antitéticos "um" e "todos", apresentado em unidades de sentenças identicamente construídas. Na poesia cristã, o paralelismo antitético da retórica grega serve para expressar os paradoxos fundamentais da fé: trindade e unidade, Deus e homem, criador e criatura, *logos* e carne, sublime e humilde, paixão e glória, morte e ressurreição, mãe e virgem, e assim por diante. Com efeito, há passagens dogmáticas em eulogias desprovidas de viravoltas antitéticas de expressão, como a seguinte: "*Tu lumen, tu splendor patris,/ Tu spes perennis omnium*" [Tu luz, tu brilho do Pai,/ Tu esperança perene de todos].[28]

---

[26] Ovídio, *Metamorfoses*, XI, 25.

[27] Emil Bährens, *Poetae Latini Minores*, Leipzig, Teubner, III, p. 267, vv. 21 ss.

[28] Do hino de Natal *Christe Redemptor Gentium* [Cristo redentor dos povos], que possui uma bela espécie de "adoração convergente": "*Hunc caelum, terra, hunc mare,/ Hunc omne quod in eis est/ Auctorem adventus tui/ Laudat exsultans cantico* [...]" [Aqui o céu, a terra, aqui o mar/ aqui tudo o que há neles é/ o Autor de teu advento/ louva exultando em cântico]. *Analecta Hymnica*, LI, 49.

A oração à Virgem em Dante ("Paraíso" XXXIII) e antigas eulogias

Contudo, esse mesmo hino possui algumas formulações antitéticas na sua invocação ("*ante principium natus*" [nascido antes do princípio]). Os seguintes versos de Prudêncio são antitéticos, mas lacunosos quanto a paradoxos: "*Tu lux vera oculis, lux quoque sensibus,/ Intus tu speculum, tu speculum foris* [...]" [Tu luz verdadeira dos olhos, luz também dos sentidos/ dentro tu és espelho, tu és espelho fora].[29]

Um exemplo típico de hino com antíteses paradoxais está no *Ephemeris* de Ausônio, onde a eulogia tem o padrão de uma série de orações relativas: "[...] *generatus in illo/ tempore quo tempus nondum fuit* [...]/ *quo sine nil actum, per quem facta omnia* [...]" [gerado naquele/ tempo em que não houve tempo [...]/ no que sem nenhum ato, por quem todas as coisas foram feitas].[30]

O melhor espécime para nosso propósito é dado pelo *Laus Christi* [Louvor de Cristo] atribuído a Claudiano.[31] Aqui, a primeira parte de uma longa eulogia é composta por orações relativas, sendo que a segunda com anáforas do "tu". A primeira parte contém quase nada além de fórmulas antitéticas; as mais admiráveis delas estão em destaque:

> *Proles vera Dei cunctisque antiquior annis,*
> *Nunc genitus qui semper eras, lucisque repertor*
> *Ante tuae matrisque parens: quem misit ab astris.*
> *Aequaevus genitor verbumque in semina fusum*

---

[29] Do hino *Inventor Rutili* [Inventor da rubra], *Analecta Hymnica*, L, 30.

[30] Rudolf Peiper (ed.), Leipzig, Teubner, 1886, vv. 56, 5, 59 (*Opuscula*, p. 7).

[31] Theodor Birt (ed.), *Monumenta Germaniae Historica. Auctores Antiquissimi*, Berlim, Weidmann, 1892, X, 411; Julius A. Koch (ed.), Leipzig, Teubner, 1893, p. 308.

*Virgineos habitare sinus et corporis arti*
*Iussit inire vias parvaquae in sede morari*
*Quem sedes non ulla capit; qui lumine primo*
*Vidisti quidquid mundo nascente crearas;*
*Ipse opifex, opus ipse tui, dignatus iniquas*
*Aetatis sentire vices, et corporis huius*
*Dissimiles perferre modos hominenque subire*
*Ut possis monstrare deum, ne lubricus error*
*Et decepta diu varii sollertia mundi*
*Pectora tam multis sineret mortalia saeclis*
*Auctorem nescire suum* [...][32]

Essa fusão de retórica antitética grega com paradoxos da fé cristã tornou-se um dos elementos básicos não só da poesia cristã medieval, mas de toda a linguagem poética na Europa. Na oração de Dante, algumas das fórmulas do *Laus Christi* aparecem quase *verbatim*: "*figlia del suo figlio* [...] *suo fattore* [...] *non disdegnò di farsi sua fattura*".

C. Uma terceira mudança importante no conteúdo das eulogias é revelado na continuação do mesmo *Laus Christi*; essa segunda parte é composta de anáforas do "tu":

---

[32] "Prole verdadeira de Deus, mais antigo que todos os anos,/ Nascido agora quem sempre eras, e da luz originador./ Pai antes de tua mãe: quem envia dos astros/ Da mesma idade do genitor e verbo derramado em semente/ Habitar seio virginal e no pequeno espaço do corpo/ Mandou entrar por vias estreitas e demorar em sede/ Quem em sede alguma cabe; que o primeiro lume/ Viste que, nascendo o mundo, havias criado,/ Tu próprio, artífice, tu, tua própria obra, dignou-se/ Sentir as iníquas sucessões da idade e deste corpo/ Carregar os modos desiguais e suportar o homem/ Para que pudesses mostrar Deus, a fim de que o erro escorregadio/ E a frequentemente enganada engenhosidade do mundo instável/ Por tantos séculos permitisse aos peitos mortais/ Não conhecer o seu Autor [...]."

# A oração à Virgem em Dante ("Paraíso" XXXIII) e antigas eulogias

*Te conscia partus*
*Mater et attoniti pecudum sensere timores.*
*Te nova sollicito lustrantes sidera visu*
*In caelo videre prius, lumenque secuti*
*Invenere magi. Tu noxia pectora solvis*
*Elapsasque animas in corpora functa reducis*
*Et vitam remeare iubes. Te lege recepti*
*Muneris ad Manes penetras mortisque latebras*
*Immortalis adis. Nasci tibi non fuit uni*
*Principium finisque mori, sed nocte refusa*
*In caelum patremque redis rursusque perenni*
*Ordine purgatis adimis contagia terris.*
*Tu solus patrisque comes, tu spiritus insons,*
*Et toties unus triplicique in nomine simplex.*[33]

Alguns versos desse texto parecem estar muito mais próximos das eulogias míticas da poesia grega e latina, não somente por conta dos hexâmetros, mas porque há eventos para serem registrados. Em aguda oposição ao Deus judaico, Cristo, pela sua encarnação, possui uma história terrena; assim como a Virgem, os apóstolos e os santos. O poeta de *Laus Christi* registra sumariamente os traços mais importantes da história de Cristo: a natividade (com a adoração dos reis magos), os milagres, a des-

---

[33] "Consciente de Ti no parto a Mãe também os atônitos animais sentiram temores./ Novos astros brilhantes com solícito olhar viram primeiro e, seguindo a luz, te encontraram os magos./ Tu dissolves dos peitos as culpas e as almas partidas aos corpos defuntos reconduzes e a vida retornar ordenas./ Tu, recebidos por lei, dons imortais, às almas mortas penetras e ao esconderijo da morte chegas./ Nascer e morrer para Ti não foi um só princípio, mas refluída a noite ao Céu e ao Pai retornas e de volta à perene ordem arrancas das terras purificadas o contágio/ E Tu só igual do Pai, Tu Espírito inocente, e todo uno simples em triplo nome."

cida ao Inferno e a ressurreição. Ele poderia ter feito uma eulogia de Hércules quase no mesmo estilo.

O caráter histórico e humano conferido às eulogias cristãs pela história terrena de Cristo foi de grande importância para a poesia da Idade Média, especialmente nas línguas vernáculas. Nos hinos latinos primevos, entretanto, não são frequentes registros detalhados e completos da vida de Cristo. Podemos pensar no *Hymnus de Vita Christi*, de Sedúlio;[34] mas é um abecedário e não uma eulogia em uma oração. Em eulogias mais antigas, os eventos da vida de Cristo não são contados de um modo narrativo coerente; são, em vez disso, determinados fatos básicos escolhidos para uma finalidade dogmática. É o caso no *Laus Christi* citado acima ou nas seguintes linhas tiradas do *Te Deum*:

> *Tu rex gloriae Christus,*
> *Tu patris sempiternus es filius,*
> *Tu ad liberandum suscepisti hominem,*
> *Nec horruisti Virginis uterum;*
> *Tu devicto mortis acúleo aperuisti credentibus regna*
> *[coelorum [...]*[35]

Com muita frequência, o elo entre os eventos históricos e o dogma é expresso de uma maneira simbólica; os eventos são registrados de uma forma concreta e mesmo, algumas vezes, realista, mas em um contexto simbólico. As estrofes seguintes,

---

[34] "*A solis ortus cardine* [...]", *Analecta Hymnica*, L, 58.

[35] "Tu Cristo Rei da Glória/ Tu, do Pai Eterno és Filho/ Tu para assumiste o homem a ser liberado/ E não repugnou o útero da Virgem/ Tu, vencido o aguilhão da morte, abriste aos crentes o Reino dos Céus [...]."

do hino ambrosiano *De Adventu Domini* [Do Advento do Senhor],[36] oferecem um exemplo primevo da absorção de eventos apresentados realisticamente pelo simbolismo dogmático. É uma eulogia em forma narrativa, sem anáforas:

> *Non ex virili semine,*               5
> *Sed mystico spiramine*
> *Verbum Dei factum est caro*
> *Fructusque ventris floruit.*

> *Alvus tumescit virginis,*            9
> *Claustrum pudoris permanet,*
> *Vexilla virtutum micant,*
> *Versatur in templo Deus.*

> *Procedeat e thalamo suo*           13
> *Pudoris aula regia*
> *Geminae gigas substantiae*
> *Alacris ut currat viam.*

> *Egressus eius a patre,*             17
> *Regressus eius ad patrem*
> *Excursus usque ad inferos,*
> *Recursus ad sedem patris.*

> *Aequalis aeterno patri*             21
> *Carnis tropaeo cingere*
> *Infirma nostri corporis*
> *Virtute firmans perpeti.*

---

[36] "*Veni, redemptor gentium* [...]", *Analecta Hymnica*, L, 13.

> *Praesepe iam fulget tuum*      25
> *Lumenque nox spirat suum* [...][37]

Da permanência de Cristo no corpo de sua mãe e de seu nascimento, há uma relação simbólica direta com o significado dogmático da encarnação; a história é abandonada e somente no final reaparece o *"praesepe"* [manjedoura] como um símbolo fulgurante.

D. O simbolismo do texto ambrosiano é expresso por meio de alusões a passagens da Bíblia; isso confere à eulogia um aspecto figural ou tipológico; o figurismo é outro novo fenômeno nas eulogias, introduzido graças à influência cristã. Cristo como *"sponsus procedens de thalamo suo"* [Noivo saindo de seu leito][38] e como um gigante que "disputa uma corrida" (vv. 13-16) é uma alusão a *Salmos* 18, 6; por meio do atributo *"geminae substantiae"* [de substâncias gêmeas/conjugadas] esse gigante fica conectado com os Gigantes de *Gênesis* 6, 1-4, a descendência dos filhos de Deus que tomam por esposas as filhas dos homens; esses gigantes são, em consequência, de natureza dual; assim, são considerados prefigurações (ou figuras, ou tipos) de Cristo. A ima-

---

[37] "Não de semente viril,/ Mas de místico sopro/ O Verbo de Deus se fez carne/ E o fruto do ventre floresceu.// O ventre inchou da Virgem,/ A tranca do pudor permaneceu,/ Estandartes das virtudes brilham,/ Derrama-se no templo Deus.// Vindo de seu tálamo/ Átrio real do pudor/ Gigante de substâncias conjugadas/ Para que veloz corra o caminho.// Egresso ele do Pai/ Regressa ele ao Pai/ Saído até os infernos/ Retornado à cadeira do Pai.// Igual ao Pai Eterno/ Da carne as armas vencidas cingir/ De nosso corpo a enferma/ Força firmando suportou.// Já brilha tua manjedoura/ E a noite sopra sua luz [...]."

[38] Nesta conexão, ele é idêntico ao *sponsus* [noivo] do *Cântico dos cânticos*, cuja noiva é a alma humana ou a Igreja.

A oração à Virgem em Dante ("Paraíso" XXXIII) e antigas eulogias

gem *egressus-regressus* [saído-retornado] (vv. 17-18) refere-se ao verso 7 do mesmo salmo, conectando-o a *João* 16, 5 e 16, 16 — além de igualmente aludir a passagens tais como *Isaías* 11, 1 ou 51, 5 ou *Habacuc* 3, 13.[39]

Muito antes de Santo Ambrósio, a interpretação figural que aparece nessas linhas havia transformado todo o Antigo Testamento em uma série de prefigurações de Cristo, de sua encarnação e de sua Paixão, bem como da Igreja. Ela se desenvolveu nos primórdios da Cristandade; seu crescimento foi tão rápido que a totalidade do sistema, incluindo quase todos os seus detalhes, já era familiar aos escritores cristãos do século II e começo do século III, a exemplo de Tertuliano. Entretanto, o uso consistente da interpretação figural não é frequente nos hinos do período da patrística. Há muitas alusões figurais, especialmente nos hinos de Fortunato; mas ainda não ocorre a longa série de figuras que surgem na Idade Média.

## III

Na Idade Média, o uso consistente da interpretação tipológica ou figural confere um aspecto muito específico às eulogias hínicas; a história da Salvação por meio da encarnação de Cristo torna-se o *leitmotiv* da harmonia providencial da história uni-

---

[39] Para a sobrevivência da imagem *egressus-regressus* [saído-retornado], ver o hino *De Mysterio Ascensionis Domini (Portas Vestras Aeternales...)* [Do mistério da ascensão do Senhor (Vossas portas eternas...)], cf. Richard C. Trench, *Sacred Latin Poetry, Chiefly Lyrical, Selected and Arranged for Use* (Londres, Macmillan, 1874, 3ª ed.), p. 174, onde está combinada a passagens como as de *Mateus* 27, 52-53 ou *Apocalipse* 19, 14: "*Solus erat in egressu,/ Sed ingentem in regressu/ Affert multitudinem*" [Estava sozinho na saída, mas em numerosa multidão trouxe na volta].

versal. No período de florescimento da hinologia latino-medieval, nos séculos XII e XIII, as metáforas fornecidas pela interpretação figural são fundidas, por meio de uma técnica altamente desenvolvida, com outro tipo de figuras: peças com rimas e sons que, em numerosos casos particulares e vistos como um todo, também possuem um significado simbólico. Isso confere aos hinos uma forma muito característica de espirituosidade, única em seu nível estilístico, embora seja possível encontrar alguns paralelos na poesia de alguns períodos ulteriores.[40] Tentaremos analisar vários casos, começando por uma das sequências de Notker Balbulus (morto em 912), o inventor da forma de sequência. Ele utiliza a anáfora do "tu" em muitas de suas obras; escolhi a sequência *In Purificatione Beatae Mariae* [Na Purificação da Bem-Aventurada Maria]:

1. *Concentu parili*
*hic te, Maria,*
*veneratur populus*
*teque piis*
*colit cordibus.*

2. *Generosi Abrahae*
*tu filia veneranda*
*regia de Davidis*
*stirpe genita.*

3. *Sanctissima corpore,*
*castissima moribus,*

---

[40] Ver o excelente artigo de Walter J. Ong, "Wit and Mystery", *Speculum*, 22, 1947, p. 310.

A oração à Virgem em Dante ("Paraíso" XXXIII) e antigas eulogias

*omnium pulcherrima
virgo virginum.*

4. *Laetare, mater et virgo
nobilis
Gabrielis
archangelico
quae credula oraculo
genuisti
clausa filium.*

5. *In cuius sacratissimo
sanguine
emundatur
universitas
perditissimi generis
ut promisit
Deus Abrahae.*

6. *Te virga arida Aaron
flore speciosa
praefigurat,
Maria,
sine viri semine
nato floridam.*

7. *Tu porta iugiter serrata
quam Ezechielis
vox testatur,
Maria,
soli Deo pervia
esse crederis.*

8. *Sed tu tamen matris virtutum*
*dum nobis exemplum*
*cupisti commendare,*
*subisti remedium*
*pollutis*
*statutum matribus.*

9. *Ad templum detulisti tecum*
*mundandum, qui tibi*
*integritatis decus*
*Deus homo genitus*
*adauxit*
*intacta genetrix.*

10. *Laetare,*
*quam scrutator*
*cordis et renum probat*
*proprio habitatu*
*singulariter*
*dignam, sancta Maria.*

11. *Exsulta,*
*cui parvus*
*arrisit tunc, Maria,*
*qui laeteri omnibus*
*et consistere*
*suo nutu tribuit.*

12. *Ergo quique colimus* [...][41]

---

[41] "1. Como em uníssono aqui, Maria, te venera o povo e te cultua com

A oração à Virgem em Dante ("Paraíso" XXXIII) e antigas eulogias

A eulogia que vai da segunda estrofe à décima primeira inicia-se parcialmente com anáfora do "tu", e parcialmente por imperativos seguidos de orações relativas ("*Laetare* [...] *quae*"; "*Laetare, quam*"; "*Exsulta, cui*" [Alegra-te, (...) tu a quem; Alegra-te, tu que; Exulta, tu a quem]); nem todas as suas partes são puramente figurais, mas há em quase todas as estrofes alguma alusão figural fundida com o conteúdo histórico e dogmático. Começaremos por explicar várias dessas alusões.

Segunda estrofe: a designação da Virgem como "*filia generosi Abrahae*" [filha do generoso Abraão] possui uma alusão a Cristo como alto sacerdote "*secundum ordinem Melchisedek*" [segundo a ordem de Melquisedeque]: *Hebreus* 7 e *Gênesis* 14, 18 ss.[42]

---

pios corações.// 2. Do generoso Abraão tua filha veneranda, da régia estirpe de Davi nascida.// 3. Santíssima no corpo, castíssima nos hábitos, em tudo belíssima, virgem das virgens.// 4. Alegra-te, mãe e virgem que, crendo no arcangélico oráculo do nobre Gabriel geraste, fechada, um filho.// 5. Em cujo sangue mais sagrado purifica-se a totalidade do gênero mais perdido, como prometeu Deus a Abraão// 6. A vara seca de Aarão pela bela flor te prefigura, Maria, florida sem semente nascida de varão.// 7. Tua porta continuamente cerrada que a voz de Ezequiel testemunhou, Maria, ser só por Deus transponível és crida.// 8. Mas tu também, mãe das virtudes, quando um exemplo nos quiseste dar, te submeteste ao remédio instituído às mães impuras.// 9. Ao templo levaste contigo a ser purificado, o que a ti, Deus nascido homem, o decoro da integridade aumentou, mãe intocada.// 10. Alegra-te, quem o escrutinador de corações e rins aprova singularmente digna como habitáculo próprio, Santa Maria.// 11. Exulta, tu a quem o pequeno sorri agora, Maria, o que alegrar a todos e sustentar por seu inclinar de cabeça concede.// 12. Portanto cultuamos também a ele [...]". H. A. Daniel, *Thesaurus Hymnologicus, op. cit.*, II, 10.

[42] Gregório Magno, *Homiliae in Ezechiel*, livro I, homilia VIII, 26 ("Ad Ezechiel I, 27"; *Patrologia latina*, LXXVI, col. 866): "*Quid enim lumborum nomine nisi propago mortalitatis exprimitur? Propter quod etiam de Levi dicitur, quia*

Quinta estrofe: as palavras *"ut promisit Deus Abrahae"* [como prometeu Deus a Abraão] referem-se ao *Gênesis* 22, 18 (*"et benedicentur in semine tuo omnes gentes terrae"* [e fossem benditos em tua descendência todos os povos da terra]), isto é, ao sacrifício de Isaac; o sangue do carneiro oferecido no lugar de Isaac é *"figura sanguinis Christi"*.

Sexta estrofe: *"o virga arida Aaron"* [Ó vara seca de Aarão] (*Números* 17, 8) é explicado nos versos seguintes. Essa é uma das mais recorrentes combinações figurais simbolizando a concepção de Cristo; ela encontra apoio em outra passagem ainda mais famosa: *"et egredietur virga de radice Jesse, et flos de radice eius ascendet"* [E sairá uma vara do tronco de Jessé, e uma flor brotará de sua raiz] (*Isaías* 11, 1). Mais tarde, há muitos trocadilhos com as palavras *"virgo"* [virgem] e *"virga"* [vara]. Maria é chamada *"virgo virga salutares"* [virgem vara da salvação][43] em um hino

---

*adhuc in lumbis patris erat, cum Melchisedek occurrit Abrahae* (*Hebreus* 7, 10) *De lumbis vero Abrahae virgo Maria exiit, in cuius utero Unigenitus Patris per Spiritum Sactum incarnati dignatus est"* [O que pois, pelo nome de lombos se exprime senão a progênie da mortalidade? Pelo que também de Levi se diz, que estava então nos lombos do pai, quando Melquisedeque foi a Abraão. Dos lombos de Abraão verdadeiramente saiu a Virgem Maria, em cujo útero o unigênito do Pai, pelo Espírito Santo, se dignou a ser encarnado]. Ver também Pedro Lombardo, *Sententiae*, livro III, capítulo III, § 3. Para uma relação plausível entre *generosi* e *genita*, notar as observações feitas por W. J. Ong, "Wit and Mystery", *loc. cit.*, p. 319, em um comentário a dois versos do *"Pangue lingua* [...]" [Canta, ó língua] de Tomás de Aquino: *"Fructus ventri generosi/ Rex effudit gentium"* [Fruto de ventre generoso/ Rei dos povos derramou].

[43] *"Gaude, virgo gloriosa* [...]" [Alegra-te, Virgem Gloriosa], *Analecta Hymnica*, VIII, 81, um dos mais espirituosos e elegantes hinos que conheço. Muitas de suas estrofes baseiam-se na figura *virgo-virga*.

A oração à Virgem em Dante ("Paraíso" XXXIII) e antigas eulogias

do século XII, e São Bernardo designa Cristo "*virga virgo virgine generatus*" [vara virgem gerado da virgem].[44]

Sétima estrofe: "*porta iugiter serrata*" [porta continuamente fechada] pertence ao mesmo grupo de figuras sobre a concepção; refere-se a *Ezequiel* 44, 2: "*porta haec clausa erit, et non aperietur, et vir non transibit per eam; quoniam Dominus Deus Israel ingressus est per eam*" [essa porta estará fechada e não se abrirá e não passará por ela varão porque o Senhor Deus de Israel entrou por ela]. Discutiremos essa figura mais adiante.

Oitava estrofe: a mãe das virtudes é *humilitas* [humildade], em oposição a *superbia* [soberba]; a humildade de Maria é um motivo importante na sua eulogia (Dante: "*umile* [...] *più che criatura*"), baseado, segundo a tradição, em *Lucas* 1, 38 ss.; ela é oposta à *superbia* de Eva ("Purgatório" XXIX, 25-27). As palavras "*subisti remedium*" etc. [submeteste ao remédio] e as estrofes seguintes referem-se a *Lucas* 2, 22-24, conferir *Levítico* 12, 6-8.[45]

Décima primeira estrofe: o tema do riso ("*cui parvus arrisit tunc*" [a quem o pequeno sorri agora]) é bastante difundido, mas há algumas variações quanto à pessoa que está rindo; em uma sequência do século XII, a ser analisada mais adiante ("*Candor surgens ut aurora*" [Brancura erguendo-se como a aurora]), é Ana, mãe de Maria: "*matris risus te signavit*" [o riso da mãe te assinalou] (quarta estrofe); em outra sequência do mesmo perío-

---

[44] Bernardo de Claraval, *Sermones in Cantica Canticorum*, XLVII, 5, in *Patrologia latina*, CLXXXIII, col. 1010; ver nota 59 *infra*.

[45] Para a persistência dessa tradição, ver Giulio Bertoni (ed.), *Laudario dei Battuti di Modena*, in *Zeitschrift für Romanische Philologie*, XX, 1909, p. 27, vv. 27 ss.

do, *De sancta Maria Aegyptiaca*,[46] Cristo é chamado de "*noster risus*" [nosso riso]; Adão de São Vítor, em *In Ressurrectione Domini Sequentia* [Sequência da Ressurreição do Senhor], designa Cristo como: "*puer nostri forma risus,/ pro quo vervex est occisus*" [a criança, beleza de nosso riso,/ em lugar de quem o Cordeiro foi morto].[47]

Essa última citação explica o significado: é novamente Isaac como "*figura Christi*" com uma alusão a seu nome e às palavras de Sara referindo-se a ele: "*risum fecit mihi Dominus*" [o Senhor me provocou riso] (*Gênesis* 21, 6); é a alegria causada pelo nascimento da criança milagrosa tão longamente esperada, que também pode rir, e ser chamada de "*noster risus, o gaudium Magnum*" [nosso riso, ó grande alegria] de *Lucas* 2, 10. Estou inclinado a supor que a quarta écloga de Virgílio também contribuiu para essa figura;[48] é bem conhecida a interpretação medieval do texto de Virgílio como uma profecia de Cristo.

A sequência de Notker não possui rimas, são pouco frequentes suas figuras de linguagem, e elas são simples em comparação ao que nos é oferecido nos textos subsequentes.[49] As fi-

---

[46] H. A. Daniel, *Thesaurus Hymnologicus*, *op. cit.*, III, 256; R. C. Trench, *Sacred Latin Poetry, Chiefly Lyrical, Selected and Arranged for Use*, *op. cit.*, p. 223.

[47] Adão de São Vítor, *Oeuvres poétiques*, ed. Léon Gautier (Paris, A. Picard, 1894, 3ª ed.), p. 46: "*Zyma vetus expurgetur*" [Será expurgado o velho fermento].

[48] "*Incipe parve puer risu cognoscere matrem*" [Começa pequena criança a reconhecer a mãe pelo sorriso]. A leitura das seguintes palavras "*qui non risere parenti*" [quem não sorri aos pais] (em vez de "*cui non risere parentes*" [aquele a quem os pais não sorriem]) baseia-se em uma passagem de Quintiliano (IX, III, 8) e encontrou apoio em Eduard Norden, *Die Geburt des Kindes: Geschichte einer religiösen Idee* (Leipzig/Berlim, Teubner, 1924), p. 62. Ainda que dificilmente possa ter sido conhecida por Notker.

[49] Por exemplo, o paralelismo *sanctissima corpore — castissima moribus* [san-

# A oração à Virgem em Dante ("Paraíso" XXXIII) e antigas eulogias

guras interpretativas não são suficientemente densas para mascarar os fatos que interpretam; Maria, na sua história real, está presente em cada estrofe, excetuando a sexta e a sétima; estas são quase que completamente figurais, mas ainda possuem relação com a vida real de Maria por meio das fórmulas "*Te* [...] *praefigurat, Maria*" e "*Tu* [...] *Maria* [...] *esse crederis*" [Prefigura-te, Maria, e tu (...) Maria (...) és crida].

Nas sequências do século XI, é evidente o progresso do estilo figural; há estrofes e mesmo séries de estrofes onde as figuras ocultam completamente a história. A estrofe seguinte, tomada da sequência *In Assumptione Beatae Mariae* [Ascensão da Bem-Aventurada Virgem Maria],[50] atribuída a Hermano de Reichenau,

> 2. *Euge Dei porta*
> *quae non aperta*
> *veritatis lumen*
> *ipsum solem iustitiae*
> *indutum carne*
> *ducis in orbem,*[51]

com suas alusões a *Ezequiel* 44, 2; a *Malaquias* 4, 2 e a *João* 1, 1-16, é apenas uma dentre a série de paráfrases similares do nas-

---

tíssima no corpo — castíssima nos hábitos]; contrastes como *genuisti clausa* [geraste fechada] ou "*mundandum, qui tibi integritatis decus adauxit*" [ser purificado o que a ti o decoro da integridade aumentou]; o jogo com *matris* — *matribus* [da mãe — às mães] (estrofe 8) etc.

[50] "*Ave praeclara maris Stella* [...]" [Salve clara estrela do mar], *Analecta Hymnica*, L, 313.

[51] "Bravo, porta de Deus/ que, não aberta,/ a luz da verdade/ o próprio sol da justiça/ vestido de carne/ conduzes ao mundo."

cimento de Cristo, nas quais o evento desaparece, encoberto pelos seus símbolos; aqui estão mais duas estrofes com imagens figurais muito intricadas:

> 6. *Tu agnum regem*
> *terrae dominatorem*
> *Moabitici*
> *de petra deserti*
> *ad montem filiae Sion*
> *transduxisti.*

> 7. *Tuque furentem*
> *Leviathan serpentem*
> *tortuosumque*
> *et vectem collidens*
> *damnoso crimine mundum*
> *exemisti.*[52]

A estrofe 6 é baseada em *Isaías* 16, 1; e a 7 em *Isaías* 27, 1; na figura do Leviatã há também, provavelmente, uma alusão a *Jó* 40, 20 e às interpretações correntes dessas passagens;[53] elas

---

[52] "Tu o Cordeiro Rei/ da Terra dominador/ da pedra do deserto dos moabitas/ ao monte das filhas de Sião/ transportaste./ E tu a furiosa/ serpente Leviatã/ tortuosa/ e escorregadia golpeando/ do crime danoso o mundo/ tiraste."

[53] São Jerônimo, *ad. loc.*, *Patrologia latina*, XXIII, col. 1532; Gregório Magno, *Moralia*, XXXIII, 7, in *Patrologia latina*, LXXVI, col. 680; cf. o hino de Páscoa de Santo Ambrósio, "*Hic est dies verus Dei* [...]" [Este dia é verdadeiramente de Deus], *Analecta Hymnica*, L, 16; ver também Pedro Lombardo, *Sententiae*, livro III, capítulo XIX, § 1, in *Patrologia latina*, CXCII, col. 796: "*Et quid fecit Redemptor captivatori nostro? Tentendit ei muscipulum crucem suam; posuit ibi quasi escam*

A oração à Virgem em Dante ("Paraíso" XXXIII) e antigas eulogias

consideram a encarnação de Cristo a isca e sua natureza divina o anzol com qual Leviatã, o demônio, é capturado.[54] No século XII, com o pleno desenvolvimento da rima e a crescente naturalidade da versificação, esse estilo figural alcançou sua perfeição; figuras interpretativas foram fundidas a figuras de linguagem e sonoras; ambas cobriam a história sagrada com certo tipo de ornamento retórico e místico.[55] Comecemos com uma eulogia da sequência *In Assumptione Beatae Mariae Virginis (Gratulemur In Hac Die)* [Na Assunção da Beata Virgem Maria (Congracemo-nos neste dia)], de Adão de São Vítor:

> 5. *Virgo sancta, virgo munda,*     25
> *Tibi nostra sit iucunda*
> *Vocis modulatio;*
> *Nobis opem fer de sursum,*
> *Et post huius vitae cursum*
> *Tuo iunge filio.*

> 6. *Tu a saeclis praeelecta*     31
> *Literali diu tecta*
> *Fuisti sub cortice.*
> *De te Christum genitura*
> *Praedixerunt in scriptura*
> *Prophetae, sed typice.*

---

*sanguinem suum"* [E que fez o Redentor ao nosso cativador? Estendeu a ele a armadilha de sua cruz; pôs ali, como se fosse isca, o seu sangue].

[54] Compare-se, para o mesmo período, os hinos de Pedro Damião, *Analecta Hymnica*, XLVIII, por exemplo: "*O genetrix aeterni* [...]" [Ó genitora do eterno], p. 52.

[55] Cf. W. J. Ong, "Wit and Mystery", *loc. cit.*, *passim.*

7. *Sacramentum patefactum*     37
*Est dum Verbum caro factum*
*Ex te nasci voluit*
*Quod sua nos pietate*
*A maligni potestate*
*Potenter eripuit.*

8. *Te per thronum Salomonis,*     43
*Te per vellus Gedeonis*
*Praesignatam credimus,*
*Et per rubum incombustum,*
*Testamentum si vetustum*
*Mystice perpendimus.*

9. *Super vellus ros descendens*     49
*Et in rubo flamma spendens*
*(Neutrum tamen laeditur)*
*Fuit Christus carnem sumens,*
*In te tamen non consumens*
*Pudorem, dum gignitur.*

10. *De te virga progressuram*     55
*Florem mundo profuturam*
*Isaïas cecinit,*
*Flore Christum praefigurans*
*Cuius virtus semper durans*
*Nec coepit Nec desinit.*

11. *Fontis vitae tu cisterna,*     61
*Ardens lucens es lucerna;*
*Per te nobis lux superna*
*Suum fudit radium;*

# A oração à Virgem em Dante ("Paraíso" XXXIII) e antigas eulogias

*Ardens igne caritatis,*
*Luce lucens castitatis*
*Lucem summae claritatis*
*Mundo gignens filium.*

12. *O salutis nostrae porta,*    69
*nos exaudi, nos conforta* [...][56]

Esse é ainda um exemplo comparativamente nada sofisticado, pois Adão descreve o método que segue (vv. 31-36), o que é lembrado em muitos versos (45, 47-48, 57); não há uma fusão completa entre a figuração e o objeto figurado. Comparadas ao jogo das rimas, as figuras de linguagem e de sonoridade não

---

[56] "Virgem santa, virgem pura/ que a ti seja alegre a nossa/ modulação de voz;/ a nós traz a obra do alto/ e depois do percurso desta vida/ a teu filho junta.// Tu, desde os séculos pré-escolhida/ literariamente sempre escondida/ estiveste sob a casca./ De ti o nascimento de Cristo/ predisseram na Escritura/ os profetas, porém em tipos.// O mistério revelou-se/ quando o Verbo feito carne/ quis de ti nascer/ Que por sua piedade/ quis da potência maligna/ com poder arrancou.// Te cremos pré-significada/ pelo trono de Salomão/ pelo velo de Gedeão/ E pelo arbusto que não se queimava/ testemunho tão antigo/ misticamente consideramos.// O orvalho descendo sobre o velo/ no arbusto a chama queimando/ e nenhum dois dois, porém, se danifica/ Foi o Cristo tomando a carne,/ em ti também não consumindo/ o pudor enquanto nasce.// De ti vara futura que dá flor/ cantou Isaías,/ Pela flor prefigurando o Cristo/ cujo vigor durando sempre/ nem começa nem termina.// Tu, cisterna da fonte da vida,/ és lâmpada ardendo e luzindo/ Por meio de ti para nós a luz suprema/ derrama seu raio;/ Fogo ardente da caridade/ luz luzente da castidade/ a luz da claridade suprema/ para o mundo gerando o filho.// Ó porta da nossa salvação/ ouve-nos, conforta-nos [...]." A. de São Vítor, *Oeuvres poétiques, op. cit.*, p. 171; *The Liturgical Poetry of Adam of St. Victor*, Digby S. Wrangham (ed.), 3 vols., Londres, Kegan Paul, Trench & Co., 1881, II, p. 164.

Erich Auerbach

são muito admiráveis. Mas as alusões tipológicas pedem algum comentário.

Sexta estrofe: nessa descrição geral do método figural, as palavras "*tu a saeclis praeelecta*" [Tu há séculos pré-escolhida], que correspondem ao "*termine fisso d'eterno consiglio*" de Dante, aludem a passagens tais como *Provérbios* 8, 23 ("*ab eterno ordinata suum*" [Desde a eternidade fui ordenada]), ou *Cântico dos cânticos* 6, 9; a fórmula usual é: "*elegit eam Deus, et praeelegit eam*" [Deus a escolheu e a pré-escolheu]; Maria é por vezes considerada "*finis figurarum*" [fim das figuras], embora essa designação seja usualmente aplicada ao próprio Cristo.[57]

Oitava estrofe: as três imagens "*thronus Salomonis*", "*vellus Gedeonis*" e "*rubus incombustus*" [trono de Salomão, velo de Gedeão e arbusto não queimado] estão entre as figuras mais difundidas de Maria; o próprio poeta explica o significado das duas últimas (vv. 49-54); os textos bíblicos relacionados são *Juízes* 6, 36 ss. para "*vellus Gedeonis*" e *Êxodo* 3, 2 para "*rubus*". Maria como "*thronus Salomonis*" refere-se a Salomão como "*figura Christi*"; ele é o "*sponsus*" do *Cântico dos cânticos*, e seu nome é interpretado como "pacífico"; assim, o "verdadeiro Salomão" é Cristo, que por sua vez é "*pax nostra*" [nossa paz] (*Efésios* 2, 14), e a Virgem é frequentemente chamada de "*thronus*", ou "*templum*", ou "*domus*", ou "*lectus Salomonis*" [trono, templo, casa ou leito de Salomão]. Encontramos anteriormente, no hino de Santo Ambrósio "*De Adventu Domini*" [Sobre o Advento do Senhor], o verso "*versatur in templo Deus*" [Deus derramado no templo].[58]

---

[57] Cf. Pedro de Blois, *Sermo XXXVIII*, in *Patrologia latina*, CCVII, col. 674; ou Alberto Magno, *De Laudibus Beatae Mariae Virginis*, IV, 8 (*Opera*, XXXVI, 188).

[58] Para *thronus* [trono], a edição de Adão de São Vítor por L. Gautier, *loc.*

A oração à Virgem em Dante ("Paraíso" XXXIII) e antigas eulogias

Décima estrofe: o pano de fundo dos versos 55 ss. é, obviamente, *Isaías* 11, 1 ss., uma das passagens básicas do figurismo bíblico.[59] Cf. acima, p. 214.

Décima primeira estrofe: Cristo como *"fons vitae"* [fonte da vida] refere-se a *Salmos* 35, 10; o trecho de Maria como intercessora foi expresso inúmeras vezes por imagens como *"fontis vitae cisterna"* [cisterna da fonte da vida];[60] *"caritas"* [caridade] e *"castitas"* [castidade] estão entre as suas principais virtudes (cf. nota 57 *supra*); Cristo como *"lumen summae claritatis"* [luz de suprema claridade] refere-se a várias passagens bíblicas, a mais importante das quais é a visão de São Paulo, *Atos dos apóstolos* 22, 11.

Décima segunda estrofe: *"salutis nostrae porta"* [porta da nossa salvação] refere-se novamente ao portão de *Ezequiel* 44, 2 (cf. p. 215); esse portão foi interpretado como uma figura da Virgem: *"et ante partum incorrupta, et post partum mansit illae-*

---

*cit.*, refere-se a *1 Reis* 10, 18; seu marfim simboliza a pureza de Maria, o ouro, sua caridade etc. Cf. Jodocus Clichtovaeus, *Elucidarium Ecclesiasticum* (Paris, 1548, 4ª ed.) IV, 507, em uma interpretação da sequência de Adão *Salve Mater Salvatoris* [Salve mãe do Salvador].

[59] Bernardo de Claraval, *De Adventu Domini Sermo*, II, 4, in *Patrologia latina*, CLXXXIII, col. 42: *"virgo genitrix virga est, flos filius eius. Flos utique lilius Virginis, flos candidus et rubicundus, electus ex Millibus* (Cântico dos cânticos 5, 10); *flos in quem prospicere desiderant angeli, flos ad cuius odorem reviviscunt mortui* [...]" [a virgem genitora é a vara, a flor, o filho dela. Flor como lírio da virgem, flor branca e rubra, escolhida dentre milhares (*Cântico dos cânticos* 5, 10); flor que querem olhar os anjos, flor a cujo odor revivem os mortos]. *Candidus* [branco] significa *lilium virginitatis* [lírio da virgindade] e *rubicundus* [rubro] significa *rosam passionais* [rosa da paixão].

[60] São Bernardo diz *aquaeductus* [aqueduto] (*Patrologia latina*, CLXXXIII, cols. 437 ss.).

*sa*" [incorrupta tanto antes do parto, quando permanece ilesa depois do parto].[61] Isso já ocorre em um hino tão antigo como esse de Venâncio Fortunato: "*Tu regis alti ianua/ et porta lucis fulgida*" [Tu porta do alto rei/ e porta fúlgida da luz].[62]

Adão é o grande mestre das eulogias compostas de séries de figuras; há muitas que, como em nosso texto, usam as anáforas do "*tu*", tais como *Salve Mater Salvatoris* [Salve mãe do Salvador][63] ou a sequência endereçada ao Espírito Santo *Qui procedit ab utroque* [Que de ambos procede].[64] Mas algumas das eulogias mais características são compostas em formas diferentes, por exemplo, a sequência *In Ressurrectione Domini (Zyma vetus expurgetur)* [Na Ressurreição do Senhor (Será expurgado o velho fermento)],[65] onde, como em nosso texto, o método é explicado: "*Lex est umbra futurorum,/ Christus finis promissorum*" [A lei é sombra das coisas futuras,/ Cristo é o fim das coisas prometidas].

Como um último espécime do estilo figural, apresento um hino originado da Estíria, uma sequência anônima *In Nativita-*

---

[61] Rábano Mauro, *Allegoriae in Sacram Scripturam* [Alegorias na Escritura Sagrada], *Patrologia latina*, CXII, 1031; em *De Universo* [Sobre o universo], livro XXII, capítulo II (*Patrologia latina*, CXI, col. 385), ele define o portão de Ezequiel como *uterus Virginis* [útero da Virgem], cf. *Clavis Melitonis*, in Jean Baptiste Pitra, *Spicilegium Solesmense*, 4 vols., Paris, Didot, 1852-58, II, LXXVII. J. Clichtovaeus, *Elucidarium Ecclesiasticum, op. cit.*, I, 208.

[62] *Hymnus Beatae Mariae* ("*Quam terra* [...]") [Hino à Bem-Aventurada Maria], *Analecta Hymnica*, L, 86.

[63] A. de São Vítor, *Oeuvres poétiques, op. cit.*, p. 186.

[64] *Idem, ibidem*, p. 61.

[65] *Idem, ibidem*, p. 46.

*te Domini* [No nascimento do Senhor];[66] embora a eulogia não seja composta pela anáfora do "*tu*", ela foi escolhida como um dos mais admiráveis exemplos da combinação de figuras tipológicas com figuras sonoras:

1. *Candor surgens ut aurora*
*Solvit chaos pulsa mora*
*Noctis de caligine.*

2. *Geniturae novo iure*
*Non de viro feta miro*
*Deum parit ordine.*

3. *Lex naturae matris purae*
*Causam nescit, nec marcescit*
*Feta flos in virgine.*

4. *Matris risus te signavit*
*Matrem ducis qui salvit*
*Luto fessum et opressum*
*In Aegypto populum.*

5. *Arca dudum quod servavit*
*Manna profers in quo David*
*Gaudet ludens, ludus prudens*
*In te laudat parvulum.*

---

[66] *Analecta Hymnica*, VIII, 15. Outro bom exemplo é *Rhythmus de Passione Domini* ("*Christe via qui perducis* [...]") [Poema sobre a Paixão do Senhor ("Ó Cristo, caminho que conduzes")], *Analecta Hymnica*, XXXI, 54.

6. *Illa mitis Moabitis*
*Ruth quaerebat quod latebat*
*Tunc Noemi gaudium.*

7. *Bethlemitis botrus vitis*
*Iam non latet quod non patet*
*Spes ulla per alium.*

8. *Veri lectus Salomonis*
*Contra regem Aquilonis*
*Parvum fovit qui removit*
*Grave iugum oneris.*

9. *Quod sit, vide, rationis,*
*Quod conflictus Gedeonis*
*Non salvaret, si non daret*
*Virtutem ros velleris.*

10. *Quam amoenus ager plenus*
*Madet rore quem ab ore*
*Gabrielis suscipit,*

11. *Cuius fructus fit conductus*
*Per quem fretus exsul vetus*
*Stolam primam recipit.*

12. *Audi filia pulchra facie,*

13. *Fer praesidia plena gratiae.*

14. *Te placata vivit reus,*
*Quod vis praestat homo Deus*

A oração à Virgem em Dante ("Paraíso" XXXIII) e antigas eulogias

*Qui mamillas captans illas*
*Tuo flebat gremio.*

15. *Quem lactasti tuum pridem*
*Non est alter, regnat idem*
*Honor matris, splendor patris*
*In coelorum solio.*[67]

A eulogia tipológica da Virgem inicia-se na quarta estrofe;[68] iniciaremos novamente explicando aquilo que não é mais familiar aos leitores modernos.

---

[67] "A brancura surgindo como aurora/ Dissolve o caos, sem demora,/ Da escuridão da noite.// Por nova justiça de gestação,/ A não por homem fecundada/ Por admirável ordem/ Pariu Deus.// A lei da natureza não conhece a causa da mãe pura/ Nem a mancha/ A flor na virgem fecunda.// O sorriso da mãe te assinalou/ Como mãe do condutor que salva/ O povo cansado e oprimido/ No Egito.// A Arca que há algum tempo conservou/ O maná levas adiante, na qual Davi/ Alegra-se dançando, a dança antevendo/ Pequenino em ti, louva.// Aquela doce moabita/ Ruth buscava o que então estava latente,/ A alegria de Noemi// A uva da vide de Belém/ Já não está latente pois não se manifesta/ Por meio de outro esperança alguma.// Leito do verdadeiro Salomão/ Contra o rei do norte/ Aqueceu o pequeno que remove/ O jugo de grande peso.// Qual seja a razão, vê,/ Que a luta a Gedeão/ Não teria poupado, se não tivesse dado/ Coragem o orvalho no velo.// Quão ameno o campo cheio/ Se molha de orvalho que da boca// De Gabriel recebe.// Cujo fruto se contrata/ Pelo qual, confiante, o velho exilado/ Recebe a melhor roupa.// Ouve, filha de bela face,// Traz abrigos cheios de graça.// Aplacada tu vive o acusado,/ A quem dá força o homem Deus/ Que tomando essas mamas/ Em teu seio chorava.// Aquele que aleitaste há tempo/ Não é outro, ele mesmo reina,/ Honra da mãe, esplendor do Pai/ No trono dos céus."

[68] Existem algumas dificuldades gramaticais nas segunda e terceira estrofes. Considero o particípio passado *feta* como substantivo na segunda estrofe (*"non de*

Quarta estrofe: já estamos familiarizados com o "*risus*" [riso]; aqui, é Ana, mãe de Maria, que está rindo;[69] ela é por vezes prefigurada e deslocada, graças à homonímia, como Ana (Hannah), mãe de Samuel,[70] que primeiro pranteou e mais tarde triunfou. Ambas pertencem à série de mães inicialmente infecundas e depois abençoadas, série iniciada por Sara, a mãe sorridente. O riso de Ana indica Maria como "*mater ducis*" [mãe do condutor], e Moisés é introduzido para Cristo como "*dux*" [condutor]. A fuga dos judeus do Egito (*Êxodo* e *Salmos*, 113) é uma das figuras fundamentais da Salvação por intermédio de Cristo; "*lutum*", lodo, barro, é um dos símbolos de opressão e servidão (*Êxodo* 1, 14 e 5, 7: "*lutum*", "*later*", "*palea*" [barro, tijolo, palha][71] com significado figural; assim como Moisés libertou seu povo da servidão no Egito, Cristo libertou a humanidade da servidão do pecado e da perdição.

Quinta estrofe: essa passagem, com seu elegante e poético uso dos sons ("*gaudet ludens, ludus prudens in te laudat*" [alegra-se dançando, a dança antevendo em ti louva]), refere-se à dança de Davi, quando trouxe o Arca de Deus para sua cidade (*2*

---

*viro feta*" [não por homem fecundada]) como sujeito e como adjetivo na terceira ("*in feta vergine*" [em fecunda virgem]).

[69] Sua lenda é baseada em uma tradição apócrifa (*Evangelium de Nativitate Mariae* e *Protoevangelium Iacobi* [Evangelho da Natividade de Maria e Protoevangelho de Tiago]).

[70] *1 Reis* 1 ss. Há ainda uma terceira Ana no livro de Tobias; ambas as antigas Anas como figuras da mãe da Virgem estão combinadas em um hino *De Sancta Anna* [Sobre Sant'Ana], *Analecta Hymnica*, VIII, 102. Cf. o lugar de Ana no empíreo de Dante, "Paraíso" XXXII, 133.

[71] Cf. a sequência de Adão de São Vítor *Zyma vetus* [Velho fermento] (*Oeuvres poétiques, op. cit.*, III, 46), estrofe 4, e *Allegoriae in Vetus Testamentum* [Alegorias para o Velho Testamento], III, I (*Patrologia latina*, CLXXV, 654-55).

A oração à Virgem em Dante ("Paraíso" XXXIII) e antigas eulogias

*Samuel* 6, 12 ss.). A Arca figura Maria e o maná nela guardado (*Êxodo* 16, 32-34 e *Hebreus* 9, 4) figura Cristo; desse modo, a dança de Davi prefigura a glorificação do nascimento de Cristo.

Sexta estrofe: Ruth é frequentemente considerada, como a maioria das mulheres no Antigo Testamento, como uma figura da Igreja ou da Virgem;[72] aqui ela aparece como uma das ancestrais de Davi e, consequentemente, de Cristo. Ela ainda procura por seu futuro oculto ("*quaerebat*": *Ruth* 4, 17-18), quando, a conselho de sua madrasta Naomi, "deixa-se ficar aos pés" de Boaz; e seu filho foi uma alegria para Naomi (*Ruth* 4, 14-17), a judia que havia perdido seus dois filhos; Ruth é também uma figura dos povos pagãos convertidos à Cristandade.

Sétima estrofe: "*Bethlemitis botrus vitis*" [O cacho de uvas da vide de Jerusalém] é Cristo; esta é uma referência tipológica a "*botrus qui in vecte portatur*" [cacho de uva que carregavam na vara] (*Números* 13, 24), e também a "*botrus Cypri dilectus meus mihi*" [cacho de uva de Chipre é meu amado para mim] (*Cântico dos cânticos* 1, 13). Para essa última passagem, ver *Sermones in Cantica* [Sermões sobre os Cânticos] de São Bernardo;[73] para

---

[72] Para Ruth como *figura Ecclesiae* [figura da Igreja], ver Rábano Mauro, *Commentaria in Librum Ruth*, X, in *Patrologia latina*, CVIII, col. 1214: "*Dormivit Ruth spiritalis ad pedes Christi, cum in spe incarnationis eius, unde sibi certam salutem credebat esse venturam, quasi requiescens patienter eum expectabat*" [Dormiu Ruth espiritualmente aos pés de Cristo, como na esperança da encarnação dele, de onde cria que viria a Salvação certa, como se deitada, pacientemente o esperasse]. Para mulheres do Antigo Testamento representadas como séries de figuras, ver Johannes de Garlândia, *De Beata Maria Virgine Rhythmus ("Virgo mater Salvatoris* [...]")*, *Analecta Hymnica*, L, 548; Alberto Magno, *De Laudibus Beatae Mariae Virginis*, I, 6, in *Opera*, XXXVI, 44, e, assim me parece, também em "Paraíso" XXXII, 4-18.

[73] *Sermo* XLIV, in *Patrologia latina*, CLXXXIII, cols. 995-99.

a passagem do livro dos *Números*, permito-me citar novamente Rábano Mauro: "*Ille autem botrus uvae quem in ligno de terrae repromissionis duo advexere vectores, botrus pendens ex ligno, utique Christus ex ligno crucis promissus gentibus de terra genitricis Mariae; terrenae stirpis secundum carnem visceribus effusus*" [Pois aquele cacho de uvas que dois carregadores levaram da terra prometida num pedaço de madeira, cacho de uva pendente da madeira, tal como Cristo do madeiro da cruz prometido aos gentios da terra da mãe Maria; de estirpe terrena segundo a carne, saído de entranhas].[74]

A comparação entre Maria e a terra ("solo virgem") é tradicional;[75] as palavras "*non patet spes per alium*" [não por outro se manifesta a esperança] referem-se a passagens tais como *Mateus* 11, 3 ou *Lucas* 7, 19.

Oitava estrofe: Maria foi identificada acima (p. 222) como "*lectus Salomonis*" [leito de Salomão]; o "*rex Aquilonis*" [rei do norte] é provavelmente o rei da Babilônia (*Isaías* 14, 13) como uma figura do demônio ou de Herodes.

Nona estrofe: para "*vellus Gedeonis*" [velo de Gedeão], ver p. 222.

Décima estrofe: "*Ager plenus*" [campo cheio] refere-se a *Gênesis* 27, 27: "*ecce odor filii mei sicut odor agri pleni, cui benedixit*

---

[74] *Enarrationes super Deuteronomium*, I, III, in *Patrologia latina*, CVIII, col. 845.

[75] Em um artigo anterior ("Figurative Texts Illustrating Certain Passages of Dante's *Commedia*", *Speculum*, 21, 1946, p. 485 [Nesta edição, p. 143. (N. do O.)]), disse que essa comparação não havia sido encontrada por mim em lugar algum, exceto em Dante e em um tratado atribuído a Hugo de São Vítor. Posteriormente, encontrei-a mais remotamente em Tertuliano, *De Carne Christi* [Sobre a Carne de Cristo] (ed. Franz Oehler, II, 453-454, ou *Patrologia latina*, II, col. 827).

A oração à Virgem em Dante ("Paraíso" XXXIII) e antigas eulogias

*dominus; det tibi Deus de rore caeli* [...]" [eis que o cheiro do meu filho é como o cheiro do campo cheio, a quem bendisse o Senhor; Deus te dê do orvalho do céu (...)]. Para a explicação de Jacó como figura de Cristo nessa passagem, ver Rábano Mauro,[76] ou qualquer outro comentador medieval do *Gênesis*. Na presente passagem, *"ager plenus"* é, obviamente, a Virgem.

Décima primeira estrofe: *"exsul vetus"* [velho exilado] é Adão, ou a humanidade decaída; sua *"stola prima"* [primeira estola, melhor roupa] refere-se à parábola do filho pródigo (*Lucas* 15, 11 ss.), onde o pai diz: *"Cito proferte stolam primam, et induite illum"* [Trazei depressa a melhor roupa e vesti-o]. Há também uma alusão ao *Apocalipse* 7, 14.

A ousadia e a elasticidade no uso das imagens figurais, bem como o jogo incessante de rimas e aliterações, confere a esse texto uma notável unidade de estilo: alegre, brincalhão e ainda assim expressando o mistério supremo. O realismo das últimas estrofes — *"qui mamillas captans illas"* [que, tomando aquelas mamas], correspondendo a *"non est alter, regnat idem"* [não é outro, ele mesmo reina] — harmoniza-se inteiramente com essa doce espiritualidade. Entretanto, não é ainda o realismo emocionado e apaixonado dos poetas franciscanos posteriores, que discutiremos nas páginas seguintes.

## IV

As eulogias figurais são um novo tipo de uma forma antiga. Apresentam eventos históricos (para nosso propósito, não importa se alguns desses eventos pertencem mais à lenda que à his-

---

[76] *Commentaria in Genesim* [Comentário sobre o *Gênesis*], III, XII, in *Patrologia latina*, CVII, col. 588.

tória); não apresentam, entretanto, sequências históricas. Não narram, em uma sucessão ordenada, a história de Cristo ou da Virgem, mas apresentam inúmeros eventos passados que são considerados prefiguradores dos que se passaram com Cristo ou a Virgem. Cada um desses eventos passados é apresentado de maneira independente dos que o precederam ou que o sucederão; suas inter-relações históricas e sua ordenação temporal são desconsideradas; mas em cada um deles está incorporado o mesmo evento futuro. Pois as figuras não são meras comparações, elas são símbolos genuínos, e o simbolismo se aproxima muitas vezes da identificação completa, como em muitas das passagens analisadas acima: *"Super vellus ros descendens/ Et in rubo flamma spendens/ Fuit Christus* [...]". Ou em: *"Matris risus te signavit/ Matrem ducis qui salvit/ Luto fessum et opressum/ In Aegypto populum"*.

Assim, a eulogia figural dá a impressão de harmonia na história universal antes de Cristo: todos os seus eventos prefiguram a mesma realização futura, a encarnação de Cristo. Elas não formam uma corrente evolutiva e horizontal, mas uma série de linhas verticais, oriundas de pontos diversos, todas convergindo para Cristo: uma adoração convergente executada pela história universal. A história bíblica, para esse enfoque medieval, era a história universal; fatos que não estavam na Bíblia eram admitidos somente na medida em que se encaixavam no sistema figural.[77]

Ao longo do século XIII, em conexão com o movimento franciscano e outras correntes similares, desenvolveu-se um no-

---

[77] A maior parte dos exemplos não bíblicos de interpretação figural surgem em um período posterior, na *Comédia* de Dante ou em obras como o *Speculum Humanae Salvationis* [Espelho da salvação humana] ou a *Biblia Pauperum* [Bíblia dos pobres]. Em muitos casos, a fonte de tais exemplos foi a *Historia Scholastica* de Petrus Comestor.

A oração à Virgem em Dante ("Paraíso" XXXIII) e antigas eulogias

vo estilo de eulogia religiosa, baseada em um novo enfoque da história da Salvação: um enfoque menos figural, menos dogmático, muito mais emotivo, direto e lírico. Os eventos da encarnação e especialmente da Paixão surgem mais uma vez como eventos históricos, nada encobertos por paráfrases figurais, com um apelo direto à piedade e à compaixão humanas. Esse estilo se desenvolveu principalmente nas línguas vernáculas, em especial na italiana; além disso, há alguns poucos, mas muito famosos, exemplos em latim, como o *Stabat Mater* [Estava a mãe].[78] Nesse meio-tempo, o estilo figural não desapareceu; ele continuou a ser cultivado e existem alusões frequentes a motivos figurais mesmo em eulogias populares e líricas.

A maioria delas são demasiado longas para serem citadas aqui integralmente; ainda assim, posso citar como exemplos algumas passagens em italiano. Existe uma oração à Virgem em *Laudi Cortonesi del Secolo XIII*, que se inicia com as palavras "*Ave, vergene gaudente,/ madre de l'onnipotente*" [Salve, alegre virgem,/ mãe do onipotente] e continua com uma enumeração desconexa e aleatória de elementos tradicionais, dogmáticos, figurais e metafóricos. Além do mais, há enumerações das virtudes de Maria que lembram alguns versos de Dante: "*Tu sei fede, tu sperança*" [És fé, és esperança]. E posteriormente: "*Tu thesauro, tu ricchecça,/ tu virtude, tu larghecça,/ tu sémperial fortecça*" [És tesouro, és riqueza,/ és virtude e largeza,/ és tu imperial fortaleza].

São todos temas tradicionais; existem, contudo, uns poucos versos com uma nota não somente mais popular, como também mais emotiva:

---

[78] Cf. W. J. Ong, "Wit and Mystery", *loc. cit.*, p. 321.

> — *Quel te fo dolor de parto*
> *Ke'l videvi conficto'n quarto,*
> *tutto'l sangue li era sparto*
> *de la gran piaga repente.*
> — *Quel dolor participasti,*
> *gia mai no l'abandonasti* [...][79]

O grande mestre desse estilo emotivo na poesia religiosa italiana é Jacopone da Todi. Sua "laudação" dramática descrevendo a Virgem durante a Paixão (*Donna del Paradiso*) é quase tão famosa quanto o *Stabat Mater*; mas não contém uma eulogia no sentido específico. Há outra laudação, *De la Beata Vergine Maria*,[80] iniciando-se com as palavras: "*O Vergen piu che femina* [...]". Em sua eulogia, Jacopone subordina os motivos dogmáticos (que são, entretanto, muito importantes e de interesse para a história do dogma) à ordem cronológica e histórica dos eventos; e após a descrição do nascimento de Cristo, ele irrompe na moldura normal de uma eulogia com uma explosão da mais alta emoção:

> *O Maria co facivi — quando tu lo vidivi?*
> *or co non te morivi — de l'amore afocata?*
> *Co non te consumavi — quando tu lo guardavi,*

---

[79] "— Dor tiveste ao dar à luz/ Aquele que viste na cruz,/ todo o sangue lhe fugira/ da grande chaga recente.// — Dessa dor participaste,/ jamais o abandonaste [...]". Guido Mazzoni (org.), Bolonha, Fava e Garagni, 1890. Cito o texto incluído por Ernesto Monaci em *Crestomazia italiana dei primi secoli* (Città di Castelo, Lapi, 1897), p. 461. Outra versão está em *Laudario dei Battuti di Modena* (ver nota 45 *supra*).

[80] Jacopone da Todi, *Le Laude*, Giovanni Ferri e Santino Caramella (eds.), série "Scrittori d'Italia", Bari, Laterza, 1930, 2ª ed., p. 4.

A oração à Virgem em Dante ("Paraíso" XXXIII) e antigas eulogias

*chè Dio te conteplavi — en quella carne velata?*
*Quand'esso te sugea — l'amor co te facea,*
*la smesuranza sea — esser da te lattata?*
*Quand'esso te chiamava — et mate te vocava,*
*co non te consumava — mate di Dio vocata?*[81]

Esse estilo popular e emocional é muito mais próximo ao sentido histórico ou literal dos Evangelhos que o figural; os eventos da encarnação e da Paixão de Cristo estão continuamente presentes; há um interesse preponderante no seu valor emocional que evita sua ocultação por temas dogmáticos e figurais. Por outro lado, as eulogias emotivas compartilham com as figurais a ausência de uma composição rigorosa; não possuem qualquer tendência à condensação e à concentração. Nas eulogias figurais, a unidade do todo é mantida, em certa medida, pelo motivo da "harmonia convergente" que tentei descrever acima; nas eulogias populares, esse motivo, embora não falte, é, no mínimo, exprimido de uma forma menos consistente. Ao lê-las, temos a impressão de que são possíveis acréscimos ou supressões a despeito do todo. A maioria dos autores medievais de hinos não sente a necessidade de condensar o conteúdo dentro de uma forma rígida e inalterável, na qual cada elemento constitui parte necessária e indispensável de uma concepção sintética; a concepção englobadora estava presente em cada um desses poetas; repetições, variantes e acumulações pareciam ser legítimas, e foram muitas vezes adotadas para os fins litúrgicos.

---

[81] "Ó Maria, o que fazias — quando tu o vias?/ Como não morrias — pelo amor afogueada?/ Como não te abrasavas — quando o olhavas,/ pois Deus contemplavas — naquela carne velada?/ Quando em ti se nutria — o amor o que te fazia,/ a imensidade sua — ser por ti aleitada?/ Quando ele a ti apelava — e mãe te chamava,/ Como não te abrasava — mãe de Deus ser chamada?"

Erich Auerbach

É óbvio que a eulogia de Dante apresenta algo inteiramente novo e diferente. Ele utiliza toda a matéria da tradição histórica, dogmática e figural, mas a condensa e organiza. Entretanto, a lucidez resultante do que parece ser um planejamento mais consciente e rigoroso não é apenas perspicácia racional, mas também irradiação poética; o mistério, à luz plena dessa iluminação, permanece mistério. Assim, a oração que não poderia ser escrita por nenhum outro homem que não Dante preserva o verdadeiro espírito de São Bernardo.

As três primeiras estrofes (vv. 1-9) tratam da parte terrena da Virgem na história da Salvação humana; os versos 1-3, contendo a invocação, resumem esse aspecto histórico.

As últimas três estrofes (vv. 13-21) tratam do aspecto permanente da Virgem no papel de mãe da graça e da intercessão; os versos 19-21, ao finalizar a eulogia, resumem esse aspecto permamente.

Os versos 10-13, com sua distinção entre o que Maria é no Céu e o que é na Terra, constituem a transição da primeira para a segunda parte.[82]

Faremos agora uma análise mais detalhada, com alguns comentários.

Os vocativos acumulados dos primeiros versos são uma forma antiga, bem conhecida na poesia clássica grega e latina, revivida nos primeiros hinos cristãos.[83] Contudo, não se encontra

---

[82] Alguns comentadores antigos (Jacopo della Lana, o Anônimo Florentino) descrevem a passagem como uma enumeração das *prerogative di Nostra Donna*, (a) *da parte della sua persona*, (b) *da parte de suo figlio*; (c) *da parte de suoi atti* [prerrogativas de Nossa Senhora, da parte de sua pessoa, da parte de seu filho, da parte de seus atos].

[83] Lucrécio: "*Aeneadum genitrix, hominum divomque voluptas,/ Alma Venus*

A oração à Virgem em Dante ("Paraíso" XXXIII) e antigas eulogias

nenhum outro exemplo que articule tão bem o conteúdo e o condense de modo tão poderoso. É tão magnificente como a inscrição em um monumento à vitória,[84] ao mesmo tempo que tão doce como um poema de amor. Todos os seus oximoros são fórmulas tradicionais e todos se referem à primeira parte da eulogia. Mesmo *"umile ed alta"*, nessa passagem, não possui um significado em um sentido comum (como *"magnificenza"* na segunda parte), mas referem-se à atitude de Maria durante a Anunciação. De acordo com a tradição, a Virgem é humilde, pois se submete imediatamente à vontade de Deus (*Lucas* I, 38; cf. p. 215); ela é alta não apenas porque *"benedicta inter mulieres"*, ou seja, em um sentido objetivo, mas também por sua própria atitude, que prefiro caracterizar não em minhas próprias palavras, mas nas de São Bernardo:

> *Ineffabili siquidem artificio Spiritus supervenientis tantae humilitati magnificentia tanta in secretario virginei cordis accessit, ut [...] hae quoque [...] fiant stellae ex respectu mutuo clariores, quod videlicet Nec humilitas tanta minuit magnanimitatem, Nec magnanimitas tanta humilitatem: sed cum in sua aestimatione tam humilis esset, nihilominus in promissionis credulitate magnanimis, ut quae nihil aliud quam exiguam sese reputaret ancillam, ad incomprehensibile hoc mysterium, ad admirabile commercium, ad inscrutabile sacra-*

---

[...]" [Genitora dos enéadas, volúpia de homens e deuses, pura Vênus]; Ambrósio: *"Splendor paternae gloriae,/ De luce lucem proferens,/ Lux lucis et fons luminis, Dies diem illuminans* [...]" [Esplendor da glória paterna/ Luz provinda da luz/ Luz da luz e fonte da luz, Dia que ilumina o dia].

[84] Cf. Dante Bianchi, "Commentario metrico al XXXIII canto del Paradiso", *Giornale Dantesco*, XXXVII, 1936, 136 ss.

237

*mentum nullatenus se dubitaret electram, et veram Dei et hominis genitricem crederet mox futuram.*[85]

Para "*termine fisso*", ver p. 222.

As estrofes seguintes dão, em um entrelaçamento de elementos históricos e dogmáticos, o relato da Salvação humana. O primeiro, com um movimento estilístico de dupla gradação ("*tu sei cole che* [...]", e "*nobilitasti si, che* [...]"), descreve a encarnação, usando o motivo tradicional "*factor factus criatura*" [fazedor feito criatura]. O segundo, iniciando mais uma vez com a Natividade, registra a Paixão e o fruto da Paixão — a Salvação dos homens, a comunidade dos bem-aventurados no céu. Pois o fervor do amor de Cristo ("*l'amore per lo cui caldo*") significa sua Paixão,[86] e "*questo fiore*", a rosa branca do *Empireo*, é um velho símbolo da Ressurreição, baseado na interpretação de passagens bíblicas como em *Cântico dos cânticos* 2, 12: "*Flores appa-*

---

[85] "Por inefável artifício do Espírito que sobrevém a tanta humildade, tanta magnificência chega ao refúgio secreto do coração da virgem, de modo que essas duas se façam estrelas mais claras por respeito mútuo pois evidentemente nem tamanha humildade diminui a magnanimidade, nem a magnanimidade, tanta humildade, mas não obstante ser tão humilde em sua estimação, pela credulidade nas promessas magnânimas, de modo a nada considerando-se além de uma humilde serva, a esse incompreensível mistério, a um admirável convívio, a um inescrutável sacramento de modo algum duvidou-se escolhida e verdadeira mãe de Deus e homem acreditou num breve futuro vir a ser." *Dominica infra Octavam Assumptionis Beatae Virginis Mariae Sermo*, § 13, in *Patrologia latina*, CLXXXIII, col. 437.

[86] Paráfrase de J. della Lana e do Anônimo Florentino: "*per la cui passione e morte*". Cf. *Salmos* 18, 7: "*Nec est qui se abscondat a calore eius*" [Nem há quem se esconda de seu calor].

A oração à Virgem em Dante ("Paraíso" XXXIII) e antigas eulogias

*ruerunt in terra nostra, tempus putationis advenit*" [Apareceram flores em nossa terra, chegou o tempo da poda].[87] Na estrofe de transição, vv. 10-12, Dante passa do aspecto histórico para o eterno, dos feitos de Maria para as suas virtudes; o poeta opõe o que ela é no Céu (em consideração a *"questo fiore"*, o resultado de seus feitos históricos) àquilo que ela é na Terra. As imagens, especialmente *"meridiana face"*, são inspiradas na interpretação de São Bernardo do *Cântico dos cânticos*.[88]

As duas estrofes que tratam da real e eterna função de Maria como mediadora e ministra da graça (vv. 13-18) são introduzidas por um movimento gradual (*"sei tanto grande e tanto valli che* [...]"), comparável àquele do verso 4; ele vincula seu poder à sua origem: *"invenisti gratiam"* [achaste graça] (*Lucas* 1, 30);[89] ela é, como diz São Bernardo, o aqueduto que conduz a

---

[87] Bernardo de Claraval, *De Diligendo Deo*, III, in *Patrologia latina*, CL XXXII, col. 979; *Sermones in Cantica*, LVIII, 8, in *Patrologia latina*, CLXXXIII, cols. 1059-1060; cf. Erich Auerbach, "Figurative Texts Illustrating Certain Passages of Dante's *Commedia*", *Speculum*, 21, 1946, p. 479 [nesta edição, pp. 156-7].

[88] *Cântico dos cânticos* 1, 6: "*Indica mihi quem diligit anima mea, ubi pascas, ubi cubes in meridie*" [Amado da minha alma, aponta-me, onde é que tu apascentas o teu gado, onde te recostas pelo meio dia]. *Sermones in Cantica*, XXXIII, in *Patrologia latina*, CLXXXIII, col. 951; cf. E. Auerbach, "Figurative Texts Illustrating Certain Passages of Dante's *Commedia*", *loc. cit.*, pp. 488-89 [nesta edição, pp. 180-3].

[89] Bernardo de Claraval, *In Assumptione Beatae Mariae Virginis Sermo*, IV, 9, in *Patrologia latina*, CLXXXIII, col. 430: "*Sit deinceps pietatis tuae ipsam quam apud Deum gratiam invenisti notam facere mundo*" [Seja a coisa a seguir à tua piedade tornar conhecida pelo mundo a própria graça que encontraste junto a Deus]. Outras passagens similares de São Bernardo são citadas por comentadores antigos e modernos.

graça divina de sua fonte para a humanidade.[90] A segunda estrofe, que enfatiza sua bondade ao se antecipar frequentemente às súplicas dos necessitados, contém provavelmente uma alusão ao próprio Dante ("Inferno" II, 94-96).[91]

A enumeração de suas virtudes ao final da eulogia enfatiza a *"misericórdia"* (em relação à humanidade), a *"pietas"* (em relação tanto a Deus quanto à humanidade, ver nota 89 *supra*) e a *"magnificenza"*: *"una virtù che fa compiere l'ardue e nobili cose"*.[92] O *résumé* final repete e comenta as palavras *"più che criatura"* do verso 2; a Virgem é ainda uma criatura, mas toda a bondade que possa estar numa criatura está nela: *"Excelentissima quadam sublimitate prae ceteris omnibus excedit et supergreditur creaturis"* [Até certo ponto pela sublimidade mais excelente excede e se eleva de todas as outras acima criaturas], diz São Bernardo.[93]

Ao longo de nossa investigação, que está longe de ser completa, encontramos variados tipos de eulogias: a clássica, que apresenta funções e feitos míticos; a judaica, que parafraseia a essência e a onipotência de Deus; a cristã dos primeiros tempos, que começa a combinar o dogma com a história de Cristo e cada vez mais desenvolve uma espécie de retórica simbólica, baseada tanto na tradição grega como na interpretação figural. A seguir, examinamos o apogeu do estilo figural e espirituoso nas

---

[90] *In Nativitate Beatae Mariae Virginis Sermo* (*"De Aquaeductu"*) [Sermão para a Natividade da Beata Virgem Maria ("Sobre o Aqueduto")], *loc. cit.*, 437 ss.

[91] Cf. Ermenegildo Pistelli, *Il Canto XXXIII del Paradiso. Lectura Dantis*, Florença, Sansoni, 1922, p. 15, citada na edição de Scartazzini-Vandelli.

[92] *L'Ottimo commento della Divina Commedia*, Pisa, Capurro, 1829, III, 726. Essa definição inspira-se em Aristóteles e Tomás de Aquino.

[93] *Dominica infra Octavam Assumptionis Beatae Mariae Virginis Sermo*, § 3, in *Patrologia latina*, CLXXXIII, 431.

eulogias do século XII, além do estilo mais popular baseado numa abordagem emocional da história de Cristo, desenvolvida no século XIII, principalmente sob a influência do movimento franciscano.

Todos os elementos das formas de eulogias dos primeiros tempos cristãos encontram-se fundidos no texto de Dante: dogmáticos, históricos, figurais e emocionais. O dogma e a história prevalecem; não há figuras na oração de Dante, mas as imagens lembram interpretações figurais; o elemento emocional, no sentido de uma paráfrase emocional dos eventos, está ausente; o fervor da emoção é expresso de um modo imanente, pela ordem dos temas, palavras e sons, e não por uma manifestação explícita da emoção. Os motivos principais são, sem dúvida, dogmáticos; merece ênfase, em vista das teorias que ainda afirmam que matéria dogmática e, em geral, didática, é incompatível com a verdadeira poesia, que esse texto famoso, em sua estrutura básica, é uma rígida composição de afirmações dogmáticas.

Graças precisamente a esse elemento de composição rígida, de condensação poderosa, o texto de Dante difere das eulogias medievais anteriores. Sem esse poder único que lhe possibilita concentrar em poucos versos a história da humanidade, ele nunca teria sido capaz de realizar a *Comédia*; isso é evidenciado pelo texto que discutimos, assim como é evidente por quase toda a parte no grande poema. Nos versos de sua eulogia, as imagens e as figuras tornam-se realidade verdadeira, apresentando, num amplo movimento de arrasto, o destino do mundo. Comparada à *Comédia*, toda a poesia medieval anterior parece ter sido construída de modo solto; a tendência para a concisão que começa a surgir na poesia provençal e no *Dolce Stil Nuovo* é incomparavelmente mais fraca e esses poetas nunca tentaram o domínio de tal matéria. Teria Dante tomado sua "*suprema constructio*", seu "*bello stile*" aos antigos, como nos relatou em uma passagem

Erich Auerbach

de *De Vulgari Eloquentia* e nos versos que dirige, com uma bela anáfora do *"tu"*, a Virgílio?[94] Em grande medida, sim. Ele aprendeu de seus modelos antigos a harmonia da sentença, a variedade dos recursos sintáticos e estilísticos, a compreensão dos diferentes níveis do estilo e, com tudo isso, a capacidade de coordenar as diferentes partes de um vasto agregado em um movimento estilístico coerente. Além do mais, a impressão geral causada por sua maneira de compor é inteiramente diferente daquela dos poetas antigos. Consideremos mais uma vez o proêmio de Lucrécio, que Dante não conhecia, e que, na minha opinião, é o mais belo espécime de eulogia no latim clássico. Também ele contém um mundo inteiro em uma só imagem; o "surgimento" ou o "nascimento" de Vênus, a quem o universo oferece toda a sua fertilidade e toda a sua beleza vivente, é um símbolo da doutrina filosófica de Lucrécio. É um símbolo mitológico de uma filosofia; a despeito de seus elementos tradicionais, é um jogo livre da imaginação humana. A imagem de Dante mostrando Cristo como amor incandescente no corpo da Virgem para a Salvação da humanidade é um símbolo de um evento histórico: insubstituível por outro evento, inseparável da doutrina. A coerência rígida de história, símbolo e doutrina confere à composição da eulogia de Dante um grau de austeridade que um poeta antigo nunca poderia ter alcançado e nem desejaria alcançar.

---

[94] "Inferno" I, 86-87.

# Simbolismo tipológico na literatura medieval

No Terceiro Céu de Dante, o Céu de Vênus, a alma de quem o poeta aparentemente deseja concentrar a nossa atenção é introduzida a ele, por um de seus companheiros, desta maneira: "Agora, vou satisfazer-te o desejo derradeiro que esta estrela te sugeriu; queres saber quem está escondido nesta luz que cintila ao meu redor como raio de sol em água pura: esta alma é Raab, e seu esplendor dá a nossa ordem o selo da suprema beatitude; ela foi a primeira recebida neste céu quando Cristo libertou as almas do Inferno; era justo que ela estivesse em um dos Céus como um troféu da vitória que foi obtida com as duas mãos; porque ela contribuiu para a primeira conquista feita por Josué na Terra Santa, uma lembrança que pouco significa para o papa" ("Paraíso" IX, 109-126). E, então, o locutor continua com um ataque violento contra a avareza do clérigo.

Essa passagem é cheia de problemas. Raab, em *Josué* 2 e 6, é a prostituta que esconde em sua casa os dois espiões enviados por Josué à cidade de Jericó — que os salva enganando seus perseguidores, declara-lhes sua fé no Deus de Israel, ajuda-os a escapar por uma corda vermelha através da janela de sua casa construída na muralha e os faz jurar que os judeus a poupariam e a seus pais e toda a família na casa. Os homens pediram a ela que atasse à janela, como sinal, a corda escarlate pela qual ela os fizera descer; e assim só Raab, a prostituta, e sua casa foram poupados quando todos de Jericó, homens e mulheres, foram mortos pelos vitoriosos judeus que entravam na cidade.

Ora, por que o esplendor dessa prostituta confere no Terceiro Céu o grau supremo de beatitude, por que a explicação de sua posição é capaz de satisfazer o desejo derradeiro que a estrela de Vênus sugeriu a Dante, por que foi Raab a primeira a ser recebida nessa estrela quando Cristo libertou as almas da Antiga Aliança, o que significa a vitória obtida com as duas mãos, e o que tem a avareza do papa a ver com seu esquecimento da glória de Josué na Terra Santa?

Todos esses problemas são facilmente resolvidos se considerarmos a interpretação figural ou tipológica do *Livro de Josué* que, numa tradição constante, já plenamente desenvolvida nos escritos de Tertuliano, é explicada ou referida num número infinito de comentários, sermões, hinos e também na arte cristã. O *Livro de Josué*, especialmente seus primeiros capítulos, sempre foi um dos objetos mais populares da interpretação figural; Josué era visto como uma figura de Cristo (a identidade dos nomes Jesus e Josué é enfatizada já em Tertuliano), e quando leva seu povo a atravessar o Jordão (como Moisés que tira seu povo do Egito) ele figura Cristo tirando a humanidade da escravidão do pecado e da perdição para conduzi-la à Terra Santa, o reino eterno de Deus. Com relação a Raab, todos os comentadores antigos a consideram um *tipo* da Igreja; apenas sua casa, com todos os seus habitantes, escapa da perdição, assim como apenas a Igreja do fiel será salva quando Cristo aparecer para o Juízo Final; ela encontrou a libertação da fornicação do mundo através da janela da confissão, à qual atou a corda vermelha, o signo do sangue de Cristo, "*sanguinis Christi signum*". Ela é, assim, "*figura Ecclesiae*", e a corda escarlate, como os batentes espargidos com o sangue do Cordeiro no Êxodo, torna-se a figura do sacrifício re-

Simbolismo tipológico na literatura medieval

dentor de Cristo. A ideia de Jericó como perdição eterna foi respaldada pela parábola de *Lucas* 10, 30 (um certo homem descia de Jerusalém a Jericó, e caiu no meio de assaltantes), geralmente interpretada como uma figura da Queda do Homem. Do mesmo modo, a vitória obtida com uma e outra mão alude à vitória de Josué obtida com o auxílio das mãos estendidas de Moisés, a figura da vitória de Cristo na cruz com as mãos estendidas na "*arbor vitae crucifixae*" [árvore da vida crucificada]. Portanto, Raab, ou a Igreja, representa, em nossa passagem do "Paraíso", um troféu das duas vitórias, a de Josué e a de Cristo; a vitória de Josué na medida em que Josué prefigura Cristo, e a de Cristo na medida em que Cristo é a realização de Josué ("*implere*"); ambas as entidades na relação figural ou tipológica são igualmente reais e igualmente concretas; o sentido figural não destrói o literal, nem o literal priva o fato figurado de sua condição de evento histórico real. Sem dúvida, a última frase de nossa passagem, nomeadamente que o papa se esqueceu da glória de Josué na Terra Santa, também deve ser entendida de um modo duplo e tipológico. Não é somente a Terra Santa em seu sentido concreto e geográfico que o papa negligencia ao lutar contra os cristãos em vez de libertá-la; ele também, por causa do "*maledetto fiore*", o florim de ouro florentino, perdeu toda memória da cidade que está para vir, "*eterna Jerusalem*". E, agora, o significado da passagem ficou completamente claro: a primeira alma eleita no Céu de Vênus é Raab, a figura da Igreja, que é a da noiva no *Cântico dos cânticos*, apaixonada pelo noivo que é Cristo — símbolo da mais elevada forma de amor — e essa visão, como diz Folchetto, satisfará o desejo supremo que a estrela de Vênus instigou na mente de Dante.

O método utilizado aqui para a interpretação dos primeiros capítulos do *Livro de Josué* não se aplica, é claro, apenas a esse texto, mas é parte de todo um sistema que abrange todo o

245

Antigo Testamento. Quando São Paulo chegou à convicção de que um homem é justificado unicamente pela fé, e não pela ação de acordo com a lei judaica, e de que Deus não é somente o Deus dos judeus, o caráter do Antigo Testamento foi transformado por completo — essa não era mais a lei e a história particular dos judeus, porque "todas essas coisas lhes aconteceram apenas em *figura*": assim, o Antigo Testamento tornou-se uma série de prefigurações de Cristo, de sua encarnação e sua Paixão, e da fundação da Igreja cristã. O próprio São Paulo forneceu algumas poucas interpretações figurais (a concepção de figurismo como tal não era desconhecida da tradição judaica), e o sistema como um todo desenvolveu-se tão rapidamente que o encontramos plenamente construído, com uma incrível abundância de detalhes, na literatura patrística mais antiga. Vocês perceberão que esse método de interpretação envolve uma abordagem dos fenômenos humanos e históricos inteiramente diferente da nossa. Temos a tendência de considerar os eventos da história e os acontecimentos da vida cotidiana como um desenvolvimento contínuo em sucessão cronológica; a interpretação tipológica combina dois eventos, causal e cronologicamente remotos um do outro, atribuindo-lhes um significado comum. Em vez de um desenvolvimento contínuo, cuja direção e resultado último nos são desconhecidos, o intérprete tipológico parece conhecer a significação e o resultado último da história humana, porque isso foi revelado à humanidade; nessa teoria o significado da história é a queda e redenção do Homem, o Juízo Final e o Reino eterno de Deus. Nós, por outro lado, somos capazes de explicar até certo ponto cada fato histórico singular por suas causas imediatas e a prever até certo ponto suas consequências imediatas, movendo por assim dizer num plano horizontal. Com a abordagem tipológica, ao contrário, para explicar a significação de um evento histórico singular, o intérprete tinha que recorrer a

# Simbolismo tipológico na literatura medieval

uma projeção vertical desse evento no plano do desígnio providencial pelo qual o evento é revelado como uma prefiguração de uma realização, ou talvez como uma imitação de outros eventos. Dados que a educação e a cultura eram quase inteiramente eclesiásticas até o século XIV, que a concepção da história humana, conforme ensinada pela Igreja, era dominada pela interpretação das Escrituras, e que essa interpretação era quase que inteiramente tipológica e baseada na trilogia Queda do Homem, Encarnação de Cristo e Juízo Final — em vista de todos esses fatos é evidente que a concepção tipológica da história tinha de exercer uma influência profunda e duradoura na vida espiritual medieval, até mesmo nos leigos. Os sermões, a poesia religiosa (lírica e dramática), as esculturas das igrejas, ou seja, os três meios mais importantes de popularizar o conhecimento na Idade Média, eram inteiramente impregnados pela tipologia. Permitam-me chamar a atenção de meus leitores para a importante diferença que existe entre a tipologia e outras formas similares de pensamento, tais como o alegorismo ou o simbolismo. Nesses modelos, pelo menos um dos dois elementos combinados é puro signo, mas em uma relação tipológica ambos os fatos, o fato significante e o fato significado, são eventos históricos reais e concretos. Numa alegoria do amor ou em um símbolo religioso, pelo menos um dos termos não pertence à história humana; é uma abstração ou um signo. Mas, no sacrifício de Isaac considerado como uma figura do sacrifício de Cristo, é essencial, e foi enfatizado com enorme vigor, ao menos na tradição ocidental, que nem o evento prefigurante nem o evento prefigurado perdem sua realidade literal e histórica em virtude de seu significado e sua inter-relação figurativa. Esse é um ponto muito importante.

A mente de Dante estava profundamente enraizada nessa tradição, e acredito que não só muitas passagens específicas da *Comédia* podem ser explicadas dessa maneira, mas que a con-

Erich Auerbach

cepção geral do grande poema deve ser considerada desse ângulo. Não é difícil provar que a comunidade dos abençoados no *Empireo*, no qual culmina o "Paraíso" de Dante, é disposta segundo um modelo figural. Não só o mundo da religião cristã, mas também o Mundo Antigo é incluído no sistema figural de Dante; o Império Romano de Augusto é para Dante uma figura do Império Eterno de Deus, e o papel proeminente que Virgílio tem na obra de Dante é baseado nesse pressuposto. Dante não é o primeiro a sujeitar todo o material da história humana à concepção figural; a história bíblica, judaica e cristã, veio a ser vista como a história humana universal, e todo material histórico pagão teve de ser inserido e adaptado a esse enquadramento. A história romana, em especial, foi interpretada por Santo Agostinho e outros autores patrísticos como uma via da história universal cristã e do plano da Providência. Autores medievais seguiram essa tradição, e muito frequentemente usaram-na para fins políticos, na longa batalha entre *imperium* e *sacerdotium*. O mesmo fez Dante, e a maior parte de suas figuras tiradas da história romana são conectadas a suas ideias políticas, como mostra o exemplo seguinte.

Aos pés da montanha do Purgatório, Dante e Virgílio encontram um ancião venerável, que com severa autoridade ensina-os a se prepararem para a subida, como guardião que controla o acesso à purificação. É Catão de Útica. A escolha dessa personagem específica para essa função é muito surpreendente. Pois Catão era pagão; ele era inimigo de César e da monarquia; seus aliados, Bruto e Cássio, os assassinos de César, são postos por Dante no Inferno mais profundo, na boca de Lúcifer, ao lado de Judas; ademais, Catão suicidou-se, um crime para o qual é dispensada uma punição horrenda em outro círculo do Inferno. E mesmo assim Catão foi escolhido como guardião do Purgatório! O problema fica claro para nós pelas palavras com que Virgílio

Simbolismo tipológico na literatura medieval

a ele se dirige: "Rogo-te, permite que meu companheiro entre; ele está em busca da liberdade, esse bem precioso que tão bem conheces — tu que desprezaste a vida por ela; conhece-a bem, porque a morte não te foi amarga em Útica, onde abandonaste teu corpo que será tão radiante no Último Dia". Com essas palavras fica óbvio que Catão é uma *figura*, ou melhor, que o Catão histórico é uma *figura* do Catão no "Purgatório" de Dante. A liberdade política e terrena pela qual ele morreu não passava de uma sombra, uma prefiguração da libertação cristã do mal que leva da servidão da corrupção à verdadeira soberania sobre si mesmo, a "*libertas gloriae filiorum Dei*" [liberdade da glória dos filhos de Deus] — uma liberdade que Dante finalmente alcança no topo do Purgatório, quando Virgílio coroa-o como senhor de si. A escolha de Catão pela morte voluntária para evitar a escravidão é obviamente considerada por Dante não como um crime, mas como uma *figura* dessa libertação. Sem dúvida, Dante foi inspirado na escolha de Catão para esse papel pelo sexto livro[1] de Virgílio, onde Catão é representado como um juiz dos justos no mundo dos mortos ("*secretosque pios, his dantem jura Catonem*" [e à parte os justos, a quem rígidas leis Catão ditava])[2] e foi incentivado a tratar Catão de uma maneira especial pela admiração universal expressa por ele até mesmo da parte de autores que eram seus oponentes políticos. Catão foi um dos exemplos clássicos da virtude romana em que Dante baseou sua ideologia política da monarquia romana universal. Mas a maneira como introduziu Catão e justificou seu papel é independente de Virgílio e é claramente figural. Ambas as formas de Catão são reais e concretas, a forma histórica e a forma eterna;

---

[1] Trata-se na verdade do livro oitavo: *Eneida*, VIII, v. 670. (N. do O.)

[2] Trad. Odorico Mendes.

sua função no Além pressupõe a realidade de seu papel histórico. Catão não é nem uma alegoria, nem um símbolo da liberdade, mas uma personalidade individual: é alçado de sua condição preliminar, onde considerava a liberdade política como o bem supremo, à perfeição final de sua forma, na qual a virtude civil ou a lei perderam seu valor, e na qual a única coisa de importância é o "*ben dell'intelletto*",[3] o verdadeiro bem supremo, a liberdade da alma imortal aos olhos de Deus.

Em contraste marcante com os poetas anteriores que se ocuparam com o outro mundo, os habitantes dos três reinos de Dante não perderam a forma e a força individuais de seu caráter terreno; ao contrário, seu caráter individual se apresenta com uma intensidade e concretude superiores ao que era durante os vários estágios de suas carreiras terrenas; e esse realismo no Além pode sobreviver a despeito do fato de terem deixado a história por uma situação eterna e eternamente imutável. Esse realismo poderoso está baseado na concepção de Dante de que o juízo de Deus desenvolve e fixa a forma completa e última do indivíduo — uma concepção que está em concordância com a antropologia tomística — e que é ao mesmo tempo figuralista: no sentido em que o julgamento de Deus dota uma figura terrena com sua própria perfeição final e absoluta.

Poetas anteriores nunca usaram o figurismo de uma maneira tão universal e audaciosa; confinam o tratamento figural, na maioria dos casos, à ilustração poética da história sagrada; a interpretação figural de outros eventos ou da vida em geral era o mais das vezes não intencional.

Desde os primórdios da arte e da poesia cristãs, as *figurae* têm uma tendência a aparecer em série. Essas séries de figuras

---

[3] "Inferno" III, 18. (N. do O.)

Simbolismo tipológico na literatura medieval

podem ser encontradas já nos primeiros sarcófagos cristãos; encontramos por exemplo a libertação de José do poço, a libertação de Jonas do ventre da baleia (após três dias) e a ressurreição de Lázaro (também após três dias) representadas lado a lado como figuras da ressurreição de Cristo. Mas o pleno desenvolvimento das séries figurais na poesia cristã é antes um fenômeno medieval do que da Antiguidade Tardia. Tanto quanto sei, os hinólogos latinos do período carolíngio, especialmente o inventor das sequências, Notker de São Galo, foram os primeiros a usar essa forma intencionalmente; e o grande mestre do que chamarei eulogias figurais é Adão de São Vítor; o século XII é o apogeu do figurismo e em especial das séries figurais. O louvor à Virgem, por exemplo, em muitas das sequências de Adão e seus imitadores, consiste exatamente nessas séries; ela é representada sucessivamente como Sara que ri no nascimento de Isaac, a escada de Jacó cujo topo encosta no céu, a sarça de Moisés que queima mas não é consumida pelas chamas, a vara de Aarão que floresceu, o velo de Gedeão úmido de orvalho, a Arca da Aliança que contém o maná celestial, o trono ou a cama do verdadeiro Salomão que é Cristo, o ramo de Isaías saindo do tronco de Jessé, o portão de Ezequiel virado para o Oriente que será fechado porque o Senhor entrou por ele; ela é o jardim fechado, a fonte lacrada, a fonte do jardim, o poço de água viva do *Cântico dos cânticos*, e assim por diante.

Um estudante de literatura medieval francesa lembrará aqui das séries figurais nos mistérios, especialmente no mais famoso deles, o *Jeu d'Adam*, com sua procissão de profetas. Estes não são profetas no sentido estrito em que normalmente usamos essa palavra, mas personalidades do Antigo Testamento em geral: além de Isaías, Daniel e Jeremias, aparecem Abraão e Moisés, Davi e Salomão, Balaão e Nabucodonosor e outros. Cada um deles começa com uma frase latina tirada do texto da Bíblia, e prossegue para explicá-la em francês como um anúncio de Cristo. Isaías, por exemplo, não apresentará toda sua profecia relativa ao futuro de Jerusalém e ao rei da Babilônia, mas ela é introduzida exclusivamente em função de uma frase: *"egredietur virga de radice Jesse"* [um ramo sairá do tronco de Jessé] etc., que era considerada uma predição da Virgem e de Cristo; assim como Abraão é introduzido em função da promessa que Deus lhe fez, e Aarão em função de sua vara florescente. Isso é puro figurismo; como mencionei antes, o Antigo Testamento torna-se uma sucessão de prefigurações isoladas, ou, se preferirem, de profecias figurais de Cristo. Nesse sistema, até Adão pode tornar-se não só uma *figura* como também um profeta figural de Cristo. Seu sono, durante o qual Eva, a mãe em carne da humanidade, foi criada a partir de uma de suas costelas, prefigura a morte de Cristo ou o sono antes de sua Ressurreição, quando um dos soldados perfurou seu flanco com uma lança, e imediatamente de lá saíram sangue e água, símbolos dos sacramentos da Igreja, a mãe em espírito da humanidade. O sono de Adão é o sono místico da contemplação ou do êxtase; quando ele desperta, começa a profetizar: "Por isso deixará o homem a seu pai, e a sua mãe, e se unirá a sua mulher: e serão dois numa carne".[4] Tal passagem foi constantemente interpretada como uma figura da união de Cristo com a Igreja. Essa é uma das figuras mais antigas e veneráveis, uma das poucas introduzidas pelo próprio São Paulo (*Efésios* 5, 29-32): *"sacramentum hoc Magnum est, ego autem dico in Christo et in ecclesia"* [Grande é esse mistério. Mas eu digo em Cristo, e na Igreja]. Essa interpretação de Adão como profeta figural predizendo Cristo e a Igreja tornou-se uma tradição contínua. Tive conhecimento disso pela primeira vez ao ler um sermão de São Bernardo, o segundo da Septuagésima. O

---

[4] *Gênesis* 2, 24. (N. do O.)

Simbolismo tipológico na literatura medieval

*Jeu d'Adam*, é verdade, não apresenta Adão na procissão dos profetas, mas numa outra passagem da peça ele faz a predição explícita de Cristo. Depois de sua Queda, quando se entrega ao desespero e a autoacusações intermináveis, ele vê um raio de esperança: "Não haverá salvação para mim exceto pelo filho que nascerá da Virgem" — "*Deus* [...] *ne me ferat ja nul aïe, fors le fils qu' istra de Marie*". Em seu mais profundo desespero, fica consciente da Redenção futura; tem conhecimento do futuro. Essa tranquila antecipação do futuro pode parecer-nos ingenuidade medieval, uma falta de perspectiva histórica — a mesma ingenuidade histórica com que Adão e Eva ou, em outras peças, outras personalidades bíblicas são realisticamente retratados como franceses dos séculos XII e XIII. E, obviamente, em tais fenômenos estão de fato implicadas uma ingenuidade e uma falta de perspectiva histórica; mas essa avaliação não seria exaustiva. A interpretação figural, apesar de sua ênfase na integralidade histórica, deriva sua inspiração da sabedoria eterna de Deus, em cuja mente não existe uma diferença de tempo. A Seus olhos, o que acontece aqui e agora aconteceu desde os primórdios, e pode se repetir a qualquer momento no fluxo do tempo. Em qualquer tempo, em qualquer lugar, Adão cai, Cristo se sacrifica e a humanidade, a noiva do *Cântico dos cânticos*, fiel, confiante e apaixonada, procura por Ele. Uma personalidade que é uma "*figura Christi*", como Adão, tem conhecimento do futuro providencial — Cristo sabia que Judas o trairia, assim como outra figura de Cristo, Carlos Magno, "*Charles lis reis, nostre emperere maignes*", na *Canção de Rolando*, sabe desde o começo que Ganelão é um traidor. A coexistência eterna na mente de Deus de todos os eventos históricos é uma concepção mais bem expressa pela doutrina de Santo Agostinho de que Deus mantém presente em sua mente todas as coisas passadas e futuras em sua verdadeira realidade — que portanto não é correto falar da presciência de Deus, mas simplesmente de seu conhecimento — "*scientia Dei non praescientia sed tantum scientia dici potest*". O figurismo fornece a base para a fusão medieval de ingenuidade realista e sabedoria do outro mundo.

# Motivos tipológicos
## na literatura medieval

Inicio com uma passagem de Dante — os versos 109 a 126 do nono canto do "Paraíso". Estamos no Terceiro Céu, o Céu de Vênus, onde aparecem, como formas luminosas, aquelas almas que foram salvas e cujas vidas terrenas se encontravam sob influência da estrela que rege o amor. Várias dessas almas falam a Dante, sintetizando sua vida terrena e seu destino último. A última que lhe dirige a palavra é a do trovador Fulco de Marselha, e este não fala apenas de si mas também, lá pelo fim de seu relato, de uma outra forma luminosa que surge a seu lado, mas que nada diz. As palavras então dirigidas a Dante, em uma tradução ligeiramente parafraseada, seriam as seguintes: "Para que os desejos que te foram despertados nesta esfera, a esfera de Vênus, sejam satisfeitos por completo, quero prosseguir ainda mais um pouco. Desejas saber quem se encontra no lume que resplandece com tanta força bem aqui ao meu lado, como um raio de sol em águas claras. Saiba, pois, que ali se encontra Raab em toda a sua paz e, através de sua ligação com nossa esfera, ela lhe empresta a insígnia do mais elevado grau de bem-aventurança. Ela foi a primeira a ser recebida neste Céu, quando as almas da Antiga Aliança, no triunfo de Cristo, foram libertadas do Inferno. Foi justo que ela fosse recebida em um dos Céus como troféu do grande triunfo porfiado com as duas mãos (no sentido literal: com as superfícies de cada uma das mãos). Pois ela colaborou no primeiro triunfo de Josué na Terra Santa, uma lembrança de que o papa faz pouco-caso". E então Fulco encerra sua fala com um ataque enérgico contra a avidez do clero, corrompida pela "flor maldita" (a moeda florentina, o *fiorino*, com a flor-de-lis).

À primeira vista, essa passagem parece muito difícil de ser explicada. Raab, no segundo e no sexto capítulos do *Livro de Josué*, é a prostituta que esconde em sua casa os dois espiões enviados por ele à cidade de Jericó, desorientando aqueles que os perseguem; ela lhes confessa sua crença no Deus de Israel e na vitória dos judeus e os faz jurar que, por gratidão, os judeus iriam poupá-la, Raab, assim como a todos os seus parentes e toda a sua casa. A seguir, ela deixa os espiões fugirem por um cordão vermelho pendurado em uma janela que dá para além do muro da cidade; antes que ela os deixe partir, promete-lhes, como símbolo do pacto e sinal de identificação de sua casa, amarrar aquele cordão vermelho na janela tão logo os judeus conquistem a cidade. E assim ocorre. Durante o ataque de Josué, os muros desabam, a cidade é tomada e incendiada, os habitantes são mortos, mas Raab tem o cordão vermelho atado à janela e toda a sua casa é poupada.

Por que o brilho da prostituta Raab empresta ao Terceiro Céu a insígnia da mais elevada bem-aventurança? Por que a explicação que Fulco dá sobre ela satisfaz o último desejo de Dante naquele Céu? Por que Raab foi a primeira a ser ali recebida, quando o triunfo de Cristo libertou do Inferno os justos da Antiga Aliança? O que significa a vitória conquistada com as duas mãos e o que a avidez do clero ou do papa têm a ver com o primeiro triunfo de Josué na Terra Santa?

Todas essas perguntas são fáceis de responder, se nos orientarmos pela chamada exegese tipológica da Bíblia. Esta se for-

Motivos tipológicos na literatura medieval

mou na época do Cristianismo primitivo e se manteve em constante processo de transmissão por toda a Idade Média; em vários países (assim como na liturgia), ela se manteve para além da Idade Média. Nós a encontramos, ao longo de muitos séculos, em uma grande quantidade de comentários, sermões e hinos; ela domina a encenação cristã dos mistérios; na épica medieval e nos cronistas encontram-se inúmeros pensamentos e alusões tipológicas; e a tipologia constitui a principal parte da iconografia da arte cristã. O *Livro de Josué*, em especial seu capítulo inicial, pertence aos temas tipológicos mais primevos e populares.

Josué é interpretado como uma figura, ou um tipo, ou uma profecia histórica real de Cristo, para o que a identidade dos nomes Josué e Jesus detém importância. Quando conduz seu povo na travessia do Jordão (assim como Moisés, quando liberta os judeus da escravidão no Egito), ele figura Cristo, que conduziu a humanidade da escravidão do pecado e da perdição para a verdadeira Terra Santa, a liberdade do filho de Deus, o eterno Reino de Deus. No que concerne a Raab, ela é considerada por todos os comentadores como tipo da Igreja cristã; apenas sua casa, com todos os seus moradores, será salva, tal como ocorre com a Igreja dos crentes, quando Cristo surgir no Juízo Final. Ela encontrou a redenção da luxúria da carne ou da perdição deste mundo através da janela da confissão, junto à qual ela amarrara o cordão vermelho, o símbolo do sangue de Cristo, "*sanguinis Christi signum*". Ela é, pois, *figura Ecclesiae*, e o cordão vermelho, assim como as ombreiras e soleiras das portas pintadas com o sangue do Cordeiro pascal, no Êxodo, tornam-se figura do sacrifício salvador de Cristo. A ideia de que Jericó representava o pecado e a perdição foi sustentada pela parábola do bom samaritano em *Lucas* 10, 30 (era alguém que ia de Jerusalém a Jericó e caiu nas mãos de assassinos), que foi interpretada como figura do Pecado original e da Salvação. Da mesma maneira, o triunfo, conquistado com ambas as mãos, é uma alusão ao triunfo de Josué através da ajuda das mãos erguidas de Moisés (o gesto dos oradores) em *Êxodo* 17. Esse triunfo é uma figura do triunfo de Cristo na cruz: "*manibus extensis*", com as mãos estendidas. Assim encontra-se Raab, em nossa passagem do "Paraíso", como insígnia de ambos os triunfos, o de Josué e o de Cristo. No primeiro caso, ao prefigurar o triunfo de Cristo e, no segundo, na medida em que realiza o triunfo de Josué (*"figuram implere"* [realiza a figura]). Pois os dois polos de uma figura tipológica conservam sua concretude historicamente real; o sentido tipológico não destrói o sentido histórico literal do evento profético, e a realização assim figurada é sempre um evento esperado como acontecendo de fato, e não uma abstração. Também a última sentença de nosso texto, a de que o papa havia se esquecido da Terra Santa ou da glória de Josué na Terra Santa, possui aparentemente um duplo sentido. O papa não se esquece apenas da Terra Santa no sentido geográfico, a Palestina, quando, em vez de pensar em sua libertação, conduz a uma guerra contra os cristãos; ele também se esquece, por causa da flor maldita, a moeda florentina, da Terra eterna, a Jerusalém celestial.

O método de interpretação que foi empregado em nosso exemplo do *Livro de Josué* obviamente não se restringe a ele. Ele foi empregado em todo o Antigo Testamento (como figura do Novo) e, logo a seguir, estendeu sua influência também às histórias profanas mais antigas, de modo que também eventos da antiga lenda ou da história foram interpretados de maneira real-profética e tipológica. Nos últimos anos, muito se trabalhou a respeito da origem da tipologia; gostaria apenas de dizer, de forma muito geral, que os motivos de correspondência e repetição contidos nela são muito antigos, tendo sido desenvolvidos na especulação judaica e pré-cristã acerca de Moisés e do Messias, mas adquiriram um caráter inédito e próprio através do

Motivos tipológicos na literatura medieval

Cristianismo e da missão junto aos gentios. O Antigo Testamento deixou de ser o livro das leis e da história do povo judeu: pois, como diz Paulo, "tudo isso lhes aconteceu (a saber, aos judeus) apenas de modo exemplar e figurativo, *typicos*" — e todo o Antigo Testamento transformou-se em uma série de prefigurações ou profecias reais de Cristo, de sua encarnação e Paixão, e da Igreja cristã. Todo o sistema desenvolveu-se tão rapidamente, que já o encontramos plenamente formado, em quase todas as suas peculiaridades, na literatura patrística mais antiga. Se trato tão sucintamente da origem da interpretação tipológica, não é apenas porque me falta a competência para expor uma opinião própria a respeito de questões tão difíceis da exegese dos inícios do Cristianismo, mas também porque meu interesse é explorar o caráter desse método de interpretação, distingui-lo de outras formas de interpretação alegórica e esclarecer a concepção de história que ele contém. Já afirmei que a interpretação tipológica em sua forma pura significa um evento histórico que de fato aconteceu como profecia real de outro evento histórico de fato ocorrido, ou de um evento histórico que é esperado que ocorra de fato — como, digamos, o sacrifício de Isaac como figura do sacrifício de Cristo, ou a libertação de José da cisterna, ou a de Daniel da cova dos leões, ou a de Jonas da barriga do peixe, sempre como figura da Ressurreição de Cristo ou da Ressurreição em geral. Nesse sentido, obviamente pouco importa se a crítica moderna considera muitos desses eventos como lendários, ou se não acredita que venham a ocorrer no futuro. O essencial é o ponto de vista da exegese mesma, que considerava os eventos ocorridos como realmente ocorridos e os esperados como realmente a ocorrer. Para os exegetas, na medida em que pensavam de modo tipológico, a interpretação é uma relação entre acontecimentos realmente ocorridos: o primeiro anuncia o segundo e o segundo realiza a promessa do primeiro. A interpretação que liga os eventos entre si é, na verdade, um ato intelectual, mas os eventos mesmos permanecem históricos e reais. Com isso, a tipologia distingue-se aguda e claramente daquelas formas de interpretação alegórica que estavam amplamente difusas no Mundo Antigo, bem como no mundo do Cristianismo antigo — aquelas formas que interpretavam os mitos e os textos poéticos de forma abstrata, seja de modo cosmológico (por exemplo, Júpiter como o Éter), seja de modo místico-moral. Era assim, por exemplo, que Filo interpretava a Bíblia: para ele, os eventos, figuras e locais do Antigo Testamento tornam-se diferentes fases do estado da alma e de sua relação com o mundo inteligível. Nele, para darmos um exemplo, na história da fuga de Jacó e seu sonho de uma escada para o Céu, a localidade de Haram torna-se alegoria dos sentidos do corpo e a própria escada é interpretada como a alma do homem, na qual os *logoi* sobem e descem. Desde a época alexandrina, interpretou-se muito de maneira alegórica, desse modo abstrato, filosófico e, mais tarde, quase exclusivamente moral; a essa categoria pertence também a alegorese poética, que foi empregada sobretudo em Homero e, posteriormente, em Virgílio e outros poetas romanos. É nessa interpretação extra-histórica, abstrata e sobretudo moral que pensamos a princípio, quando pronunciamos a palavra "alegoria". Ela também está na base das obras que geralmente designamos como poemas alegóricos. Os romanistas aqui presentes certamente lembram-se do *Romance da rosa*, no qual aparecem personagens que se chamam Bel-Accueil, Danger, Malebouche, Nature, Génius e assim por diante. Essas alegorias personificadas baseiam-se no método abstrato de interpretação, e o seu modelo mais significativo na Antiguidade Tardia é a *Psicomaquia* de Prudêncio, um poema cristão que narra uma luta entre as virtudes e os vícios. Parece-me metodologicamente importante separar claramente a alegoria abstrata, que ademais possui muitas variantes, das alegorias tipológico-intra-históricas. Na prática, isso frequentemente não é muito fácil — não só porque, desde o início, predomina uma certa confusão na terminologia, em que *alegoria* aparece, ao lado de muitas outras palavras, referindo-se também à tipologia e, posteriormente, torna-se até mesmo predominante nessa acepção —, sobretudo porque na prática da exegese bíblica surgem continuamente formas mistas, especialmente na interpretação dos profetas e dos *Cânticos*. Contudo, ambas as correntes da tradição apenas são compreensíveis se as distinguimos claramente, inclusive em seu efeito sobre as obras singulares. Uma obra como *Anticlaudianus*, de Alain de Lille, na qual aparecem abstrações personificadas, tais como *Phronesis* [Sabedoria] e *Fides* [Fé], dentre outras, faz parte da tradição alegórica abstrata, enquanto a *Comédia* de Dante, embora seja bastante provável que ele tenha conhecido e utilizado a obra de Alain, pertence à tradição da alegoria tipológica intra-histórica: pois ela não contém nenhuma abstração personificada e nenhuma das suas personagens, nem mesmo Lucia ou Matelda, pode ser circunscrita de modo satisfatório com um conceito; todas elas são pessoas históricas, que realizam em suas vidas terrenas uma figura.[1]

Além disso, o ponto de vista tipológico pode ser reconhecido e diferenciado do alegórico-abstrato pelo fato de que, como já foi mencionado, ele encerra em si uma determinada concepção de história, ou melhor, do que ocorre. Estamos habituados a ver o que ocorre como uma cadeia de muitos elos, bem entrelaçada de modo causal, e que jamais se rompe no transcorrer do tempo; a interpretação tipológica, ao contrário, vincula dois eventos distantes um do outro causal e temporalmente, arran-

---

[1] Em sentido abstrato, os três animais do canto I poderiam ser alegóricos.

cando cada um deles do contexto em que ocorreram e vinculando-os através de um sentido comum a ambos. Assim, ela não oferece um desenvolvimento contínuo da história, mas sim uma interpretação do mesmo; e esta torna-se possível pelo fato de a estrutura, a finalidade e o sentido da história serem revelados pela Anunciação e, portanto, conhecidos. A história é o drama da Redenção: no início, o Pecado Original; no meio, a Encarnação e a Paixão como ponto de inflexão; e, ao fim, o Juízo Final como a realização do Reino de Deus. Os tempos anteriores à lei e sob ela, até a encarnação de Deus, são expectativa e pré-interpretação; os tempos entre a encarnação e o fim do mundo são imitação e aquisição da graça. Isto também é representado no *Empireo* de Dante: a rosa branca com suas duas partes que se correspondem por completo — os bem-aventurados da Antiga e da Nova Aliança.

A moderna visão da história (e também a antiga) não conhece a finalidade da história. Com efeito, por meio da interpretação causal ela está em condições de explicar, até certo grau, os eventos que ocorrem a partir de eventos anteriores, e mesmo, novamente até certo grau, de supor o futuro próximo. Ela não pode, contudo, mover-se de outra maneira que não no interior da história que ocorre sobre a Terra; portanto, como que em direção horizontal. A interpretação tipológica, pelo contrário, no intuito de definir o sentido de um evento, questiona esse sentido verticalmente, a partir de cima, segundo o plano da Providência; ela interpreta o evento como profecia real, ou como realização. Se anteriormente, em relação à alegoria abstrata, sublinhei o caráter real e intra-histórico da tipologia, é preciso aqui, em relação à concepção moderna de história, indicar os limites da intra-historicidade e intratemporalidade tipológicas. Pois a realização através da encarnação de Cristo e do sacrifício expiatório ainda não é a realização plena; esta ainda sempre está por vir, até

## Motivos tipológicos na literatura medieval

a realização do Reino de Deus, no fim dos tempos. Na interpretação tipológica, mesmo onde ela destaca ao extremo a realidade sensível do acontecimento em suas formas mais puras, este acontecimento continua sendo sempre um símile, velado e carente de interpretação, mesmo quando a direção geral da interpretação já está dada. O fato pleno não chega a ser de caráter definitivo e prático; o respectivo acontecimento secular permanece aberto e transitório. Tal transitoriedade do acontecimento é fundamentalmente diferente das concepções modernas de desenvolvimento. Pois enquanto nas concepções modernas a transitoriedade do acontecimento experimenta uma interpretação continuada na sequência infinda dos acontecimentos sucessivos, na concepção tipológica pode-se, a qualquer momento, questionar a interpretação a partir de cima, onde — para expressar-me platonicamente (e tais modos de expressão tipológicos e platonizantes encontram-se desde o século V em textos patrísticos) — a imagem originária do acontecimento, que está no futuro e que até agora está apenas prometida, já se encontra realizada. Pois em Deus não há diferença entre os tempos. A imagem originária futura, embora ainda incompleta como acontecimento temporal, já está realizada em Deus, e desde a Eternidade. As figuras, nas quais Ele velou a imagem originária, e a encarnação, na qual Ele desvelou o sentido, são portanto profecias de algo que existe o tempo todo ou atemporalmente, e que apenas os seres humanos ainda veem como algo velado. Portanto, as figuras não são apenas transitórias, elas são ao mesmo tempo também a forma sensível transitória de algo eterno e perene; elas aludem não somente a um futuro prático, mas, desde o princípio, à Eternidade e à perenidade. Elas apontam para algo que deve ser interpretado, que será realizado no futuro prático, mas que já está desde sempre realizado em Deus, onde não existe diferença alguma entre os tempos.

Retornemos à literatura medieval. A *Comédia* de Dante é repleta de alusões tipológicas. Em vários artigos, a maior parte deles publicados em inglês, procurei indicar tais alusões em passagens e motivos isolados.[2] Dentre elas, a mais significativa, acredito, é a aparição de Beatriz no paraíso terreno ("Purgatório" XXX), que emprega em todos os detalhes da tradição os motivos tipológicos do retorno de Cristo no Juízo Final. Também em um artigo publicado em 1938,[3] que tomava como ponto de partida a história do significado da palavra *figura*, assim como em um capítulo de *Mimesis*,[4] procurei destacar o caráter tipológico fundamental da *Comédia* — ao que ainda espero dar continuidade e desenvolvimento no futuro, estando obviamente consciente de que a estrutura tipológica não é a única possibilidade de compreensão de Dante, mas apenas uma dentre várias. Ela é certamente uma possibilidade muito importante e adequada para complementar e intensificar as demais e para excluir certas interpretações abstratas que são recorrentemente ensaiadas. Tenho a convicção de que a exegese tipológica, tal como foi empregada pelos grandes pregadores, exegetas e poetas hínicos, com

---

[2] Cf. Erich Auerbach, "Figurative Texts Illustrating Certain Passages of Dante's *Commedia*", *Speculum*, 21, 1946, pp. 474-89; "Saul's Pride (Purg. XII, 40-42)", *Modern Language Notes*, 64, 1949, pp. 267-9; "Dante's Prayer to the Virgin (Par. XXXIII) and Earlier Eulogies", *Romance Philology*, 3, 1949-50, pp. 1-16. [Neste volume, respectivamente pp. 143, 185 e 191. (N. do O.)]

[3] Erich Auerbach, "*Figura*", *Archivum Romanicum*, 22, 1938; ou em *Neue Dantestudien*, Istambul, 1944, depois Berna, 1967. Algumas sentenças foram retiradas deste trabalho. [Neste volume, p. 41. (N. do O.)]

[4] Erich Auerbach, *Mimesis: Dargestellte Wirklichkeit in der abendländischen Literatur*, Berna, Francke, 1946, capítulo 9 [ed. bras.: *Mimesis*, trad. Georg Sperber, São Paulo, Perspectiva, 2007, 5ª ed. (N. do O.)].

Motivos tipológicos na literatura medieval

sua variedade infinita de combinações e alusões, cruzamentos motívicos e metáforas, forma o verdadeiro elemento vital da poesia cristã medieval. Além disso, a tipologia, como bem sabem os historiadores, desempenha um papel importante na fundamentação teórica de pretensões políticas — pelo menos desde a época carolíngia, quando a posição que Carlos Magno atribui a si mesmo perante o papa é interpretada como realização do reino de Davi (*"novus David"*). Esse tipo de fundamentação prossegue na Controvérsia das Investiduras, e Dante utilizou o Império Romano, a paz sob Augusto, como figura da paz eterna — e só se pode compreender o papel condutor de Virgílio na *Comédia* a partir dessa dupla posição tipológica, como anunciador do Império da paz, romano e justo, e como suposto profeta de Cristo.

Desde a Antiguidade Tardia, a literatura e a arte cristãs demonstram uma tendência a empregar em série os motivos tipológicos. Na Antiguidade Tardia, tal tendência existe, por exemplo, nas figuras da ressurreição nos sarcófagos (onde, por vezes, também aparecem símbolos alegóricos como o pavão ou a pomba). Um desenvolvimento fecundo da tendência de seriação é dado pela hinologia, desde as sequências[5] carolíngias tardias de Notker Balbulus até o século XII, quando Adão de São Vítor tornou-se o mestre daqueles cantos de louvor que consistiam em séries de imagens tipológicas, especialmente nos hinos a Maria. Neles, a Virgem é louvada sucessivamente como Sara (que ri no nascimento de Isaac); como a escada de Jacó; como Moisés (a sarça ardente); como a vara florescida de Aarão (*Números* 17); como Gedeão (como o velo embebido em orvalho, em *Juízes* 6);

---

[5] Sequência em sentido musical (*sequentia*), a saber, cantos litúrgicos cristãos. (N. do O.)

Erich Auerbach

como a Arca da Aliança com o maná celestial; como o trono ou cama do verdadeiro Salomão, que é Cristo; como Isaías (ramo do tronco de Jessé); como o portão oriental do templo (*Ezequiel* 44), que deve permanecer fechado, pois o Senhor, o Deus de Israel, entrou por ele; e com isso misturam-se as ainda imagens dos *Cânticos*: jardim fechado, nascente fechada, fonte lacrada — "*hortus conclusus*", "*fons signatus*", "*fons hortorum*", "*puetus aquarum viventium*". Os poemas a que me refiro são inúmeros; a título de exemplo, indico a sequência de Notker *In Purificatione Mariae* (que começa com o verso "*Concentu parili*")[6] e, de Adão de São Vítor, *In assumptione* ("*Gratulemur in hac die*").[7]

No que diz respeito às séries de figuras, ocorre aos romanistas — e sobretudo aos estudiosos das encenações dos mistérios na Idade Média — a procissão dos profetas, *ordo prophetarum*, cuja origem, desenvolvimento e textos latinos conservados foram analisados na grande obra de Karl Young.[8] Esses profetas não o são apenas no sentido em que hoje empregamos essa palavra (ou seja, Isaías, Jeremias, Baruch etc.), mas também, e principalmente, personagens do Antigo Testamento e, por vezes, também extrabíblicas, que, segundo a tradição tipológica, prenunciaram a encarnação e a Paixão de Cristo. Ao lado de Isaías, Jeremias, Daniel aparecem Abraão, Moisés, Aarão, Davi, Salomão, Balaão, Nabucodonosor, e até mesmo Virgílio e as sibilas. No texto mais conhecido dos romanistas, *Le Jeu de Adam* do sé-

---

[6] Hermann A. Daniel, *Thesaurus Hymnologicus*, 5 vols., Leipzig, Loeschke, 1855-56, II, 10.

[7] *Oeuvres poétiques*, Léon Gautier (ed.), Paris, Misset/Aubry, 1894, 3ª ed., p. 171 (ver também *Romance Philology*, III, pp. 1 ss.)

[8] Karl Young, *The Drama of the Medieval Church*, Oxford, Clarendon, 1933, vol. 2.

## Motivos tipológicos na literatura medieval

culo XII — em francês arcaico, uma peça magnífica —, cada umas dessas personagens surge com um verso da Bíblia tirado de seu contexto e explicado, em francês, como uma profecia de Cristo. Isaías, por exemplo, não traz toda a sua profecia sobre o futuro de Jerusalém, mas apenas a célebre sentença *"egredietur virga de radice Jesse"* [um ramo surgirá do tronco de Jessé] (*Isaías* 11, 1), que é interpretada como profecia da Virgem e de Cristo; Abraão é introduzido por causa da promessa que Deus lhe fez; Aarão, por causa da vara que floresce e assim por diante.

Nesse sistema, até mesmo Adão torna-se figura não só de Cristo — uma figura real-profética, portanto —, mas também profeta em sentido estrito, anunciando em suas palavras Cristo e a Igreja. Segundo uma tradição muito antiga, que remonta já a Paulo (*Efésios* 5, 29-32) e que sempre é retomada e parafraseada na Antiguidade Tardia e na Idade Média (do modo mais belo por Bernardo de Claraval), o sono em que Deus mergulha Adão para de sua costela dar origem a Eva, é uma figura do sono mortal de Cristo; assim como Eva (a mãe dos homens segundo a carne) surge da ferida no flanco de Adão, da ferida no flanco de Cristo (quando este é traspassado por um dos soldados com uma lança e sangue e água escorrem, símbolos do sacramento)[9] surge a Igreja (a mãe dos homens segundo o Espírito).[10] Mas o sono de Adão é um sono de transe, êxtase ou contemplação: quando Adão desperta, começa a profetizar. Pois suas palavras — "por isso deixará o homem a seu pai, e a sua mãe, e se unirá a sua mulher: e serão dois numa carne" (*"erunt duo in carne una"*)[11] — referem-se não apenas a homem e mulher no sacra-

---

[9] *João* 19, 34.

[10] Tertuliano, *De Anima* 43, também *De Monogamia* 5.

[11] *Gênesis* 2, 24. Repetido em *Efésios* 5, 31, cf. pp. 275-6. (N. do O.)

mento do casamento, mas também ao casamento místico, à celebração de sangue na Paixão. Referem-se, portanto, a Cristo e à sua noiva, a Igreja, como já afirma Paulo na já citada passagem da carta dos Efésios: "*Sacramentum hoc magnum est, ego autem dico in Christo et in Ecclesia*" [Este sacramento é grande, mas eu digo em Cristo e na Igreja[12]].[13] Adão também possui espírito profético na peça em francês antigo, embora ele não apareça na procissão dos profetas. Depois de sua Queda, quando se acusa do modo mais veemente e o desespero se aproxima, ele ainda vê um lampejo de esperança futura: nenhuma ajuda será enviada por Deus, diz ele, até que surja o filho que nascerá de Maria: "*Deus ne me ferat ja nul aïe, fors le fils qu'istra de Marie*". Em sua mais profunda desgraça, ele tem consciência da redenção futura, pois conhece o futuro. Ao leitor moderno, essa afirmação sobre o futuro parece de uma ingenuidade medieval, uma falta de perspectiva histórica — a mesma ingenuidade histórica que nos chama a atenção quando, em outras encenações religiosas, Adão e Eva, ou outras personagens bíblicas, são representados de forma bastante realista como camponeses, cidadãos ou cavaleiros da época. Isso certamente está correto, a ingenuidade e a ausência de perspectiva histórica de fato existem. Mas essa explicação não esgota o fenômeno. A ingenuidade tem origens mais profundas. Como já afirmei: apesar de seu caráter fundamental ser historicamente real, o modo de ver tipológico tira sua inspiração da sabedoria divina, na qual não existe diferença entre os tem-

---

[12] *Efésios* 5, 32. (N. do O.)

[13] Ver também Agostinho, *De Genesi ad Litteram*, livro 19 (*Patrologia latina*, XXXIV, col. 408) e *Enarrationes in Psalmos*, 56 (*Patrologia latina*, XXXVI, cols. 667-8). Já em Clemente de Alexandria o catálogo de profetas inicia-se com Adão; ver *Stromata* 1, 135, 3 (ed. Otto Stählin, Leipzig, Hinrichs, 1909).

pos. O que acontece aqui e agora, aconteceu desde o princípio, e sempre voltará a acontecer. Em qualquer tempo, em qualquer lugar, a Queda de Adão e o sacrifício de Cristo ocorrem — e a todo tempo a Igreja, a noiva do *Cântico dos cânticos*, busca, na fé, na esperança e no amor, o seu noivo Cristo. Em uma imagem como a de Adão, que é figura de Cristo, o futuro está compreendido (a relação com o futuro é determinada pela ideia de perenidade), uma relação amiúde que se tornou modelar, e não só para a poesia medieval genuinamente bíblica. Na *Canção de Rolando*, Carlos Magno, que tem doze pares, assim como Cristo doze apóstolos, sabe que Ganelão é um traidor, assim como Cristo sabia que Judas o trairia. A atualidade perene de todo acontecimento histórico no Espírito divino não é uma ideia fácil de ser formulada. A esse respeito, há explanações famosas da época patrística, por exemplo em Agostinho, Boécio e Gregório Magno. A que mais me impressiona é uma passagem de Agostinho (*De Diversis Quaestionibus ad Simplicianum*, II, 2),[14] onde se discute se a palavra "previsão", "*praescientia*", poderia ser aplicada a Deus. A previsão seria o saber do que ainda não aconteceu, de algo futuro. Mas, para Deus, nada é futuro, pois ele está para além de todos os tempos e, com isso, seu saber não se tornaria (como no caso de um ser humano dotado de vidência) mais exato e concreto com a ocorrência efetiva do que ele previu que ocorreria. O saber de Deus possui as coisas não como algo futuro, mas como algo presente e, assim, deveríamos designá-lo não como previsão, mas, antes, como saber, *scientia*. A mistura tipológica de realismo histórico, no qual os eventos realmente acontecem, com interpretação e significado omni e extratemporais, parece-me perfeitamente expressa por tal formulação.

---

[14] Citada em "*Figura*", na presente edição pp. 81-2. (N. do O.)

Por fim, quero retomar ainda o tema do sono profético ou extático, que mencionamos com relação ao papel profético de Adão. Isso já aparece na época pré-cristã, no Oriente e entre os gregos. Na cultura grega, os pitagóricos acreditavam que, durante o sono, a alma, livre das amarras do corpo, entrava em contanto com as almas dos mortos; nesse sentido, eles já praticavam a interpretação dos sonhos.[15] Platão diz algo bem parecido no início do nono livro da *Politeia*:[16] durante o sono, a alma do homem capaz de refletir e de se dominar estaria mais próxima da verdade. O motivo foi retomado por Cícero,[17] chegou à Idade Média e pode ser encontrado em uma das mais belas passagens de Dante, no sonho matinal.[18]

Esse motivo adquiriu entretanto intensidade e importância através da figura Adão-Cristo. A ligação tipológica central Adão-Cristo é tão múltipla e rica em seus efeitos, que não tenho condições de oferecer um tratamento completo dela aqui;[19] restrinjo-me àqueles testemunhos que dizem respeito ao sono extático. As passagens da Antiguidade Tardia, de Tertuliano e Agostinho, já foram mencionadas. Em uma delas, *De genesi ad*

---

[15] Georges Méautis, *Recherches sur le pythagorisme*, Neuchâtel, Secrétariat de l'Université, 1922, p. 31. Ver também Franz Cumont, *Recherches sur le symbolisme funéraire des romains*, Paris, Geuthner, 1942, V, p. 247.

[16] Platão, *Politeia*, 571-572.

[17] Cícero, *De Divinatione*, I, 115. Ademais, encontramos alusões também na literatura latina, por exemplo no fragmento 105 das *Saturae Menippeae* de Varrão, na edição de Petrônio por Büchler: *Petronii Satirae et Liber Priapeorum* etc. (Franz Büchler [ed.], Berlim, Weidmann, 1871).

[18] "Purgatório" IX, 16 ss.

[19] A respeito de seus inícios, ver Jean Daniélou, *Sacramentum Futur: études sur les origines de la typologie biblique*, Paris, Beauchesne, 1950, capítulo I.

*litteram*, diz Agostinho: *"Ac per hoc etiam illa ecstasis quam Deus immisit in Adam, ut soporatus obdormiret, recte intelligitur ad hoc immissa, ut et ipsius mens per ecstasim particeps fieret tanquam angelicae curiae, et intrans in sanctuarium Dei intelligeret in novissima"* [Pode-se com razão até mesmo pensar que aquele êxtase que Deus insuflou em Adão, que o fez dormir entorpecido, lhe foi insuflado para que também a sua mente mediante êxtase se tornasse partícipe, por assim dizer, do coro dos anjos e, entrando no santuário de Deus, compreendesse o que aconteceria no fim dos tempos].[20]

E em outra passagem de *Enarrationes in Psalmos*: *"Cuius (Cristo) typum gerebat Adam, quando immisit ei Deus soporem, ut de latere illi conjugem faceret. [...] Sed quare voluit dormienti facere? Quia dormienti Christo in cruce facta est conjux de latere. Percussum est enim latus pendentis de lancea (João 19, 34), et profuxerunt Ecclesiae sacramenta* ["(...) Cuja figura (i.e., de Cristo) Adão portava, quando Deus lhe enviou o sono, para que do flanco lhe fizesse uma esposa. Mas por que quis que ele dormisse ao fazê-lo? Porque, quando Cristo dormia na cruz, se fez uma esposa de seu flanco, pois a golpe de lança foi ferido o seu flanco, que pendia, e escorreram os sacramentos da Igreja].[21]

Encontrei alusões ao motivo no *Benedictio* da *Missa matrimonial* do *[Sacramentarium] Gregorianum* e no *Hymnus b. Bedae de Operibus Sex Dierum*, que foi publicado no início do primeiro volume da coletânea de hinos de Franz J. Mone.[22] Além dis-

---

[20] Agostinho, *De Genesi ad Litteram*, livro IX, *caput* XIX, 36, in *Patrologia latina*, XXXIV, col. 408.

[21] Agostinho, *Enarrationes in Psalmos*, 56, 11, in *Patrologia latina*, XXXVI, col. 668.

[22] Franz J. Mone, *Hymni Latini Medii Aevi* etc., Freiburg, Herder, 1853,

Erich Auerbach

so, há muitas outras, provindas da Antiguidade Tardia e da Alta Idade Média. No século XII, como se pode supor, as exposições mais importantes desse motivo encontram-se nos vitorianos e nos cistercienses.[23] Quero mencionar uma passagem de Ricardo de São Vítor, que trata do sono extático. Embora não contenha o tema tipológico Adão-Cristo, ela é fundamental para nosso objeto, pois parece orientar o vínculo com os motivos semelhantes da mística posterior, já não mais tão fortemente ligada à interpretação de passagens bíblicas. A passagem foi retirada de sua exegese de *Salmos* 4, 9 ("*In pace in idipsum dormiam, et requiescam*" [Em paz dormirei nele mesmo, e repousarei]:

> *Haec autem tranquillitas est pax illa quam diu loquendo quaesivimus, ad quam tot gradibus vix tandem ascendimus. Haec est illa pax in qua anima obdormit; pax, quae mentem ad interiora rapit; pax quae exteriorum omnium memoriam intercipit, quae ingenii acumen exsuperat, quae rationis lumen reverberat, quae desiderium cordis replet, quae*

---

vol. I. Também em Beda, *[The Complete] Works [of Venerable Beda]*, John A. Giles (ed.), Londres, Whittaker, 1843, vol. I, p. 78; ou *Patrologia latina*, XCIV, col. 621.

[23] É interessante a explicação de Aberlardo para os versos do *Gênesis*, in Barthélemy Hauréau, *Notices et extraits de quelques manuscrits de la Bibliothèque Nationale*, Paris, Klincksieck, 1890-93, vol. 5, pp. 241 ss. Os seguintes dísticos (*Patrologia latina*, CCXII, col. 21) encontram-se em Petrus Riga, *Aurora*, da segunda metade do século XII: "*Post in Adam misit virtus divina soporem;/ Non somnus, sed erat exstasis ille sopor.// In qua perspicue causas vidisse supernas/ fertur, et evigilans inde propheta fuit*" [Depois o poder de Deus insuflou sono em Adão;/ aquele torpor não era sono, mas êxtase,// no qual se diz que viu claramente as razões celestes/ e a partir do qual, quando acordou, foi profeta]. Ver também Petrus Comestor, *Historia Scholastica. Liber Genesis*, capítulos XVI e XVII, in *Patrologia latina*, CXCVIII, 1069-70.

Motivos tipológicos na literatura medieval

*omnem intellectum absorbet. Hanc quietem Johannes dicit silentium (Apocalipse 8, 1), Psalmista vocat somnum (Salmos 126, 2: cum dederit dilectis suis somnum); ab Apostolo dicitur pax Dei quae exsuperat omnem sensum* [a paz de Deus, que excede todo o entendimento] *(Filipenses 4, 7). O quam recte silentium! O quam vere dicere possumus somnum, si excedit omnem sensum! Quid enim de eo digne dici possit quod omnem sensum excedit? Factum est, inquit, silentium in coelo, quasi hora dimidia (Apocalipse 8, 1) quam recte silentium dici potest audivimus, sed quomodo erit et somnus? Cogita quid faciat somnus exterior circa hominem exteriorem, hoc facit somnus hujusmodi circa hominem interiorem. Somnus corporeus exsuperat sensum corporeum, aufert enim officium oculorum, officium aurium, caeterorumque sensuum atque membrorum. Sicut autem per somnum exteriorem sopiuntur omnes sensus corporis, sic per hunc de quo loquimur interioris hominis somnum exsuperantur omnes sensus mentis. Simul enim absorbet cogitationem, imaginationem, rationem, memoriam, intelligentiam, ut constet quod Apostolus scribit, quia exsuperat omnem sensum. Hujusmodi somnum anima inter veri sponsi amplexus capit cum in ejus sinu requiescit. Unde et dicit: Laeva ejus sub capite meo, et dextera illius amplexabitur me (Cântico dos cânticos 8, 3). Hujus quietis in hujusmodi reclinatorio jam spem firmam conceperat, qui cum tanta fiducia psallebat: In pace in idipsum dormiam, et requiescam (Salmos 4, 8).*[24]

---

[24] "Esta tranquilidade é aquela paz que com muita conversa buscamos, à qual a custo enfim ascendemos com tantos passos. Esta é aquela paz em que a alma repousa. Paz que arrebata a mente ao interior; paz que suspende a lembrança de tudo que é exterior, que excede a agudeza do intelecto, que reverbera a luz da

Encontramos um desenvolvimento totalmente similar do tema do sono extático no quarto livro de seu *Benjamin Maior*,[25] onde o sono do verso supracitado dos *Salmos* é relacionado com a nuvem que manteve Moisés no Monte Sinai (*Êxodo* 24, 15 ss.).

Bernardo de Claraval relaciona novamente o mesmo tema ao sono de Adão; ele interpreta a passagem do *Gênesis* no *Sermo Secundus in Septuagesima*:

---

razão, que preenche a necessidade do coração, que absorve todo intelecto. Essa quietude João a chama 'silêncio' (*Apocalipse* 8, 1). O salmista a chama 'sono' (*Salmos* 126, 2: 'pois aos seus amados dá o sono'). Pelo Apóstolo é chamada 'paz de Deus', que excede todo entendimento (*Filipenses* 4, 7). Ó quão corretamente é chamada silêncio! Ó quão verdadeiramente podemos dizer que é sono, já que excede todos os sentidos! O que, pois, se pode dizer daquilo que excede todos os sentidos? 'Fez-se — diz João — silêncio no céu por quase meia hora (*Apocalipse* 8, 1). Penses que aquilo que o sono exterior produz no homem exterior é o que um sono deste tipo produz no homem interior. O sono do corpo vence os sentidos do corpo, pois tolhe a função dos olhos, a função dos ouvidos e o sentido de todos os outros membros. Ora, tal como pelo sono exterior adormecem todos os sentidos do corpo, assim também por este sono de que falamos são vencidos todos os sentidos da mente do homem interior. O sono do corpo vence os sentidos do corpo, pois tolhe o ofício dos olhos, o ofício dos ouvidos e os sentidos dos outros membros. Ora, assim como pelo sono exterior adormecem todos os sentidos do corpo, assim também por este sono de que falo são sobrepujados todos os sentidos da mente do homem interior, pois absorve a reflexão, a imaginação, o raciocínio, a memória, a inteligência, de modo que se verifica aquilo que escreveu o Apóstolo: 'supera todos os sentidos'. A alma acolhe entre os abraços do verdadeiro Esposo este tipo de sono quando repousa no regaço dele. Por isso, diz-se também 'a sua mão esquerda esteja debaixo da minha cabeça, e a sua direita me abrace' (*Cântico dos cânticos* 8, 3). Já tinha assumido resoluta fé no altar desta quietude aquele que com tamanha certeza salmodiou: 'Em paz dormirei nele mesmo, e repousarei'." [*Salmos* 4, 9. Erroneamente sob o título *Adnotatio in Psalmum* XXX; cf. *Patrologia latina*, CXCVI, col. 276. (N. do O.)]

[25] *Patrologia latina*, CXCVI, col. 165.

# Motivos tipológicos na literatura medieval

*Immisit Deus soporem in Adam. Immisit et in se ipsum, factus nimirum secundus Adam; sed est distantia forte non parva. Ille enim soporatus videtur prae excessu contemplationis; Christus miserationis affectu: ut in illum soporem immiserit veritas, in hunc charitas, cum utraque sit Dominus [...] Caeterum qualis et ille sopor dicendus est fuisse vel credendus, quem Dominus immisit in Adam, in quo, sine sensu omnino doloris, in mulierem aedificandam costa sublata est de latere dormientis? Mihi quidem nonnisi incommutabilis veritatis intuitu, et abyssu divinae sapientiae, corporeis excedens sensibus obdormisse videtur; quod ex ejus verbis vel maxime conjici potest. Redien nimirum indicat quo abiisset, dum, tanquam ebrius de cella vinaria veniens, et eructans illud magnum sacramentum quod tanto post in Christo et in Ecclesia Apostolus commendavit: Hoc nunc, inquit, os ex ossibus meis; et: Propter hoc relinquent homo patrem et matrem, at adhaerebit uxori suae, et erunt duo in carne una (Efésios 5, 31, 32). An tibi penitus obdormisse videtur, qui in hanc vocem excitatus erupit, et non magis dicere potuisse: Ego dormio, et cor meum vigilat[26] (Cântico dos cânticos 5, 2)?[27]*

---

[26] Esse verso do *Cântico dos cânticos* é o mais citado no que diz respeito a esse motivo, ao lado da passagem do *Gênesis*. Bernardo não chegou a comentá-lo, mas seu continuador Gilberto de Hoiland, sim (*Patrologia latina*, CLXXXIV, cols. 219 ss.).

[27] "Deus infundiu sono em Adão e infundiu em si também, tendo-o feito segundo Adão; mas há uma distância por acaso não pequena, pois Adão parece ter dormido, tomado de um excesso de contemplação, e Cristo, afetado de comiseração, de modo que naquele foi a verdade que infundiu sono, neste foi a caridade, sendo uma e outra o Senhor. Mas como se deve dizer ou crer que foi aquele sono que Deus infundiu em Adão, de quem, privado de toda dor, uma costela foi

Assim, o sono, como muitos motivos alegóricos e tipológicos, é multívoco. Como o leão ou a serpente, como Moisés ou Saul, ele pode ter significados variados, para o bem e para o mal, de acordo com o contexto da interpretação. É a polissemia, ou "*contraria significatio*", de que Agostinho fala diversas vezes.[28] Há o sono do transtorno e da ofuscação, o sono do pecado e da morte espiritual. Bernardo diferencia o sono extático dos outros tipos de interpretação do sono, em seu comentário ao verso de *Cântico dos cânticos* 2, 6: "*Laeva eius sub capite meo, et dextera illius amplexabitur me*" [A sua mão esquerda esteja debaixo da minha cabeça, e a sua direita me abrace].[29] Por fim, há também o sono daquela atribulação extrema, que é um pouco melhor do que a morte, através do qual, porém, a misericórdia e a graça são

---

retirada para que se formasse de seu flanco a mulher, enquanto dormia? A mim me parece que, contemplando a imutável verdade e estando no abismo da divina sabedoria, dormiu vencidos os sentidos do corpo, o que se pode conjecturar principalmente de suas palavras. Voltando a si, dá indicações de onde tinha ido, pois voltando, como que embriagado, da despensa de vinhos lançou aquele grande sacramento que, depois, quanto a Cristo e à Igreja, o Apóstolo tanto encareceu: 'por isso deixará o homem a seu pai, e a sua mãe, e se unirá a sua mulher: e serão dois numa carne' (*Efésios* 5, 31). Ou será que te parece que dormiu profundamente aquele que, desperto, prorrompeu em voz semelhante e não podia dizer senão 'Eu durmo, e meu coração vela.' (*Cântico dos cânticos* 5, 2)?" *Patrologia latina*, CLXXXIII, col. 166.

[28] Ver minhas explanações em "Figurative Texts Illustrating Certain Passages of Dante's *Commedia*", *loc. cit.*, e "Saul's Pride (Purg., XII, 40-42)", *loc. cit.* [Neste volume, respectivamente pp. 143 e 185. (N. do O.)]

[29] Bernardo de Claraval, *Sermones in Cantica*, LI e LII, in *Patrologia latina*, CLXXXIII, cols. 1028 ss.). Sobre a diferenciação dos tipos de sono, ver LII, 3. [Note-se que as passagens de *Cântico dos cânticos* 2, 6 e 8, 3 (citado há pouco) são iguais. (N. do O.)]

## Motivos tipológicos na literatura medieval

convocadas a correr em socorro dos acometidos. Pode-se citar ainda *Efésios* 5, 14: "*Surge qui dormis, et exurge a mortius, illuminabit te Christus*" [Desperta tu que dormes, e levanta-te dentre os mortos, e Cristo te alumiará]. É o próprio Cristo "*primitiae dormientium*" [sendo ele as primícias dos que dormem] (*1 Coríntios* 15, 20) quem chama os seus para junto de si na Ressurreição: "*Veni de Libano sponsa mea, veni de Libano, veni, coronaberis*" [Vem do Líbano, esposa minha, vem do Líbano, vem; serás coroada] (*Cântico dos cânticos* 4, 8).[30]

E aqui retornamos a Dante. Lá estava ele, na escuridão profunda da floresta, em sono profundo (a morte é só um pouco menos amarga), quando perdera o caminho certo; e lá ele encontrou o bem ou a bondade, por conta do que relata: a visão do mundo do Além, através de todas as etapas, até a "*visio Dei*" [visão de Deus]. De modo que ele, um juiz e profeta, pode anunciar a verdade que vira, assim como Eneias e Paulo, ou mesmo como Adão. É certo que ele não o cita entre seus antecessores, mas o motivo do sono extático lhe é tão conhecido, que ele sempre volta a empregá-lo. Quase todas as vezes em que Dante cai no sono durante sua viagem, trata-se de um sono de transe. Apenas na primeira vez, ao final do terceiro canto do "Inferno", junto ao Aqueronte, isto não é certo, embora mesmo ali ele esteja, ao menos no que diz respeito ao local, "em transe", e embora muitos comentadores citem a esse respeito as Escrituras (*João* 3, 8). Além disso, a semelhança dessa passagem com outra, a do transe do sono no início do nono canto do "Purgatório", sugere uma interpretação espiritual também para o terceiro canto do "Inferno". Nessa segunda passagem, a da subida do vale dos

---

[30] Cf. E. Auerbach, "Figurative Texts Illustrating Certain Passages of Dante's *Commedia*", *loc. cit.* [Neste volume, p. 143. (N. do O.)]

Erich Auerbach

príncipes em direção à porta do Purgatório, a interpretação como, ao mesmo tempo, um transe espiritual é absolutamente incontestável; no sonho profético durante o sono surgem, ademais, figuras bastante conhecidas do *"excessus mentis"* [transe].[31] Sucedem-se então as visões ocorridas durante o estado similar ao sono ("Purgatório" XV, 85-123 e "Purgatório" XVIII, 139 a XIX, 36). O mais importante dos transes de sono poderia ser aquele no Paraíso terreno ("Purgatório" XXXII, 52 ss.), quando o despertar é comparado à cena da transfiguração (*Mateus* 17) e onde os símbolos da Paz Imperial e da Paixão e Ressurreição se interpenetram de um modo difícil de analisar. E para seu último transe, a *"visio Dei"*, em que não está dormindo, ele necessita ainda de uma metáfora relativa ao sono: *"letargo"* [letargia] ("Paraíso" XXXIII, 94).[32]

---

[31] *Idem, ibidem.*

[32] Esta ideia de *letargo* como "transe" ou "êxtase" foi defendida há pouco em um ensaio de Ernst R. Curtius, "Dante e Alanus ab Insulis" (*Romanische Forschungen*, nº 62, 1950, pp. 28 ss.), por meio de um trecho do *Anticlaudianus* e, sem dúvida, está correta. *Letargo* é empregado como expressão intensa para sono enquanto transe, encaixando-se em um cruzamento de rimas e versos desejado por Dante. O que de resto afirma Curtius (p. 31) a respeito desse trecho não é seguro: por exemplo, que Dante, em sua viagem ao Além, teria sido arrebatado pelo sono diversas vezes, mas que teria caído no estado de transe uma única vez, justamente nesse ponto. Ele também considera que o terceto seria mais facilmente compreensível com uma definição mais exata de *letargo*. Mas, apesar da observação de Olschki (feita há trinta anos ou mais), a dificuldade não está no significado de *letargo*, mas na estrutura sintática. Entenderíamos o terceto, se Dante tivesse dito: Somente um ponto (a Trindade) proporcionou-me maior êxtase (ou espanto, ou atenção concentrada, ou imersão profunda) do que o proporcionado durante vinte e cinco séculos pela viagem dos argonautas (durante os quais a humanidade os admirou). Mas, em vez disso, *"venticinque secoli"* é claramente um nominativo, e

# Motivos tipológicos na literatura medieval

"*impresa*", dativo. Por fim, diz Curtius, os pesquisadores de Dante não teriam encontrado, até onde ele vê, prova alguma para *letargo* ou *lethargus*. Não é difícil achá-las. Tanto Alanus como Dante conhecem a palavra provavelmente da *Consolatio* de Boécio, onde ela se encontra logo no início do segundo trecho em prosa, e significa algo como "dormência da alma". Também Agostinho (*Sermo* 40, 6; 87, 14; 359, 8) utiliza com frequência a palavra em um sentido metafórico-moral mas, assim como Boécio, *in malam partem* [em sentido pejorativo]. Isto é absolutamente natural, pois *lethargus*, na medicina antiga, é uma sonolência patológica, que frequentemente aparece em oposição à loucura furiosa, a *phrenesie* [frenesi]. Também na passagem de Alain de Lille ainda predomina a doença, que exige tratamento e cura; o motivo do *ecstasis* é introduzido de forma obscura e frágil. De qualquer modo, o sentido de "transe" só pode ser compreendido por meio da tradição do sono extático.

# Vico e Herder[1]

A maioria de vocês, como estudantes da Faculdade de Filosofia, pratica história — seja a história das transformações políticas e econômicas, seja a da arte, da língua ou da literatura. Um tal estudo fundamenta-se necessariamente em uma convicção: a de que existe história, e não apenas um acontecer — de que, portanto, no âmbito das ações e sofrimentos humanos, os fenômenos que ocorrem não estão a cada vez isolados, sem conexão uns com os outros — sua totalidade sendo portanto apenas um amontoado no tempo que transcorre — mas sim que a quantidade de eventos da vida humana no tempo terreno forma um conjunto, um decurso completo ou um todo de sentido, no qual cada acontecer singular enraíza-se de múltiplas maneiras, e a partir do qual ele pode encontrar sua interpretação. Sendo assim, essa interpretação, em princípio, somente é possível a partir de uma compreensão do decurso completo da história humana, a qual também abrange necessariamente o futuro; mas como uma tal compreensão total do futuro e, em grande parte, do passado, é impossível, então nos contentamos em ter uma ideia de um plano do decurso histórico completo a partir dos dados dis-

---

[1] Conferência apresentada no Deutsch-Italienischem Forschungsinstitut, Colônia, em junho de 1931. [Publicado em 1932. (N. do O.)]

poníveis de um pequeno fragmento do passado, sobre o qual se lança uma luz por meio de documentos de todo tipo. Uma ideia que necessariamente tem de ser especulativa, e que se apoia na confiança apriorística de que um tal plano existe e de que ele também pode ser experimentado nos fragmentos de sua realização, ainda que não de modo totalmente evidente. Interpretamos os eventos e formas históricas a partir de uma ideia desse tipo, adquirida muitas vezes de maneira inconsciente, e que corresponde a uma necessidade não apenas científica, como também prático-ética: pois na medida em que nos envolvemos de modo prático com as singularidades da vida, ocorrem injustiças flagrantes, a cada dia, a nós mesmos e aos que nos são próximos, e para conseguirmos suportar com serenidade o que acontece e o que nos acontece, precisamos da ideia de um plano, graças ao qual e em cuja realização o confuso se torna organizado.

Na forma em que vigora hoje em dia, o conceito de história enquanto um todo de sentido ainda não é muito antigo. No mundo cristão circuncluso, o todo de sentido produz-se enquanto plano de Deus ou da Providência: é impossível reconhecê-lo, pois, como diz o Senhor, meus pensamentos não são os vossos, e vossos caminhos não são os meus. Apenas à medida em que a Revelação (a histórica no aparecimento de Cristo e a escrita nas profecias bíblicas) afirma algo a respeito dos caminhos da Providência, torna-se possível neste mundo uma interpretação da história — de modo que a interpretação cristã da história é uma interpretação das revelações históricas da Escritura Sagrada, que seguramente foi bastante longe na exegese de passagens bíblicas, mais raramente no sentido de uma explicação filosófica da história do que na intenção de uma interpretação de determinados eventos singulares. A verdadeira força da interpretação cristã da vida, contudo, consistia e consiste não na interpretação por assim dizer horizontal do curso da história, mas sim na atribuição vertical de sentido da vida humana singular, em que o curto espaço de tempo dessa vida é visto como prova dramática e decisão, seja pela danação, seja pela bem-aventurança eternas. Mas, em cada caso, a potência que movimenta a história não é imanente, atuante no interior mesmo do mundo histórico, e sim transcendente, isto é, exterior à história e atuante de modo independente dela: a Providência. Na interpretação cristã, o verdadeiro processo histórico transcorre entre a Providência ou Deus e a alma humana singular, e por mais controversa e problemática que seja a distribuição de forças entre eles, além de múltipla, a interpretação cristã da história não conhece forças históricas imanentes que sejam diversas do indivíduo singular.

Com a dissolução do mundo fechado cristão na Europa, cai por terra a atribuição de sentido transcendente à vida humana, e de início nada a substitui: surge, antes, uma mentalidade hostil à história. Esperava-se e acreditava-se poder descartar o passado e construir outra vez o mundo: acertar as contas com todo o peso da tradição e organizar o mundo terreno de acordo com os fundamentos da razão natural. A história enquanto todo de sentido é negada explícita ou implicitamente: este todo só tem sua razão de ser onde legisla a razão civilizatória do homem, ou seja, no apogeu da civilização; caso contrário, ele não tem importância e é dispensável, e ninguém irá lidar com as configurações bárbaras de épocas não civilizadas — como, por exemplo, a Idade Média. Para cada atividade humana há um modelo, um ideal de perfeição da espécie em questão, que serve de parâmetro para tudo o que é produzido naquele mesmo domínio — assim, a *Canção de Rolando*, que outrora certamente não era conhecida, seria um estágio anterior e imperfeito da *Henríada* — ninguém, portanto, terá proveito em se ocupar com isso. Mesmo as correntes declaradamente hostis à cultura e à civilização, já instituídas no Renascimento e que culminaram em Rousseau, são

Erich Auerbach

estranhas à história; elas almejam não o passado histórico, mas a utopia de uma Época de Ouro. Mesmo as obras de teoria da história não buscam uma totalidade na história, mas tão somente métodos e receitas singulares; até os defensores da Providência cristã são atingidos pelas tendências hostis à história de seus opositores, e põem a Providência a serviço de um progresso racional.

Somente em oposição a essa mentalidade hostil à história é que surgiu a ideia moderna da história como um todo imanente de sentido. Ela surge em vários lugares, mas principalmente na Inglaterra e na Alemanha, onde vivencia seu apogeu. Aludida desde os anos 1760 por Johann Georg Hamann, e de início adotada metodologicamente por Herder, essa ideia atinge sua expressão filosófica completa na obra de Hegel, e os fundamentos de sua prática nos eruditos românticos; a disciplina que represento, a filologia românica, é um dos ramos menores da árvore do historismo romântico que, por assim dizer, vivenciou, de forma passageira, a Romênia como um todo de sentido.

Foi Herder, portanto, quem primeiro empregou esse conceito de história na ciência moderna. Hoje, apesar do título, quero tratar menos de Herder do que de Vico, usando o primeiro apenas como pano de fundo das descobertas do segundo. Herder, portanto, vivenciou, através de inúmeras dificuldades, contradições e recidivas, a concepção do nexo imanente de sentido e do desenvolvimento imanente da história mundial. Ele partiu — e esse ponto de partida foi decisivo para todo o historismo alemão — de sua própria personalidade. Transferiu para a história a forma e as necessidades peculiares de sua humanidade profundamente sensível e vivaz. São vários os motivos e as influências que se unem e frequentemente se entrecruzam em sua pessoa e em sua imagem da história: o panteísmo do sentimento que se volta contra a aridez do entendimento do Iluminismo; aparentado a isso, um amor profundo por tudo o que é natural e vinculado à natureza, crescido por força própria e sem prescrições artificiais e assim, no âmbito da história, o amor, por um lado, pelo originário e, por outro, pelo idílico e patriarcal. Contra esses dois motivos, o panteístico e o natural, frequentemente lutava um terceiro, uma ideia algo vaga e entusiasta da nobre razão humana, de sua dignidade ética e estética: o ideal de humanidade. Ele deve ao panteísmo do sentimento a ideia da história como uma realização do pensamento divino e, assim, tanto a visada penetrante no desenvolvimento imanente da história quanto a convicção de que cada época é uma conformação do divino e, portanto, acabada em si mesma e incomparável a qualquer outra. O que, portanto, está em total oposição às crenças iluministas no progresso e em uma perfeição abstrata, e que abriu caminho para uma consideração completamente nova, por exemplo, da Idade Média, mas também sobre outras épocas históricas: no lugar do *raisonnement* abstrato sobre a história, prenhe de parâmetros estranhos, e no lugar da aridez do entendimento, surge o sentimento das coisas, um desejo de se entranhar e de penetrar no espírito das épocas, em sua linguagem e sua poesia. Ele foi o primeiro a descobrir, a partir do panteísmo sentimental e da ideia da totalidade do espírito, tão importante no historismo alemão, a essência da linguagem como uma capacidade do homem em geral, como um produto de sua disposição espiritual como um todo, no lugar da concepção iluminista da linguagem como uma capacidade particular, como que a ser acrescida ao ser humano já pronto — por um lado, ele não via mais seus significados como arbitrários e nominalistas e, por outro, sua origem não mais como derivada do animal mas, antes, explicava a origem da linguagem a partir da sensibilidade racional especificamente humana, uma vez que o homem seria uma criatura que emite sons e que reproduziria as impressões sensíveis do mundo de forma sonora, em um impulso de conhecimento diverso do desejo do animal. Por outro lado, seu amor pelo natural, pelo vinculado à natureza, pelo patriarcal e pelo idílico permitiu-lhe chegar à ideia de povo enquanto indivíduo genético, enquanto uma unidade irracional, orgânica, como que vegetal: a ideia do espírito do povo, segundo a qual no ser popular a totalidade das manifestações da vida e, nesse sentido, os costumes, a arte, a língua, a literatura, são emanações e expressões do espírito do povo, bem como a cada vez absolutamente particulares e incomparáveis. Associado a isso está a sua orientação o mais profundamente apolítica, pois, em oposição ao povo e à família, o Estado e a lei parecem-lhe um mal necessário, em sua artificialidade e em sua violência. Toda ânsia de poder, a razão de Estado, a política e a guerra lhe são estranhos e hostis, e neste ponto vemos a origem do historismo alemão a partir do sentimento idílico da natureza, e o perigo de seu desvio para um estudo folclorístico da pátria. Por fim, a terceira tendência, a humanidade, que deveria lhe permitir sentir o aspecto propriamente humano da história humana, é nele vaga e oscilante; a humanidade o impele, por um lado, a uma idealização do homem primordial quase na linha rousseauniana e do direito natural e, por outro, a juízos de valor moral; ele condena tudo o que não o agrada, tudo o que é duro, vil, político, e também permite que a história universal os condene, não raro com fundamentos bastante frágeis: ele constrói o conceito de "*nemesis*", que se distingue de seu correspondente antigo por meio de uma coloração expressamente patético-moral, e de cuja herança apossou-se a sentença de Schiller sobre a história universal enquanto Juízo Final.

A concepção de Herder, tão original e produtiva, surge como uma obra de seu momento: ele soube aproveitá-lo bem, mas o momento estava ali. Leibniz, Shaftesbury, Rousseau foram precursores; os aforismos poderosos de Hamann penetraram em seus ouvidos; Shakespeare inflamou seu historismo dramático.

Entre milhares de jovens, foi ele quem respondeu ao apelo com a solução verdadeira, que continua sendo o monumento de seu gênio; porém, quando ele a pronunciou, muitos dos que estavam por assim dizer apenas esperando por isso responderam: tomaram suas ideias e as levaram de assalto muito mais longe do que ele mesmo as tinha concebido e, em sua velhice, Herder foi superado e posto de lado por aqueles que outrora havia influenciado de forma decisiva. Ele sabia muito pouco a respeito de um predecessor que, solitário e por conta própria, sem qualquer preparação por meio de correntes afins, sem o suporte de jovens amigos de mesma mentalidade, havia pensado, cinquenta anos antes dele, coisas muito semelhantes — muito antes de Rousseau, e mesmo de Montesquieu, desconhecendo Shakespeare e em meio a um ambiente completamente obtuso. Giambattista Vico (1668-1744) era um pobre filho de livreiro em Nápoles que só muito tarde tornou-se professor de retórica e historiógrafo da corte. Permaneceu sempre em uma posição extremamente subalterna, espécie de mestre-escola e panegirista cortesão dos potentados do barroco tardio no Reino de Nápoles. Sua obra máxima, a *Ciência nova*, foi publicada pela primeira vez em 1725, quando ele tinha 57 anos; uma segunda edição, totalmente modificada, surgiu em 1731; Vico prosseguiu trabalhando nela até sua morte, em 1744, quando a versão definitiva estava sendo impressa.

Os dados exteriores já indicam a diferença: o nórdico Herder, perambulando entre viagens, feitos e pensamentos, um jovem nobre e altivo em meio a outros jovens nobres, dissipando sua potência e suas ideias nos primeiros fogos da juventude — e o meridional Vico, um despercebido professor, reconhecido apenas por alguns poucos pela sua erudição — "de olhos bem abertos, magro, segurando o bastão", como o descreve uma sátira da época — que escreveu uma única obra de fato — pois as primeiras eram somente esboços — e essa obra, em cuja forma trabalhou até a morte com obstinação monomaníaca, contém, no fundo, apenas uma única ideia, que todavia se ramifica de modo tão plural, que foram sempre necessários novos acréscimos para expressá-la satisfatoriamente. Porém, acima de tudo, a diferença mais importante: Vico estava sozinho. Ele não encontrou ninguém que lhe tivesse preparado o terreno, ninguém a quem pudesse se associar, ninguém que lhe respondesse. Nos anos em que deu início à sua obra, predominava no mundo erudito italiano uma forma superficial e tardia do racionalismo cartesiano, que via sua tarefa em uma filosofia da natureza de caráter matemático e dedutivo e que desprezava a história em geral como não científica, não acessível ao método matemático. Enquanto Herder encontrou a legitimação de sua atividade na preparação do Iluminismo posterior, que ao mesmo tempo se lhe opunha, mas que praticou a história (ainda que de uma maneira muito a-histórica), Vico precisou de décadas para acalmar sua consciência metódica, com vistas a conquistar um fundamento no âmbito da teoria do conhecimento para um estudo histórico — clareza metódica ele de fato jamais alcançou, pois ainda aos 60 anos tentava comprovar sua *Ciência nova* de forma estritamente geométrica. Mas ele ao menos conseguiu encontrar uma alternativa ao primado cartesiano das ciências da natureza, que o havia impressionado tão profundamente: o argumento cético e agnóstico contra a confiança cartesiana na razão que, antes dele, já tinha sido usado por outros, e que afirma que só poderíamos conhecer aquilo que nós mesmos criamos. Deus criou a natureza, e só ele é capaz de conhecê-la. Mas, dessa sentença plena de conteúdo e multívoca, Vico tira uma conclusão que lhe é característica: a de que a história é criada pelo próprio homem e que, portanto, o homem teria condições de compreender não a natureza, mas sim a história. Assim como Deus cria a natureza, o homem cria a história; por isso, como ele diz, as constatações de sua obra são de um tipo divino, "e devem preenchê-lo, ó Leitor, com um encanto divino: pois, em Deus, conhecimento e ato são a mesma coisa". Com esse raciocínio, ele proclamou, no lugar do primado científico das ciências da natureza, o das ciências da história e do espírito, sem tomar consciência do quão problemática essa sentença acabaria sendo justamente para ele. Pois em que medida o homem é criador de sua história? Na construção histórica viconiana cabe precisamente à Providência o papel decisivo, o homem é com frequência uma ferramenta cega — é bem verdade que ela atua sobre ele não apenas de modo transcendente, mas sim no interior da própria história, enquanto fato histórico ou sentido comum ao gênero humano. Mesmo assim, a sentença viconiana é altamente problemática, pois o homem, em Vico, nunca é capaz daquela criação consciente, plena e cognitiva, tal como a atribuída a Deus, e o sujeito terreno do conhecimento histórico permanece obscuro. Entretanto, ele se tranquilizou com essa formulação — ela contém ao menos o fundamento daquela tentativa intuitiva de compreensão da história que o homem postula em termos práticos enquanto ser humano — e a considerava um fundamento suficiente para o plano que havia esboçado e no interior do qual ele deu forma às suas grandes descobertas: o de apresentar uma história ideal eterna "segundo a qual devem transcorrer no tempo as histórias de todos os povos em sua ascensão, progresso, estado, queda e fim" — dizendo mais modernamente, portanto, uma morfologia da história enquanto filosofia da história. Vico executou esse plano com base em uma descoberta crucial por ele feita e que fez dele o primeiro e talvez o mais perfeito intérprete do devir dialético na história; o fundador da estética como ciência de expressão irracional; o primeiro a compreender novamente Homero e Dante; o restaurador e refundador dos mitos de retorno cíclico, virada do mundo e eterno renascimento; aquele que anteviu todos os problemas etnológicos atuais, interpretando-os de forma genial, com uma intuição fantástica — enfim, o criador da teoria da luta de classes, na medida em que esta era passível de ser formulada antes da origem do capitalismo moderno. A descoberta central que o capacitou para tudo isso foi uma visão completamente nova do homem primitivo e primordial, de sua linguagem, sua poesia, suas leis e seus costumes. Ele a elaborou no reino de Nápoles, entre 1700 e 1725, na época da florescência do direito natural e da teoria do contrato — que viam no selvagem ou uma criança inocente ou uma besta —, sob o domínio do racionalismo cartesiano, sem nenhum material etnológico, apoiado apenas em um conhecimento pleno dos autores da Antiguidade e do direito romano. Seus conhecimentos sobre a essência do homem primordial, ele os adquiriu sozinho, a partir da interpretação de mitos, leis e poemas da Antiguidade.

Vico descobriu que o homem, nos primórdios da cultura, não era um ser inocente, nem idilicamente natural nem tampouco um animal selvagem, movido apenas pelo instinto de autoconservação — mas sim uma criatura solitária, plena de medo e temor do caos da natureza misteriosa e, por isso mesmo, assustadora. Descobriu que os primeiros fonemas do homem foram expressões de temor e tentativas de banir esse temor, que esse homem não tinha nada da razão prática e calculista do homem de cultura, mas tão somente sentidos e imaginação, não sendo portanto um jovem e inacabado ancião, mas sim uma criança. Descobriu que esse homem primordial, rico em sensibilidade e imaginação, personificava as forças da natureza, que via nelas feiticeiros ou deuses, que lhe comunicavam suas vontades por meio de manifestações como raios, trovões, tempestades etc., as quais ele procurava interpretar e satisfazer em cerimônias e ritos fantásticos, formais e completamente desprovidos de razão; que, portanto, o homem primordial figurava poeticamente sua vida nesses ritos primevos, e essas primeiras cerimônias de forma poética foram a origem de seu direito e de sua civilização. Nesse sentido, Vico, como católico devoto, atém-se à história da Criação, exclui os judeus privilegiados por meio da revelação divina e começa o desenvolvimento natural com um desvio para o Dilúvio. Os descendentes dos filhos de Noé renegam a religião de seu pai e vivem em meio a uma anarquia e a uma promiscuidade animalescas na grande selva que é a Terra. Somente depois de séculos, durante os quais não se ouve uma única trovoada, pois a Terra ainda está bastante úmida, cai o primeiro raio, trazendo medo e pudor aos corações selvagens e desagrilhoados: no raio surge para eles uma primeira visão de Deus, Júpiter, que sob diferentes nomes se encontra em todos os povos. Medo e pudor, a poderosa impressão do primeiro raio, faz com que eles se escondam: alguns procuram as cavernas e abandonam o nomadismo e a anarquia. Eles relacionam a morada e o ato sexual a um determinado lugar e a determinadas cerimônias. Sua consciência fantástica de Deus, totalmente vinculada a representações sensíveis, cria um Deus para cada ato da existência, ou seja, uma instituição personificada, um conceito enquanto pessoa fantástica, "*universale fantastico*": um ser de sua espécie, mas mais poderoso, que habita os cumes encobertos por nuvens das montanhas e cujas vontades eles procuram decifrar em formas específicas de culto. O sedentarismo traz as primeiras instituições sociais: casamento, família fixa, poder patriarcal sobre os filhos, sepultamento dos mortos; o sedentarismo os obriga também a urbanizar as matas selvagens, que eles desmatam com fogo. Vico interpreta os feitos de Hércules como as primeiras instituições sociais, e em especial a luta contra o leão de Nemeia como a urbanização da selva inóspita. A linguagem daqueles primeiros homens consistia, de início, em sinais inarticulados ou mesmo mudos, de significado sensível; mais tarde, em uma onomatopeia articulada, que foi enriquecida por transposições metafóricas. Eles são de uma estatura monstruosa, outrora engendrada por sua força anárquica e desenfreada, e que pouco a pouco se adapta à medida humana natural; com sua vida vinculada a ritos formais, separam-se estritamente daqueles que ainda vagam anarquicamente. Eles se sentem como eleitos e se denominam filhos daqueles que estão enterrados na terra, filhos da terra, dos gigantes ou também heróis. Não conhecem a razão das épocas civilizadas, a suavidade humana, a justiça que nivela na prática, a linguagem como comunicação e conversa. Sua essência é a do culto mágico ligado a formas sensíveis; sua justiça, o cumprimento formal dos ritos e de crueldade sem igual; sua sagacidade é adivinhação, descoberta da vontade dos deuses; sua temperança é monogamia e sua força o domínio absoluto sobre sua família: pois o pai é o sacerdote que interpreta sozinho a vontade dos deuses; só ele é a pessoa de direitos. Esta é a era dos deuses, ou poética, ou de Ouro: pois o primeiro ouro da terra é o trigo; depois da colheita começa o cálculo do tempo, pois Hércules, símbolo dos pais de família gigantescos, é o fundador dos jogos nemeus.

A segunda era, ou heroica, começa quando os nômades, que ainda viviam sem deuses nem ordem, acossados pelas intempéries da natureza e desejando participar da cultura dos heróis, dirigem-se a eles para lhes pedir proteção. Esta lhes é concedida, mas não a participação na religião e no rito sagrado, assim como na propriedade, no casamento e no sepultamento; não têm personalidade jurídica nem filhos legítimos, tornam-se escravos, fâmulos, parte integrante da família do herói, que dispõe deles com uma severidade implacável, como se fossem coisas. Eles são seus escravos-lavradores. A história da idade heroica é portanto a história da luta dos fâmulos por personalidade jurídica, sua igualdade de direitos pela qual lutam em revoluções sucessivas.

Surge assim o direito feudal: quando os fâmulos lavradores se revoltam e exigem sua participação no rito e na propriedade (ambos estão intrinsecamente ligados; sem matrimônio válido, não havia filhos legítimos nem direito de herança; sem participação nas celebrações, nenhuma propriedade). Eles recebem, de início, uma propriedade de fato que, no entanto não é uma propriedade jurídico-formal, e permanecem vassalos. Nesse meio-tempo, os heróis se uniram na luta contra os fâmulos e deram origem às primeiras repúblicas estritamente aristocráticas, os Estados heroicos; um eventual rei é *primus inter pares*, o chefe de um estamento, não um monarca. Mas também os fâmulos se uniram (fâmulos de todos os heróis, uni-vos) e agora surgem as lutas de classe entre patrícios e plebeus, nas quais os primeiros abdicam só passo a passo dos estatutos velhos e rigorosos, vinculados às formas sensíveis e que davam somente a eles poder de culto e, com isso, poder jurídico; no entanto, os fâmulos-plebeus exigem direitos iguais, naturais e racionais para todos.

Com essa vitória surge a terceira era, a racional burguesa. Nela, predomina a consciência da igualdade natural entre todos os homens; a dimensão sensível perde sua força, a imaginação se empobrece; razão, abstração, religião filosófica, justiça igualitária de acordo com o caso, libertação das fórmulas, fundam as repúblicas democráticas. Mas, logo a seguir, os interesses materiais começam a escarnecer as leis; os interesses singulares, que não coincidem mais, como no tempo da república estamental dos heróis, com os do Estado, acabam criando a desordem e a guerra de todos contra todos. Nessas batalhas, alguém vai se tornar o senhor e fundar a monarquia esclarecida, suprapessoal, absoluta (Augusto). É o florescimento da civilização, mas ela não perdura; em seguida, começa a hipertrofia da razão e do hedonismo, luxo, soberba, ateísmo, recaída na barbárie; a cultura decai, surgem novos povos bárbaros e recomeça o ciclo de heróis, cultos solenes e formais, fâmulos e direito feudal: é o retorno cíclico, o *"ricorso"*, que Vico expõe na Idade Média, mas que é pensado como eternamente recorrente.

É evidente que o verdadeiro ponto de partida dessa grande construção histórica é a nova concepção de homem primordial, a ideia de sua natureza poética. Com essa natureza poética não se quer dizer, como em Herder, algo nobre, idílico e humanitário, tal como isso surge da própria essência herderiana, como seu postulado de humanidade; não é em absoluto algo que é pensado a partir da analogia do homem civilizado e cultivado, uma espécie de tipo ideal de acordo com o modelo do século, só que em todo o seu frescor e pureza. Em Vico, essa natureza poética refere-se, antes, a algo estranho, selvagem, cujo caráter humano nada tem da humanidade das épocas civilizadas. Vico concebeu o homem primordial de sua obra em total oposição a tudo o que sua época lhe oferecia e, embora ele o amasse e admirasse, era como algo estranho, e não a sua imagem desejada. Nisso Vico foi superior a Herder, por não ter sido uma personalidade orgulhosa e altiva, que refletia em sua própria imagem todo o Universo, mas sim um erudito modesto, completamente esquecido de si mesmo, que pedia ajuda à sua imaginação, mas a uma imaginação totalmente objetiva, que vivificava nele as formas da tradição: ele conseguia doar-se às coisas e, quando especulava imaginativamente, especulava a partir das coisas e não de si mesmo. Dessa forma, ele conseguiu, como antecessor único dos eruditos do século XIX (que puderam fazê-lo com muito mais facilidade, porque tinham à sua disposição, em uma medida completamente diferente, o material histórico e etnológico), construir um mundo histórico como um todo objetivo, que nada possui do espírito de seu próprio século e que, apesar de todos os equívocos isolados, que em geral são suficientemente grotescos, contém quase todos os motivos das descobertas posteriores. Ele não faz as suas descobertas como singular: abre-se para ele, como eu dizia, um todo objetivo da história da humanidade e de sua origem, a partir do qual resulta o singular. O núcleo era o caráter do homem primordial enquanto um ser desprovido de razão e extraordinariamente dotado de imaginação e sentidos, que formou seus deuses a partir do caos da natureza e por medo dos deuses chegou a cultos de conjuração fantásticos e formalizados e, a partir disso, fundou as primeiras instituições da civilização. Disso resultou todo o singular, a origem do direito, da linguagem, da poesia, da economia e dos Estados. Todas essas coisas surgiram do "poético", ou seja, da natureza imaginativa, sensível e formalista dos primeiros homens.

O seu direito era uma parte de sua teologia: o primeiro que fundou a família e, com isso, lar, altar e ritos solenes, foi o senhor absoluto em seu círculo, foi rei, juiz e sacerdote, foi o único que possuía personalidade jurídica; e todas as suas ações, com as quais pensava evocar os deuses, eram preenchidas por aquele formalismo simbólico; todas as decisões foram tomadas pelos próprios deuses, no tribunal divino do duelo, na interpretação de sacrifícios ou oráculos, ou na evocação por meio de fórmulas mágicas. Quando os primeiros acordos jurídicos entre heróis foram fechados, eles ainda estavam ligados a uma metafórica sensível e a uma forma estrita: por exemplo, uma parte do terreno que ia dar em outra propriedade, era transmitida de um para outro em determinadas cerimônias com uma determinada fórmula discursiva. Nesse método completamente genial, cuja descoberta por volta de 1720 parece totalmente incompreensível, Vico interpreta o antigo direito romano como um "poema sério". Ainda por muito tempo predomina nas repúblicas heroicas aquele direito poético, diríamos metafórico e formalista, no qual a fórmula sensível era tudo e os fatos individuais ou as necessidades do interesse singular, nada: quem errasse a fórmula, independentemente das circunstâncias individuais, não poderia de modo algum se salvar, e uma única palavra errada proferida anularia todo o vínculo jurídico. Só muito paulatinamente, com a ascensão dos fâmulos, com o reconhecimento do homem natural enquanto unidade jurídica, surgiu o direito como compensação material de interesses individuais — um direito privado é absolutamente inconcebível nos estágios iniciais da cultura.

Sua linguagem era a poesia: não designações dadas arbitrariamente aos objetos, mas sim os próprios objetos — que eles representam primeiro através de sinais mudos; em seguida, de onomatopeias, e então através de analogias sensíveis — uma vivificação e personificação do meio ambiente, que estava estritamente conectada com a sua religião. Toda a sua linguagem consistia em onomatopeias e imagens: Vico descobriu que as metáforas e tropos, as formas artísticas das dicções impróprias, tal como ainda floresciam em seu tempo, então totalmente nominalista, são um último resquício da linguagem sensível dos tempos primordiais. Ele também descobriu que os homens possuíam anteriormente uma linguagem ritmicamente ligada, e não prosaica, e que, portanto, a poesia é a primeira linguagem do gênero humano — tal como Herder exprimiu. Mas Herder pensava em Ossian e nos cancioneiros populares, e Vico tinha em mente os poemas evocativos dos tempos primordiais, fantásticos e presos a fórmulas, cujos exemplos mais célebres ele não conheceu, por terem se tornado conhecidos dos eruditos só muito mais tarde: por exemplo, as fórmulas mágicas do antigo alemão ou os *Carmina* da Roma antiga, o *carmen Arvale* ou o *carmen Saliare*.

Sua poesia era toda a sua essência e, ao mesmo tempo, portanto, sua história. Pois tudo o que falavam era poesia, e toda a sua poesia, discurso verdadeiro: verdadeiro não no sentido de que os fatos singulares, que eram relatados, tivessem ocorrido daquele modo — eles mal conseguiam apreender um fato como

## Vico e Herder

tal — mas sim na maneira pela qual as fábulas ou mitos não eram inventados por eles de forma consciente como uma bela mentira, tal como nos poetas posteriores, mas sim como forma verdadeira de suas vidas, que eles só compreendiam e conseguiam organizar enquanto mitos. Pois eles não conseguiam dar forma àquela ordem por meio de abstrações como perspicácia, coragem, beleza, amor; eles apenas viam formas, nas quais eventos e características se unificavam, formando assim os *"universaliza"* fantásticos ou personagens poéticas como, por exemplo, Júpiter como personagem poética do deus superior dos trovões, ou Hércules como personagem poética do fundador da linhagem dos heróis. A quem os interpreta corretamente, os mitos se revelam como a história política do tempo primordial. Por exemplo, o mito de Cadmo: este mata o grande dragão (que é um símbolo da terra e da soberania); isso significa, portanto, que ele submete a terra ao desmatamento; ele semeia seus dentes (uma bela metáfora para o ato de lavrar, diz Vico), e dos sulcos surgem homens armados que lutam: essas são as batalhas dos estamentos, nas repúblicas heroicas, entre heróis e fâmulos, e os sulcos significam a fusão dos estamentos. Finalmente, o próprio Cadmo se transforma em uma serpente, um dragão, *draco*, que significa a fundação da severa legislação heroica: *Draco* é, entre os atenienses, aquele que escreve as leis com sangue. O mito de Cadmo contém vários séculos da história primordial, e vários séculos da história primordial mítica contêm obras como os poemas de Homero. Pois Homero nunca viveu, ele mesmo é uma personagem poética, e as duas epopeias contêm um tesouro do antigo direito natural dos povos da Grécia, peças antiquíssimas e posteriores, embaralhadas em diversas camadas, cuja redação compilada só ocorreu em um tempo em que não se compreendia mais o sentido mítico original. Com isso, Vico, ainda que de forma muito mais generosa e filosófica que seus sucessores, pensa pela primeira vez aquela teoria que Wolf fundaria para Homero, Lachmann para a *Canção dos Nibelungos*, Gautier e Paris para as antigas epopeias francesas: contudo não se trata, em Vico, de uma concepção meramente poético-estético-folclorística, de canções populares, nas quais a alma poética do tempo primordial se movia de forma lúdica, mas sim de uma substância mais sólida e concreta, na qual direito e poesia, sociologia e teologia fundem-se uma na outra. Antes do *Sturm und Drang* e de seus sucessores românticos, Vico ainda pensou outra ideia, relacionada a esta: a de um primado poético dos tempos primordiais. Certamente ele a pensou de modo muito mais radical. Para ele, apenas os tempos primordiais fantástico-metafóricos são poéticos; neles, o homem é por natureza poeta, não podendo ser outra coisa. Nos tempos iluministas da razão, porém, quando se desvanece a consciência dos significados das palavras, quando a natureza não vive mais e as concepções de ordem são abstrações, os homens são necessariamente apoéticos — e Vico escreveu isso aproximadamente na época do estilo da Regência francesa e do Iluminismo. Mas isso não é apenas um prenúncio de Herder e do Romantismo, e é mais do que a redescoberta da Idade Média, de Homero e Dante: trata-se de uma concepção formada da história universal do espírito, uma filosofia do espírito em processo, cujas linhas básicas só seriam retomadas por Hegel. Certamente o drama histórico de Vico — com o tempo mítico primordial, a ascensão através das lutas de classes, a era da razão, a decadência e o retorno cíclico eterno — é, em princípio, mais perceptível como oposição às teorias político-filosóficas do direito natural ou do Iluminismo, bastante mecanicistas e atomísticas: em oposição a Morus, Hobbes, Grotius, Montesquieu, Voltaire e Rousseau. Mas é por isso que, já há tempos, ele é explicado de modo insatisfatório, ao ser apresentado como precursor da escola histórica alemã. E, naturalmente, mais ainda quan-

## Vico e Herder

do é evocado como predecessor de certos eruditos de fins do século XIX, o que é igualmente insano, mesmo quando se pretendeu enaltecer Leibniz como predecessor de Haeckel. Mas também para a tradição posterior e maior da escola histórica romântica, para Herder e Savigny, Grimm e Adam Müller, Vico não é um predecessor; não é um acaso que eles não o tenham conhecido. A expressão decisiva, o "espírito do povo", que para todos eles é tão significativa, não aparece em sua obra. O reino absolutista de Nápoles, por volta de 1720, não era favorável ao surgimento de tais formações de pensamento — mas também a natureza de Vico estava completamente distante dessa concepção. Apesar de todo o aspecto orgânico, histórico-genético e desenvolvimentista de sua visão, ele é totalmente independente de um enredar-se nas realidades particulares dos povos. Assim como lhe falta patriotismo, falta-lhe por outro lado a compulsão ao Eu, o folclore romântico, o abrigo doméstico e o prazer idílico com o que o homem possui de belo e nobre. O pequeno mestre-escola Vico situa-se entre a admiração e o pavor daquelas figuras gigantes que brotaram de sua cabeça. E na verdade não foi por causa delas que ele escreveu seu livro. Ele realmente não queria observar os homens, mas sim Deus sob o aspecto de sua Providência histórica. Pois a imanência das forças históricas dá-se em Vico de forma diversa do que em relação aos que lhe sucederam — nele, a Providência permanece transcendente, imóvel e imutável. E se ele, apesar disso, foi o primeiro a crer que a forma a cada vez dominante e ao mesmo tempo mutável do mundo terreno é a cada vez perfeita e portanto divina, então Deus permanece exterior e superior, e a cada vez o estado do mundo terreno é a expressão passageira e momentânea da vontade eternamente imutável de Deus.

# Índice de autores antigos

Abelardo, Pedro (1079-1142), 272

Adão de São Vítor: Adamus Sancti Vitoris (morto 1146), 216, 219, 221, 223, 224, 228, 251, 265, 266

Adão Scoto (1140-1212), 177

Agostinho, Santo: Aurelius Augustinus Hipponensis (354-430), 43, 46, 74-81, 94, 105, 148, 248, 253, 268-271, 276, 279

Alain de Lille: Alanus ab Insulis (*c.* 1120-1202), 86, 94, 127, 261, 279

Alberto Magno: Albertus Magnus (*c.* 1193-1280), 222, 229

Ambrósio: Aurelius Ambrosius (*c.* 340-397), 149, 199, 207, 209, 218, 222, 237

Amiano Marcelino: Ammianus Marcellinus (325/30-depois de 391), 62

Aneu Cornuto: Lucius Annaeus Cornutus (século I), 59

Anônimo Florentino, 185, 236, 238

Apuleio: Lucius Apuleius (*c.* 125-*c.* 170), 202

Arator: Arator Subdiaconus (século VI), 85

Aristóteles (384-322), 45-47, 49, 59, 240

Arnóbio, o Velho: Arnóbio de Sicca ou Arnobius Afer (morto *c.* 330), 87

Auctor ad Herennium, autor desconhecido da *Rethorica ad Herennium* (*c.* 80 a.C.), 53, 62

Ausônio: Decimus Magnus Ausonius (*c.* 310-*c.* 395), 203

Ávito: Alcimus Ecdicius Avitus (*c.* 460-518), 85

Barnabé: São Barnabé apóstolo, Barnabas (início da Era Cristã), 83

Beda, Venerável (*c.* 673-735), 149, 272

Benvenuto de Ímola: Benvenuto da Imola ou Benevenutus Imolensis (provavelmente 1320-1388), 108, 153, 185

## Índice de autores antigos

Bernardo de Claraval: Bernardus Claravallensis ou Bernard de Clairvaux (1090-1153), 120, 140, 143, 147, 154, 156-158, 160, 164, 171, 174, 176, 179-181, 215, 223, 229, 236, 237, 239, 240, 252, 274-276

Boaventura, São (1221-1274), 125, 129, 137, 147

Boécio: Alicius Manlius Severinus Boethius (*c.* 480-524/5), 46, 59, 269, 279

Casella (morto em 1300), 108

Catão de Útica: Catão, o Jovem ou Marcus Porcius Cato Uticensis (95-46 a.C.), 107-111, 115, 119, 143, 248-250

Catulo: Gaius Valerius Catullos (*c.* 84-54 a.C.), 51, 54, 194

Celso: Aulus Cornelius Celsus (*c.* 25 a.C.-*c.* 50 d.C.), 57

Chalcidius ou Calcidius (século IV), 42

Cícero: Marcus Tullius Cicero (106-43 a.C.), 42, 49-54, 59, 109, 110, 270

Claudiano: Claudius Claudianus (*c.* 370-após 404), 50, 127, 203, 205

Clemente de Alexandria: Clemens Alexandrinus ou Titus Flavius Clemens (*c.* 150-*c.* 215), 268

Columela: Lucius Iunius Moderatus Columella (morto *c.* 70), 57

Dante Alighieri (1265-1321), 46, 66, 86, 99, 106-108, 110-115, 117, 118, 120, 121, 123-127, 129-133, 135-137, 139, 141-144, 147-150, 153, 155, 157, 160, 164, 165, 170, 171, 173, 174, 176-180, 187, 191, 192, 194, 195, 204, 215, 222, 228, 230, 232, 233, 236, 239-244, 247-250, 255, 261, 262, 264, 265, 270, 277-279, 289, 298

Demócrito (*c.* 460-370 a.C.), 49, 52

Domingos, São (1170-1221), 124, 125, 132, 136, 138

Epicuro (341-270 a.C.), 49, 52

Estácio: Publius Papinius Statius (45-96), 56, 112-114, 194, 201

Euquério de Lião: Santo Euquério ou Eucherius Lugdunensis (*c.* 380-*c.* 449), 82, 188

Festo: Sextus Pompeius Festus (final do século II), 57

Ferécides de Siro (*c.* 600-520 a.C.), 176

Filástrio: Filastrius Brixiensis (*c.* 330-397), 84

Filo (de Alexandria): Philo Alexandrinus ou Iudaeus (*c.* 20 a.C.-50 d.C.), 73, 95, 260

Francisco (de Assis), São (1181/2-1226), 123-127, 129, 130, 132, 133, 135-142

Fulco (Folquet) de Marselha (1150-1231), 255, 256

## Índice de autores antigos

Fulgêncio: Fabius Claudius Gordianus Fulgentius (século VI), 86

Gamaliel, o Velho (final do século I a.C.-c. 50 d.C.), 90

Gaudêncio, bispo de Brescia: Gaudentius (morto em 410), 83

Gélio: Aulus Gellius (c. 130-c. 180), 44, 59

Gilberto de Hoiland (morto c. 1172), 164, 275

Gregório Magno (o Grande): Gregorius, papa Gregório I (c. 540-604), 86, 130, 145, 146, 150, 159, 160, 162, 176, 178, 179, 186, 188, 189, 213, 218, 269

Gregório de Tours: Grégoire de Tours ou Georgius Florentius Gregorius (539-594), 107

Guido Cavalcanti (c. 1258-1300), 112

Hans Folz (c. 1437-1513), 78

Hermano de Reichenau: Hermannus Contractus ou Hermannus Augiensis (1013-1054), 201, 217

Hesíodo (c. séculos VII-VIII a.C.), 95

Hilariano: Quintus Julius Hilarianus (séculos IV e V), 72

Hilário de Poitiers (315-367), 71

Hildeberto de Tours, ou de Lavardin (1056-1133), 64

Homero (possivelmente séculos VII-VIII a.C.), 95, 260, 289, 297, 298

Honório I, papa (585-638), 178, 179

Honório de Autun: Honorius Augustodunensis (c. 1080-c. 1154), 151, 159, 177

Horácio: Quintus Horatius Flacus (65 a.C.-8 a.C.), 194, 196, 201

Hugo de São Vítor: Hugo de Sancto Victore (c. 1097-1141), 171, 230

Irineu (de Lião) (c. 130-202), 46

Isidoro de Sevilha (c. 560-636), 42, 46, 165

Jacopo della Lana (após 1278-após 1358), 133, 185, 236, 238

Jacopone da Todi (c. 1230-1306), 128, 234

Javoleno: Lucius Iavolenus Priscus (c. 60-c. 120), 58

Jean de Meung (c. 1240-c. 1305), 127

Jerônimo (São): Eusebius Sophronius Hyeronimus (347/50-420), 72, 73, 172, 218

Jodocus Clichtovaeus (1472-1543), 223

Johannes de Garlândia: Johannes Gallicus (c. 1270-1320), 228

Junílio: Junilius Africanus (atuante c. 541-549), 82

## Índice de autores antigos

Labério: Decimus Laberius (105-43 a.C.), 63

Lactâncio: Lactantius, Lucius Caecilius Firmianus (*c.* 250-*c.* 320), 71, 83, 199

Leão Magno, papa: Leo Magnus ou Leo I (*c.* 400-461), 85

Leucipo (século V a.C.), 49

Lucano: Marcus Annaeus Lucanus (39-65), 56, 109, 133

Lucrécio: Titus Lucretius Carus (99-55 a.C.), 42, 47-52, 193, 236, 242

Manílio: Marcus Manilius (século I), 56

Marcial: Marcus Valerius Martialis (40-102), 57

Orígenes: Origenes Adamantios (184/5-253/4), 73, 74, 96

Ovídio: Publius Ovidius Naso (43 a.C.-17/8 d.C.), 54-56, 84, 172, 194, 202

Notker de São Galo: Notker Balbulus ou Notcerus Balbulus (*c.* 840-912), 210, 251, 265, 266

Pacúvio: Marcus Pacuvius (220-130 a.C.), 41

Paulino de Nola: Pontius Meropius Anicius Paulinus (*c.* 354-431), 85

Paulo, São:, ou Saulo de Tarso (*c.* 5-*c.* 67), 79, 89-91, 122, 147, 246, 252, 267, 268, 277

Pedro Damião: Petrus Damianus (*c.* 1007-1072), 167, 218

Pedro de Blois: Petrus Blesensis (*c.* 1130-*c.* 1211), 223

Pedro Lombardo: Petrus Lombardus (*c.* 1096-1164), 84, 214, 218

Petrônio: Titus Petronius Arbiter (*c.* 14-66), 57, 270

Petrus Comestor: Pierre le Mangeur (*c.* 1110-1178/9), 103, 165, 167, 232, 272

Petrus Riga, (*c.* 1140-1209), 272

Platão (*c.* 427 a.C.-348 a.C.), 46, 59, 270

Pietro Alighieri (1300-1364), 185

Plauto: Titus Maccius Plautus (*c.* 254-184 a.C.), 41

Plínio, o Moço: Gaius Plinius Caecilius Secundus (61-*c.* 112), 59

Plínio, o Velho: Gaius Plinius Secundus Maior (23/4-79), 57

Próculo: Sempronius Proculus (meados do século I), 58

Propércio: Sextus Propertius (*c.* 50-após 15 a.C.), 51, 54

Prudêncio: Aurelius Prudentius Clemens (348-após 405), 85, 94, 127, 198, 203, 260

Pseudo-Agostinho, 59

Pseudo-Euquério, 186, 189

Quintiliano: Marcus Fabius Quintilianus (*c.* 35-*c.* 100), 52, 58-61, 84, 216

Rábano Mauro: Rabanus Maurus (*c.* 780-856), 201, 224, 229-231

## Índice de autores antigos

Remígio de Auxerre: Remi d'Auxerre ou Remigius Autissiodorensis (*c.* 841-*c.* 908), 105

Ricardo de São Vítor: Richard de Saint-Victor (*c.* 1110-1173), 147, 149, 159, 160, 163, 272, 274

Rufino: Tyrannius Rufinus ou Rufinus Aquileiensis (340/5-410), 73, 85

Ruperto de Deutz: Rupertus Tuitiensis (*c.* 1075/80-*c.* 1129), 186, 188

Sedúlio: Coelius Sedulius (primeira metade do século V), 62, 84, 91, 206

Sêneca, o moço: Lucius Annaeus Seneca (*c.* 1-65), 59, 109

Sêneca, o Velho: Lucius (Marcus) Annaeus Seneca (*c.* 54 a.C.-*c.* 39 d.C.), 59

Sordello: Sordello da Goito ou Sordel de Goit (1200-1268), 112

Sulpício Severo: Sulpicius Severus (*c.* 363-420/5), 85

Terêncio: Publius Terentius Afer (195/85-159 a.C.), 41

Tertuliano: Quintus Septimuis Florens Tertullianus (*c.* 160-*c.* 225), 63, 65-71, 74, 80, 81, 87, 167, 171, 209, 230, 244, 267, 270

Tiberiano (século IV), 202

Tomás, São: Thomas Aquinas (*c.* 1225-1274), 105, 121, 124-127, 130, 133, 136, 137, 142, 169, 186, 199, 214, 240

Ubertino da Casale (1256-1328), 98

Valafrido Estrabão: Walafridus Strabo (808/9-849), 150, 186-188

Valério Máximo: Valerius Maximus (século I), 109

Varrão: Marcus Terentius Varro (116-27 a.C.), 42-45, 56, 58

Veleio Patérculo: Marcus Velleius Paterculus (*c.* 19 a.C.-*c.* 31 d.C.), 51

Venâncio Fortunato: Venantius Honorius Clementianus Fortunatus (*c.* 530-*c.* 600/9), 209, 224

Virgílio: Publius Vergilius Maro (70-19 a.C.), 55, 60, 107-109, 111-115, 119, 120, 130, 143, 157, 172, 194, 197, 216, 242, 248-260, 265, 266

Vitrúvio: Marcus Vitruvius Pollio (80-70 a.C.-15 d.C.), 56-58

# Sobre os textos

"*Figura*". *Archivum Romanicum*, nº 22, 1938, pp. 436-89. Republicado em *Neue Dantestudien* (*Istanbuler Schriften*, nº 5, Istambul, 1944) e em Erich Auerbach, *Gesammelte Aufsätze zur romanischen Philologie* (Berna/Munique, Francke, 1967). Tradução de Leopoldo Waizbort.

"Franz von Assisi in der *Komödie*" ["São Francisco de Assis na *Comédia* de Dante"]. Publicado originalmente em *Neue Dantestudien* e republicado em Erich Auerbach, *Gesammelte Aufsätze zur romanischen Philologie* (Berna/Munique, Francke, 1967). Tradução de Erica Castro.

"Figurative Texts Illustrating Certain Passages of Dante's *Commedia*" ["Passagens da *Comédia* de Dante ilustradas por textos figurais]. *Speculum*, vol. 21, 1946, pp. 474-89. Republicado em Erich Auerbach, *Gesammelte Aufsätze zur romanischen Philologie* (Berna/Munique, Francke, 1967). Tradução de Célia Euvaldo.

"Saul's Pride (Purg., XXII, 40-42)" ["A soberbia de Saul ('Purgatório' XII, 40-42)"]. *Modern Language Notes*, vol. 64, 1949, pp. 267-9. Tradução de Milton Ohata.

"Dante's Prayer to the Virgin (Par. XXXIII) and Earlier Eulogies" ["A oração à Virgem em Dante ('Paraíso' XXXIII) e antigas eulogias"]. *Romance Philology*, vol. 3, 1949-50, pp. 1-16. Republicado em Erich Auerbach, *Gesammelte Aufsätze zur romanischen Philologie* (Berna/Munique, Francke, 1967). Tradução de Milton Ohata.

"Typological Symbolism in Medieval Literature" ["Simbolismo tipológico na literatura medieval"]. *Yale French Studies*, nº 9, 1952, pp. 3-10. Republicado em Erich Auerbach, *Gesammelte Aufsätze zur romanischen Philologie* (Berna/ Munique, Francke, 1967). Tradução de Célia Euvaldo.

"Typologische Motive in der mittelalterlichen Literatur" ["Motivos tipológicos na literatura medieval"]. Krefeld, Scherpe, 1953. Tradução de Erica Castro.

"Vico und Herder" ["Vico e Herder"]. *Deutsche Vierteljahrsschrift für Literaturwissenschaft und Geistesgeschichte*, vol. 10, 1932, pp. 671-86. Republicado em Erich Auerbach, *Gesammelte Aufsätze zur romanischen Philologie* (Berna/ Munique, Francke, 1967). Tradução de Erica Castro.

# Sobre o autor

Erich Samuel Auerbach nasceu a 9 de novembro de 1892, em Berlim, Alemanha. De família burguesa abastada, estudou no Französisches Gymnasium daquela cidade e em 1911 iniciou os estudos jurídicos. Tornou-se doutor em Direito pela Universidade de Heidelberg em 1913 e, no ano seguinte, começou os estudos de Filologia Românica em Berlim. Em outubro de 1914, alistou-se como voluntário para lutar na Primeira Guerra Mundial, quando foi ferido e condecorado. Depois da guerra, retomou os estudos filológicos e doutorou-se três anos mais tarde pela Universidade de Greifswald. Em 1923, casou-se com Marie Mankiewitz, com quem teve seu único filho, Clemens, e no mesmo ano tornou-se bibliotecário na Preussische Staatsbibliothek, em Berlim. Em 1929, sucedeu a Leo Spitzer na cátedra de Filologia Românica da Universidade de Marburg, onde permaneceu até 1935, quando, atingido pelo regime nazista, foi exonerado. Na condição de exilado, voltou a suceder Leo Spitzer em 1936 como professor de Filologia Românica na Universidade de Istambul, Turquia. Durante a Segunda Guerra Mundial, sem acesso a grandes bibliotecas, redigiu *Mimesis*, obra-prima da crítica literária do século XX. Emigrou para os Estados Unidos em 1947, tornando-se professor da Universidade da Pensilvânia (1948-49), pesquisador do Instituto de Estudos Avançados de Princeton (1949-50) e, em seguida, professor de Teoria Literária e Literatura Comparada na Universidade Yale, onde lecionou até o ano de sua morte. Faleceu em New Haven, Connecticut, em 13 de outubro de 1957.

## Crítica

*Zur Technik der Frührenaissancenovelle in Italien und Frankreich* [Sobre a técnica da novela no início do Renascimento na Itália e na França]. Heidelberg: Carl Winter, 1921.

## Sobre o autor

*Dante als Dichter der irdischen Welt* [Dante como poeta do mundo terreno]. Berlim/Leipzig: Walter de Gruyter, 1929.

*Das französische Publikum des 17. Jahrhunderts* [O público francês do século XVII] (Munique: Hueber, 1933), revisto e republicado como *"La cour et la ville"* em *Vier Untersuchungen zur Geschichte der französischen Bildung* [Quatro estudos de história da cultura francesa]. Berna: Francke, 1951.

*Figura*. Florença: Leo S. Olschki, 1939. Publicado originalmente em *Archivum Romanicum*, n° 22, outubro-dezembro, 1938.

*Neue Dantestudien* [Novos estudos sobre Dante]. Istambul: I. Horoz, 1944.

*Roman Filolojisine Giris*. Istambul: I. Horoz, 1944. Republicado como *Introduction aux études de philologie romane* [Introdução aos estudos de filologia românica]. Frankfurt: Vittorio Klostermann, 1949.

*Mimesis: Dargestellte Wirklichkeit in der abendländischen Literatur* [Mimesis: a representação da realidade na literatura ocidental]. Berna: Francke, 1946. Segunda edição revista, Berna: Francke, 1959.

*Vier Untersuchungen zur Geschichte der französischen Bildung* [Quatro estudos de história da cultura francesa]. Berna: Francke, 1951.

*Typologische Motive in der mittelalterlichen Literatur* [Motivos tipológicos na literatura medieval]. Colônia: Petrarca Institut, 1953.

*Literatursprache und Publikum in der lateinischen Spätantike und im Mittelalter* [Língua literária e público na Antiguidade Tardia latina e na Idade Média]. Berna: Francke, 1958.

*Gesammelte Aufsätze zur romanischen Philologie* [Ensaios reunidos de filologia românica]. Berna/Munique: Francke, 1967.

### TRADUÇÃO

*Die neue Wissenchaft über die gemeinschaftliche Natur der Völker* [*La scienza nuova*], de Giambattista Vico. Munique: Allgemeine Verlagsanstalt, 1924.

*Die Philosophie Giambattista Vico* [*La filosofia di Giambattista Vico*], de Benedetto Croce. Tradução com Theodor Lücke. Tübingen: J. C. B. Mohr, 1927.

Sobre o autor

OBRAS PUBLICADAS NO BRASIL

*Mimesis: a representação da realidade na literatura ocidental.* Tradução de G. B. Sperber. São Paulo: Perspectiva, 1970. Segunda edição revista, 1976.

*Introdução aos estudos literários.* Tradução de José Paulo Paes. São Paulo: Cultrix, 1970. Segunda edição, 1972. Nova edição: Tradução de José Paulo Paes. Posfácio de Marcos Mazzari. São Paulo: Cosac Naify, 2015.

*"La cour et la ville"* em *Teoria da literatura em suas fontes.* Organização de Luiz Costa Lima. Rio de Janeiro: Francisco Alves, 1975. Segunda edição revista e ampliada, 1983, 2 vols.

*Dante, poeta do mundo secular.* Tradução de Raul de Sá Barbosa. Rio de Janeiro: Topbooks, 1997. Nova edição: *Dante como poeta do mundo terreno.* Tradução e notas complementares de Lenin Bicudo Bárbara. Revisão técnica de Leopoldo Waizbort. Posfácio de Patrícia Reis. São Paulo: Editora 34/ Duas Cidades, 2022.

*Figura.* Tradução de Duda Machado. Revisão da tradução de Samuel Titan Jr. e José Marcos Mariani de Macedo. São Paulo: Ática, 1997. Nova edição, acrescida de sete ensaios do autor: Organização e prefácio de Leopoldo Waizbort. Traduções de Leopoldo Waizbort, Erica Castro, Célia Euvaldo e Milton Ohata. São Paulo: Editora 34/Duas Cidades, 2024.

*"As flores do mal* e o sublime" em revista *Inimigo Rumor*, nº 8. Tradução de José Marcos Mariani de Macedo e Samuel Titan Jr., 2000.

*Ensaios de literatura ocidental: filologia e crítica.* Organização de Davi Arrigucci Jr. e Samuel Titan Jr. Tradução de Samuel Titan Jr. e José Marcos Mariani de Macedo. São Paulo: Editora 34/Duas Cidades, 2007.

*A novela no início do Renascimento: Itália e França.* Tradução de Tercio Redondo. Prefácio de Fritz Schalk. Revisão técnica e posfácio de Leopoldo Waizbort. São Paulo: Cosac Naify, 2013. Nova edição: São Paulo: Editora 34/Duas Cidades, 2020.

SOBRE ERICH AUERBACH NO BRASIL

Otto Maria Carpeaux, "Origens do realismo" (1948), em *Ensaios reunidos*, vol. 2: 1946-1971. Rio de Janeiro: Topbooks/UniverCidade, 2005, pp. 311-5.

Sérgio Buarque de Holanda, "Mimesis", *Diário Carioca*, Rio de Janeiro, 26 no-

## Sobre o autor

vembro de 1950. Republicado em *O espírito e a letra: estudos de crítica literária*. Organização, introdução e notas de Antonio Arnoni Prado. São Paulo: Companhia das Letras, 1996.

Luiz Costa Lima, "Auerbach: história e metaistória", em *Sociedade e discurso ficcional*. Rio de Janeiro: Guanabara, 1986.

Luiz Costa Lima, "Auerbach, Benjamin, a vida sob o Nazismo", seguido de "Entrevista com Karlheinz Barck", "5 Cartas de Erich Auerbach a Walter Benjamin" e "Marburg sob o Nazismo", de Werner Krauss (traduções de Luiz Costa Lima), *34 Letras*, nº 5/6, pp. 60-80, 1979.

Luiz Costa Lima, "Auerbach e a história literária", *Cadernos de Mestrado/Literatura*. Rio de Janeiro: Universidade do Estado do Rio de Janeiro, 1992. Ampliado e republicado como "Mimesis e história em Auerbach", em *Vida e mimesis*. São Paulo: Editora 34, 1995, pp. 215-34.

Dirce Riedel, João Cézar de Castro Rocha e Johannes Kretschmer (orgs.), *Erich Auerbach*. Rio de Janeiro: Universidade Estadual do Rio de Janeiro/Imago, 1995.

Telma Birchal, "Sobre Auerbach e Montaigne: a pertinência da categoria de *mimesis* para a compreensão dos *Ensaios*", em *Mimesis e expressão*, Rodrigo Duarte e Virginia Figueiredo (orgs.). Belo Horizonte: Editora da Universidade Federal de Minas Gerais, 2001, pp. 278-88.

Leopoldo Waizbort, "Erich Auerbach sociólogo", *Tempo Social* 16.1, pp. 61-91, 2004.

Carlo Ginzburg, "Tolerância e comércio: Auerbach lê Voltaire", em *O fio e os rastros*. São Paulo: Companhia das Letras, 2007.

Edward Said, "Introdução a *Mimesis*, de Erich Auerbach", em *Humanismo e crítica democrática*. São Paulo: Companhia das Letras, 2007.

Leopoldo Waizbort, *A passagem do três ao um: crítica literária, sociologia, filologia*. São Paulo: Cosac Naify, 2007.

João Cézar de Castro Rocha e Johannes Kretschmer (orgs.), *Fortuna crítica de Erich Auerbach*. Rio de Janeiro: CEPUERJ, 1994.

Este livro foi composto
em Adobe Garamond pela
Franciosi & Malta,
com CTP e impressão
da Edições Loyola
em papel Pólen Natural
80 g/m$^2$ da Cia. Suzano de
Papel e Celulose para a
Duas Cidades/Editora 34,
em junho de 2024.